Zu diesem Buch

Partnerschaft ist wahrscheinlich die größte Quelle von menschlichen Problemen: Entweder sind wir auf der Suche nach einem idealen Partner, oder unser Traumpartner erweist sich nach längerem Zusammenleben als völlig unmöglich. Peter Orban zeigt, wie man an Hand des eigenen Horoskops herausfinden kann, was wir in einer Partnerschaft suchen und wie der zu uns passende Partner aussehen müßte, damit es zu einer befriedigenden und beständigen Beziehung kommen kann. Er führt aus, wie unterschiedlich die Formen des Eros der einzelnen Tierkreiszeichen sind.

Wenn Sie bereits in einer Beziehung leben, können Sie durch einen Vergleich Ihrer beiden Horoskope herausfinden, warum Sie sich beide in bestimmten Situationen wie im siebten Himmel fühlen und warum es bei Ihnen bei bestimmten Anlässen kriselt. Peter Orban hat eine verblüffend einfache Methode entwickelt, schnell und präzise die Stärken und Gefährdungen einer Partnerschaft festzustellen. Eine zutreffende Diagnose liefert gleichzeitig die möglichen Punkte, woran in der jeweiligen Beziehung gearbeitet werden muß, damit sie für beide Teile Erfüllung bietet.

Auch Leser, die gar keine Ahnung von Astrologie haben, werden durch dieses Buch faszinierende und tiefe Einsichten über die Natur und das Ziel von menschlichen Beziehungen gewinnen.

Dr. Peter Orban, geb. 1944, studierte in Frankfurt a. M. Soziologie, Psychologie und Philosophie. Unmittelbar nach seiner Promotion begann er sich für Astrologie zu interessieren. Seine Betrachtungsweise änderte sich dadurch völlig.

In der Reihe transformation liegen vor: Pluto – Über den Dämon im Inneren der eigenen Seele (Nr. 8530) und zusammen mit Ingrid Zinnel: Drehbuch des Lebens – Eine Einführung in die esoterische Astrologie (Nr. 8594) und Personare – Die zwölf Personen im Innern der Seele (Nr. 9179).

Peter Orban

DREHBUCH PARTNERSCHAFT

*Der Partner im Spiegel
deines Horoskops*

Einführung in die
esoterische Astrologie

Band 3

Rowohlt

rororo transformation

Herausgegeben von Bernd Jost

Originalausgabe
Veröffentlicht im Rowohlt Taschenbuch Verlag GmbH,
Reinbek bei Hamburg, Juli 1996
Copyright © 1996 by Rowohlt Taschenbuch Verlag, GmbH,
Reinbek bei Hamburg
Umschlaggestaltung Walter Hellmann
(Foto: P. Barton / ZEFA-Stockmarket)
Satz Apollo und Gill PostScript Linotype Library,
QuarkXPress 3.31 by FabriKate, Esgrus
Druck und Bindung Clausen & Bosse, Leck
Printed in Germany
1690-ISBN 3 499 19996 3

INHALT

VORBEMERKUNG

Eine Beziehung von zwei Menschen zueinander – so sagt jedenfalls der moderne Volksmund – ist eine Frage der «Chemie». Und das ist sie in der Tat!

Wir werden im vorliegenden Band herausarbeiten, daß es diese Chemie tatsächlich gibt. Doch natürlich meinen wir damit nicht die Beziehung zwischen «Wasserstoff» und «Sauerstoff», also nicht die organische oder anorganische Chemie der atomaren Ebene, sondern wir betreten mit diesem Buch den Bereich der *seelischen Chemie*, und der ist subatomar. Das heißt, dieser Bereich liegt *jenseits* der materiellen Formen, er ist weder anfaßbar noch (mit wissenschaftlichen Methoden) meßbar, und dennoch wirkt er auf die Körper (der Menschen) in tiefgreifender Weise ein.

Diese Form der *seelischen Chemie* hat als eine zu studierende Disziplin bereits einmal existiert und ist unter dem Namen «Alchemie» noch in unseren Tagen Gegenstand historischer Forschungen. Wir haben es dem Werk C. G. Jungs zu verdanken, daß wir heute eines mit Sicherheit wissen: Die *großen* Alchemisten haben den Verwandlungsweg vom Blei zum Gold *nicht* materiell gemeint, sondern nur als Analogie für den Veredlungsweg der eigenen Seele begriffen. Daß es daneben das große Heer der Alchemisten gab, denen (heute würden wir sagen) die Dollarzeichen in den Augen leuchteten und die tatsächlich materiell etwas (meist Gold) herstellen wollten, ist eine natürliche Reaktion des menschlichen Ego und kann uns nicht in die Irre führen.

Die moderne Aufklärung (ebenso wie die moderne Chemie) hat diejenigen, die den «Stein der Weisen» als *realen Stein herstellen wollten*, schon lange davongelacht (und manche Alchemisten auch aus dem Volksganzen herausgebrannt), nur leider ist dabei auch die eigentliche Absicht der Alchemisten, nämlich die Seele zu verstehen und zu läutern, ebenfalls mit auf der Strecke geblieben.

Und die heutigen Nachfahren der materiellen Alchemisten, die Chemiker, haben von dem dahinterliegenden Ziel ihrer Disziplin keine Ahnung mehr. Sie forschen nur noch im Realen, haben nur noch die Dollarzeichen in den Augen, und ihre Seelen wünschen sich keine Läuterung, sondern den Nobelpreis.

Zeitgleich mit dem Untergang der Alchemisten entstand eine neue Spezies von Forschern. Das Wort «Psychologia» (für «Seelenkunde») tauchte das erste Mal im 16. Jahrhundert auf. In dieser Disziplin findet sich in der Tat noch ein schwacher Widerhall von dem, was die «Chemiker der Seele» (siehe Bild 1, Kreis A) ursprünglich wollten.

Im Anfang war die Absicht die, daß der Alchemist das «große Werk», nämlich die Veredlung vom Blei zum Gold, selbst, also am *eigenen Leib*, durchzuführen hatte.

Er arbeitete nicht etwa an der *Seele des anderen*, sondern nur und ausschließlich an seiner eigenen.

Davon weiß der heutige Psychologe *nichts* mehr!

Der Pferdefuß steckt bereits in seinem Namen. Das Wort «psyche» trägt zwar noch alle Ingredienzien des «Werkes» in sich: (griech.) «Hauch», «Atem», «Leben», «Lebenskraft», «Seele», doch das Wort «logie» zeigt die Abkehr überdeutlich: «logos» (griech.) (von «legein») «sprechen», «sammeln», «vortragen».

«Psychologie» heißt also soviel wie: «Wir sprechen über die

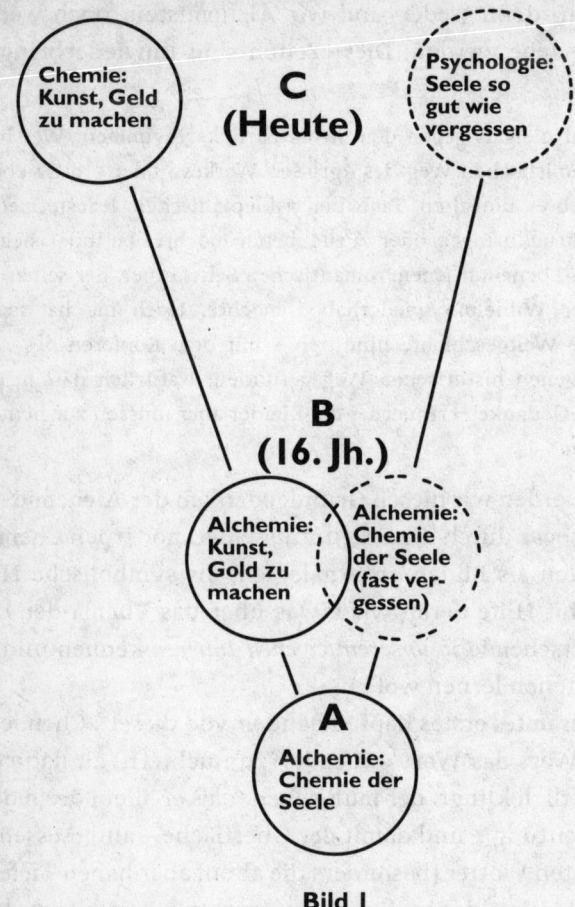

Bild 1

Seele» oder «Wir sammeln Daten über die Seele». Es heißt *nicht*: «Ich beschäftige mich mit meiner Seele»!

Das aber war bei den Alchemisten der Kern des «großen Werkes».

Der Leser sollte uns nicht mißverstehen: Keinesfalls wollen wir die Tage der frühen Alchemisten hier wieder heraufbeschwören, denn weder sind wir Alchemisten, noch werden wir je welche werden. Diese Zeiten sind unwiederbringlich vorbei.

Man kann niemals gegen den Strom zurückschwimmen. Wer heute den alchemistischen Weg des «großen Werkes» oder – ganz ebenso nostalgisch – die alten Tage der asklepiadischen Priestermedizin wieder zurückbringen oder zurückbeten möchte, befindet sich auf derselben Ebene mit jenem romantischen Schwärmer, der seinen «alten Kaiser Wilhelm» wiederhaben möchte. Noch nie hat man – durch die Weltgeschichte hindurch – mit dem Kopieren des Alten seinen eigenen historischen Weg gefunden. Natürlich darf man an den alten Gedanken erinnern – die Kleider aber müssen zur heutigen Zeit passen!

Und so werden wir diesen Grundgedanken der Alchemie – erweitert sogar durch die Erkenntnisse der modernen Chemie – verwenden als Bilder, als Analogien, als symbolische Hilfsmittel, mit Hilfe deren wir etwas über das Thema der Partnerschaftschemie *in unserem eigenen Inneren* kennen und damit verstehen lernen wollen.

Unser gesamtes erstes Kapitel handelt von dieser «Chemie der Seele». Wem das Wort «Chemie» zu nüchtern, zu naturwissenschaftlich klingt, der muß sehen, daß er allein der modernen Bedeutung – und damit der Oberfläche – aufgesessen ist. Die meisten Wörter (besonders die alten) aber haben Tiefe! So auch «Chimie», das im 18. Jahrhundert von Zeisen (geb. 1670) mit «Scheidekunst» übersetzt worden ist und dessen griechischer Ursprung «chemia» eigentlich «das Schwarze» heißt, und dieses Wort war der griechische Name für «Ägypten» (also Schwarzland).

Insofern ist «Chemie» auch die «ägyptische Kunst» oder ein Wort für «Schwärzung». Übertragen wir das auf unser Thema «Seele», so ist damit ein Weg bezeichnet, der vom

«Schwarzen» ausgeht (so wie bei den Alchemisten selbstverständlich der Weg der Seele von der *Schwärze des Bleis* zum
Strahlen des Goldes verlief).

In diesem Sinne jedenfalls wollen wir den Begriff «Chemie»
verwenden: Nicht das, was die BASF in ihren Töpfen kocht,
ist der Gegenstand unserer Betrachtung, sondern das, was
auf dem Läuterungsweg der Seele vom Schwarzen zum Strah-
lenden führt, soll unseren Text symbolisch leiten.

Chemie, das heißt auch immer: *Zwei* (oder mehrere) *Wesen-
heiten* (Atome) begegnen sich in einem *Prozeß*, und sie sind
verschieden; erst dann kann eine *Reaktion* erfolgen! Diese chemische Binsenweisheit aber radikalisiert sich für die «Chemie
der Seele» in folgender Weise:

Ein Mensch – für sich allein – kann nicht in einen Prozeß der
Wandlung eintreten und sich – allein den eigenen Nabel be-
trachtend – als Monade vom Blei zum Gold bewegen. *Er
benötigt dazu den anderen Menschen!* Erst wenn zwei verschiedene seelische Substanzen sich begegnen und in einen Prozeß hineingeraten, kann eine Metamorphose geschehen. Zusammen sind sie etwas ganz anderes als jeder für sich allein.

Ein einfaches chemisches Bild kann das erläutern: Natrium (Na) ist ein
giftiges Gas, und Chlor (Cl) ist ebenfalls ein giftiges Gas. Bringt man
beide zusammen, so reagieren sie äußerst heftig aufeinander. In einem
Prozeß glühen sie förmlich auf, brennen ab, und schließlich – am Ende des Prozesses – bildet sich ein kristallförmiger Niederschlag. Beide
gasförmigen Elemente haben sich in ihren Atomen aneinander gebunden und sind in einem weißen Kristall zur Ruhe gekommen. Das ent-
standene Molekül (die Verbindung von zwei Atomen nennt man ein
Molekül) heißt chemisch NaCl und trägt den banalen Namen «Koch-
salz». Das heißt, jedes Atom hat das andere in sich aufgenommen und
so eine Wandlung durchgemacht.

Damit ist das Programm des vorliegenden Buches über die seelische Chemie der Beziehung zwischen zwei (oder gar mehr) Menschen ziemlich genau umrissen.

A) Welche Elemente, also welche *verschiedenen Bindungsverhalten* gibt es im Inneren des Menschseins?

B) Welche seelischen Reaktionen laufen ab, wenn verschiedene Bindungsverhalten aufeinandertreffen?

Nun denn.

KAPITEL I

Die Chemie der Seele

«Dennoch kann er es durchaus gewesen sein.»
«Dein Gefühl sagt dir aber, daß er es nicht war.»
«Ja», Green fühlte sich sehr müde,
«aber ich habe schon vor langer Zeit gelernt,
meinen Gefühlen gegenüber mißtrauisch zu sein.
Sie können für die Gegenseite arbeiten.»
(Nat Hentoff:
Die Bluthunde kommen.
Rowohlt Thriller)

Wenn zwei Menschen sich zum *ersten Mal* begegnen, wenn
also zwei Körper und zwei Seelen aus ihrer jeweils eigenen
Welt sich aufeinander zu bewegen und in einen *gemeinsamen*
Anschauungsraum treten, so geschieht etwas Chemisches.
Etwas, das zunächst einmal sehr geheimnisvoll ist.
Geheimnisvoll ist es deshalb, weil diese chemische Reaktion
tief in mir dergestalt abläuft, daß ich sie weder verstehen
noch mich ihr entziehen kann. Sie findet einfach statt (ob ich
das will oder nicht), ich nehme sie wahr, aber es dauert eine
gewisse Zeit, bis die Ausläufer dieser (chemischen) Reaktio-
nen in mein Bewußtsein dringen und dort als Gedanke formuliert werden können:
«Donnerwetter, ein toller Kerl!»
«Mein Gott, was für ein interessanter Typ!»
«Uninteressant.»

«Langweiler.»

«Häßlicher Vogel.»

«Scheißkerl!» usw.

Man muß dabei freilich sehr genau unterscheiden zwischen der Reaktion, die tief im Inneren – gleichsam naturgesetzhaft – abläuft, und dem Reim, den sich das Bewußtsein (den Bruchteil einer Sekunde später) darauf macht.

Oft ist es so, daß die entstehende chemische Reaktion (im Bauch) und der Bewußtseinsinhalt übereinstimmen, das heißt Gefühl und Verstand sind deckungsgleich. Mitunter aber *verliebt* sich der Bauch sofort und unwiderruflich, während der Kopf davon nichts wissen will und abwiegelt.

Wir sehen, wohin das Thema der «Chemie der Seele» uns führen will: in das Reich der Gefühle.

Zwei Menschen, die einander begegnen, lösen – jeder beim anderen – sofort und unmittelbar eine chymische Reaktion aus, und diese Reaktion ist immer ein *Gefühl*!

(Da wir im Fortgang dieses Textes sehr oft die reale Ebene der Chemie [als Bild] verwenden, aber noch öfter die chemischen Vorgänge im Inneren der Seele ansprechen, werden wir – um beide «Chemien» auseinanderhalten zu können – das eine Mal «Chemie» sagen [wenn wir den naturwissenschaftlichen Bereich meinen] und das andere Mal den alten Namen «Chymie» verwenden [wenn wir die seelischen Vorgänge beschreiben].)

Es kann sein, daß unsere Beschreibung dem Leser trivial vorkommt, so als hätte er es ohnehin schon immer gewußt, wie Gefühle entstehen: Begegnet einem ein toller Typ, so lacht das Herz, begegnet einem ein Ekelpaket, so schaudert es einen. Und außerdem, so mag der Leser argumentieren: Es gibt Menschen, da passiert bei mir gar nichts. Nicht das geringste Gefühl bringt meinen Seelenraum ins Schwingen. Weder gut noch schlecht. Einfach nichts!

Gemach. Auch kein Gefühl ist ein Gefühl *und kann gefühlt werden* – eben als Abwesenheit. Uns interessieren ja nicht nur die Spitzen-Gefühle, die Gipfel (Liebe-Haß, Freude-Trauer, Weiß oder Schwarz), sondern die gesamte Skala der Gefühlsregungen (mitsamt der Nullinie), und wir haben (nicht mehr oder weniger) vor, das Thema der Gefühle auf eine naturgesetzhafte (nicht naturwissenschaftliche!) Basis zu stellen, so daß der Leser am Ende unserer Diskussion ein System erhält, wie er sein Gefühlsleben und damit auch sein chymisches Bindeverhalten (und das seines Gegenübers) einzuschätzen vermag. Und da dieses Buch auch ein astrologischer Text ist, werden wir dieses Thema der «entstehenden Gefühle» eben auch entlang der Tierkreiszeichen in ihrer archetypischen Form diskutieren.

Doch jetzt einmal systematisch und zum Mitschreiben:

Die Ausgangslage besteht darin: Zwei Menschen, die einander fremd sind, begegnen sich zum ersten Mal.
Was geschieht?
Sobald sie ihrer ansichtig werden, beginnt jener geheimnisvolle Prozeß, für den es erst einmal keinen wissenschaftlichen Fachbegriff gibt.

Der gesunde Menschenverstand hat für das entstehende Gefühl einzig das Wort «Sympathie» oder seinen Gegenpart «Antipathie» zur Verfügung. Und dieses Wort hat mehr Tiefe, als man ihm auf den ersten Blick ansieht.

«Sympathie» heißt nämlich «gemeinsames Leiden» (von *sym* – zusammen und *pathein* – Leiden), während das Wort «Antipathie» nicht etwa «kein Leiden» heißt, sondern ein «nicht übereinstimmendes Leiden» bezeichnet.

Ist die andere Person mir in ihrem Leiden verwandt, sagt das Gefühl «Sympathie»: Ich fühle mich zu ihr hingezogen.

Ist mir die andere Person in ihrem Leiden nicht verwandt, das heißt, sie hat ein *anderes* Leiden, so empfinde ich gar nichts, oder sie stößt mich ab.

Das ist ja nun eine eigenartige Formulierung, haben wir uns doch angewöhnt, zu glauben, der, der mir «sympathisch» ist, tut mir Gutes, und ich kann mich an ihm erfreuen? Was aber hat das jetzt mit unserem gemeinsamen Leiden zu tun? Ist es nicht so, daß ein gemeinsames Leid ein doppeltes Leiden ist, und warum sollte ich mir das antun, mich zu jemandem hingezogen zu fühlen, der ganz ähnlich leidet wie ich? Die Antwort ist sehr einfach und doch mit dem (schon zitierten) gesunden Menschenverstand nicht so leicht zu erfassen: Nur der, der über *mein* Leiden verfügt, ist damit auch gleichzeitig mein Heilmittel!

Es ist dies natürlich auch die große Idee einer Heilkunst, die ebenfalls (als einzige!) in naturgesetzhafter (nicht naturwissenschaftlicher!) Weise arbeitet: Es ist die Idee der Homöopathie. Und allein das Wort kann uns denselben Hinweis geben: Homöopathie heißt nämlich übersetzt «ähnliches Leiden».

Das heißt, ein *kranker* Mensch mit einem bestimmten Symptom (ein brennender, bohrender, punktueller Schmerz auf der Wange) bekommt ein homöopathisches Mittel aus der Natur, daß bei einem *gesunden* Menschen genau dieses Symptom verursachen würde – nämlich einen brennenden, bohrenden, punktuellen Schmerz. (Zum Beispiel das Mittel *Apis* aus dem Gift der Biene.)

Insofern ist *Partnerschaft* ebenfalls nichts anderes als ein homöopathischer Prozeß: Ich bin ein leidender Mensch (sei es körperlich, sei es seelisch, sei es geistig, sei es karmisch), und der andere Mensch, der sich zu mir auf jene geheimnisvolle Weise der Sympathie hingezogen, und von mir angezogen fühlt, ist mein Heilmittel! Er ist jene homöopathische Potenz, die ich jetzt zwei Monate, drei Jahre oder 35 Jahre zu mir nehmen muß, damit der Heilungsprozeß in Gang kommen darf.

Partnerschaft heißt also immer: Ich begegne meinem Heilmittel!
Der Vorgang der Heilung, der bei der Begegnung initiiert wird, ist freilich nie punktuell (wie mitunter bei einem homöopathischen Heilmittel), sondern immer *prozeßhaft* und benötigt eben Monate, Jahre und Jahrzehnte, je nachdem, auf welches Kranksein der jeweils andere bei mir eben stößt. Aber warum ist das so?

Warum ist dieses eigenartige Verhältnis von zwei Menschen zueinander so geartet, daß sie sich in ihrem Kranksein begegnen und anziehen?

Wählen wir zur Illustration zunächst ein sehr einfaches Beispiel:

Ein Magnet ist eine Einheit, und jeder kann diese Einheit sehen und nachvollziehen. Und nur *weil* er zwei Pole hat, kann er seine Funktion, Magnet zu sein, erfüllen (Bild 1).

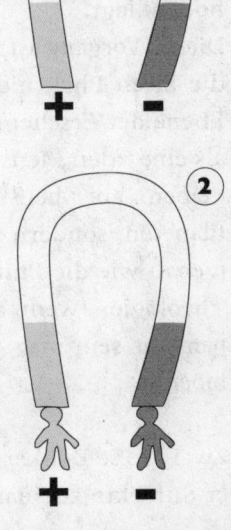

Spielen wir mit diesem Bild (nur als Gedankenexperiment) ein wenig herum und legen es auf das Verhältnis von Mensch zu Mensch (von Kind zu Mutter, von Ehemann zu Ehefrau) um (Bild 2), so wird daraus nur in dem Moment ein realistisches Gemälde, wenn wir die immer vorhandene Wahrnehmungseinengung, also den eingeschränkten menschlichen Blickwinkel, in Rechnung stellen (Bild 3, S. 18).

Jetzt erst, mit dem verengten Blickfeld, kann mir der andere als ähnlich leidend (wenn ich negativ bin, als positiv; wenn ich positiv bin, als negativ) entgegentreten.

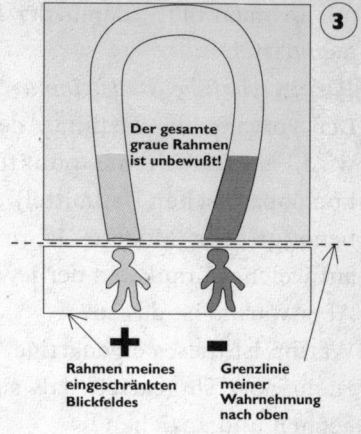

Der gesamte graue Rahmen ist unbewußt!

+ Rahmen meines eingeschränkten Blickfeldes

– Grenzlinie meiner Wahrnehmung nach oben

Das dritte Bild kann uns aber auch – im Vorgriff – vor Augen führen, welches Amt z. B. der Astrologe (oder der Therapeut) innehat: Er hat daran zu *erinnern*, daß es hinter der Grenzlinie meiner augenblicklichen Wahrnehmung noch eine geheime Verbindung gibt, die ich im Moment nur nicht sehen kann. Astrologie hätte also ihren Blick abzuwenden von der Blickrichtung der Ebene, dorthin also, wohin alle schauen, und ihn zu richten auf jenes (in unserem Bild schraffierte) Feld, in dem diese geheimnisvolle Verbindung nach oben aufgehoben liegt.

Dieser Vorgang ist mehr als eine Metapher: Eine Astrologie, die ihren Blick nicht *nach oben* richtet, sondern ihn in der Ebene der Erscheinungen beläßt, wird niemals ihren Namen als eine «den Menschen zu erinnernde Disziplin» verdienen. «Oben» aber heißt – heute wie damals – nicht etwa zu den Planeten, sondern zu den «Göttern»; insofern ist Astrologie (genau wie die Philosophie) immer nur die «Dienstmagd der Theologie», wenn auch mit diesem Wort etwas ganz anderes gemeint sein mag, als die heutige Theologie es wahrhaben möchte.

Zwei große Denker haben dieses eigenartige Verhältnis zweier Subjekte zueinander in diesem Jahrhundert in die Philosophie eingeführt, und der vorliegende Text baut auf (und an) ihrem Fundament weiter.

Der erste, Erwin Reisner – eher aus der Theologie stammend –, hat die Beziehung von Subjekt und Objekt, hier am Beispiel von Mann und Frau, folgendermaßen bestimmt:

«Er (der Mann) ist unbewußt, was die Frau bewußt ist, und umgekehrt; denn das subjektive Bewußte ist immer das objektive Unbewußte und das subjektiv Unbewußte das objektiv Bewußte. In der Frau hat also das Unbewußte des Mannes und im Mann das Unbewußte der Frau sichtbare und insofern für den anderen bewußte Gestalt angenommen. Die Frau repräsentiert das Ruhende, der Mann das Bewegliche, aber die Frau will den Mann und damit das Bewegliche, wie der Mann die Frau und damit das Ruhende.»
(Erwin Reisner: Vom Ursinn der Geschlechter, Berlin 1954, S. 50)

Mit diesem Zitat sind wir bereits in der Nähe unseres Bildes vom Magneten: Wo der eine (egal ob Mann oder Frau) zum Pluspol wird, wird der andere zu dessen gegenpolarer und damit (für ihn) erst einmal unbewußter Personalität.

Der zweite Denker, der Philosoph Hans Blüher, hat das Thema der Anziehung zweier Menschen zueinander im mythologischen Bild des platonischen Doppelmenschen in die Philosophie eingeführt.

«Früher, im mythischen Zeitalter, so meint Aristophanes, waren die Menschen nicht von der Gestalt wie heute, vielmehr gab es nur Doppelmenschen, und zwar von dreierlei Art: Doppelmänner, Doppelfrauen und Hermaphroditen; sie sahen so aus wie jene gedoppelten Hermen mit zwei Gesichtern nach vorn und nach hinten. Dieses Geschlecht der Menschen nun war sehr übermütig und frevelte gegen die Götter. Um dem ein Ende zu setzen, zerschnitt Zeus sie längs ihrem Rückgrat, nähte die Fleischwunde hinten zu und verstreute die getrennten Hälften in alle Winde. Da aber entstand in jeder die Sehnsucht nach Wiedervereinigung mit seiner andern Hälfte, und diese Sehnsucht sei der Eros. Je nachdem nun, was jemand früher gewesen, entscheide es sich, was er zu lieben genötigt sei; war er ein Doppelmann, so bleibe er zeitlebens ein Knabenliebhaber, eine Doppelfrau aber ergibt je eine Lesbierin, und die Hermaphroditen, offenbar die weit überwiegende Mehrheit im mythischen Urgeschlecht, die Ehemänner und Ehefrauen. –

Welch großartige Unbefangenheit und vollkommene Wahrheit spricht aus diesem antiken Munde! Es ist beinahe alles enthalten, was die Philosophie hier zu sagen hat. Jedenfalls ist der Ansatzpunkt klar bestimmt. Das Entscheidende an der Liebe ist nicht der Trieb, aus dem sie niemals abgeleitet werden kann, sondern der *Akt des Wiedererkennens*, also ein Erkenntnisakt, durch den der Trieb erst in Wallung gerät. Der Gegenstand dieses Erkenntnisaktes, den nur die Liebe begehen kann, ist die *Person*; diese aber wird nicht durch die begrifflichen Mittel des Intellektes erkannt, sondern durch die eines Organes. ‹Wenn nun jemand auf seine eigene Hälfte trifft, dann werden sie wunderbar erschüttert von Freundschaft und Vertrautheit und Liebe und wollen voneinander nicht lassen, auch nicht einen Augenblick. Diese sind es auch, die gemeinsam das ganze Leben zubringen und nicht einmal zu sagen wüßten, was sie voneinander haben wollen. Denn es kann doch wohl nicht die Gemeinschaft des Liebesgenusses sein, deretwegen der eine dem anderen sich so froh und mit so großem Eifer vereint, sondern etwas anderes will offenbar die Seelen der beiden, was sie nicht sagen kann, aber in Zeichen verkündet sie ihr Wollen und in Rätseln› (Platon).

Dies alles heißt: dem Urphänomen der Liebe genau ins Gesicht sehen. Sie ist das *Organ für die Person*. Durch sie allein wird mit der reinsten und todbereiten Leidenschaft bezeugt, daß der andere, das heißt, der Mensch, den ich liebe, wirklich *jemand ist*, unersetzlich, nur einmal da, nie wiederkehrend, in jeder seiner Handlungen und Erduldungen bestimmt durch das, was er selber ist und worauf allein sich die Liebe bezieht. Daß ich aber überhaupt geliebt werden kann, liegt nicht daran, daß ich schön oder gut oder tugendhaft oder geistvoll bin, sondern allein daran, daß ich *Person* bin.» (Blüher: Die Achse der Natur, Hamburg 1949, S. 112 f.)

Mit diesem (von Platon entlehnten, aber dann weitergedachten) Bild Blühers betritt die Philosophie ein faszinierendes Stück Neuland. So weit wie Blüher hat sich vor ihm niemand aus dem Fenster (des normalen Blickwinkels) gelehnt.

An dieser Stelle aber findet das Bild des Magneten seine Grenze, es ist ein zu einfacher Gegenstand, ein zu einfaches Bild – wir benötigen jetzt eines, das tiefer hineinreicht in das Innere des Menschseins. «Tiefer» aber heißt hier auch: Es muß aus *älteren* Seinsschichten emporleuchten. Es muß gleichsam noch die Nähe zum Mythos atmen.

Wir finden dieses Bild in einem Gegenstand, den die Griechen «symbolon» benannt haben (und für den es – bezeichnenderweise – in den modernen Sprachen kein einfaches Wort mehr gibt). Wir alle kennen den Sachverhalt, um den es geht. Er wird in Spionagefilmen weidlich strapaziert. Da bekommen zwei Menschen, die sich nicht kennen, einen willkürlich auseinandergerissenen Geldschein, und dann, irgendwo in Hongkong, bei einem geheimen Treffen legen sie die beiden Hälften ineinander, um die Sicherheit zu haben, daß der eine den jeweils richtigen anderen getroffen hat.
«Symbolon» als Wort entstammt der griechischen Sprachfamilie des «symballein» (also daß etwas zusammengeworfen wird) und bedeutet wörtlich das «Zusammengefügte».
Als Substantiv meint es freilich den oben beschriebenen Zusammenhang. Wolf-Dieter Bach hat diesen Vorgang im Hinblick auf historische Seinsschichten (die Griechen hatten weder Geldschein noch Spionagefilm) folgendermaßen beschrieben:

«Der Fernhändler aus Rom, alljährlich zum Ankauf von Purpur bei einem Freund in Tyrus, fühlt sich für Seereisen zu alt – vom nächsten Jahr an soll ein anderer statt seiner fahren. Der aber wird sich in Tyrus dann ausweisen müssen als ein Mann, dem der Partner in Rom vertraut, als einer, dem auch der Kaufmann in Tyrus vertrauen darf. Der Purpurhändler in Tyrus zerschlägt beim Abschied seines alten Freundes einen Spielwürfel, Reif oder Ring, eine Schreibtafel: Zwei Stücke müssen es sein. Die eine Hälfte des Symbolons bleibt zurück im Haus, die andere Hälfte schiebt der scheidende Gast in den Brustbeutel und schifft sich ein zur Rückfahrt nach Rom. Im nächsten Jahr wird der Mann seines Vertrauens das Bruchstück wieder zurückbringen. Die ineinanderpassenden Hälften, zum Ganzen gefügt, geben Gewißheit: Hier kommt zwar ein Neuer, aber er bringt Altvertrautes mit und führt alte Bindungen fort.

(Bach in der Zeitschrift «Sprache im techn. Zeitalter» 1976, Nr. 58, S. 112)

Ein Symbolon im Sinne des Wortes entsteht also erst in dem Moment, in dem etwas auseinandergebrochen ist in zwei Teile, von denen einer sich in die Welt hinaus entfernt hat (also in die Ferne gegangen ist).

Der Teil, der zurückbleibt, hat nun eine *charakteristische Bruchstelle* (ist eigenartig gezackt), hat damit gleichsam eine Wunde, die nur geschlossen werden kann, wenn jener Teil, der das Negativ der Bruchstelle aufweist, aus der Fremde zurückkehrt und die ursprüngliche Einheit (restlos) wieder herstellt.

Bach macht in dem erwähnten Artikel einige terminologische Vorschläge, die wir deshalb für ungemein brauchbar halten, weil sie philosophisch noch vollständig unverbraucht sind, und denen wir uns daher gern anschließen.

Er nennt jenen Teil des Symbolons, der beim ursprünglichen Besitzer verbleibt, das «Obligat». Es ist der feste und zurückgebliebene Bezugspunkt, an den das Symbolon «verpflichtet» ist. Vom Obligat aus treibt der andere Teil in die Ferne. Jenen in die Fremde schweifenden Teil (also die zweite Hälfte) nennt Bach das «Exekutiv». Die Vorsilbe «ex» deutet an, daß etwas «aus»gegangen ist, etwas aus etwas heraus sich entfernt hat. Exekutiv heißt auch, es ist eine ausführende Handlung ergangen, etwas ist aktiv vollzogen worden.

Die Trennung zwischen Obligat und Exekutiv nennt Bach ein «Chisma», einen Bruch, eine Abspaltung – die Trennung des einen vom anderen.

Erst nach vollzogenem Chisma (es muß buchstäblich etwas zerschlagen werden!) kann sich das Exekutiv entfernen. Die Bruchlinien, also das Positiv beim Obligat und das Negativ beim Exekutiv, die nur im Falle dieses einen Symbolons ineinanderpassen (und auch nicht gefälscht werden können), heißen «symbolontisches Relief» und sind Unikate.

Den Aufbruch des einen Teils in die weite Welt hinaus bezeichnet er als «Exil». Während die Wiederannäherung des Exekutivs an das Obligat von Bach «Rekurs» benannt wird.

Der gesamte Vorgang, der ein kreisförmiges Geschehen in sich trägt («Bruch – Entfernung des Exekutivs vom Obligat ins Exil – Rekurs des Exekutivs an das Obligat – Wiedervereinigung») soll (wieder in Anlehnung an Bach) hier «Curriculum» genannt werden.

Im Symbolon liegt eine tiefe Widersprüchlichkeit, die auch in der Parabel vom «verlorenen Sohn» zum Ausdruck kommt. Bach weist darauf hin, denn: Es wird getrennt, *um* zu vereinen!

Diese Geschichte hat ihren tiefen Sinn nicht im Geschehen an sich, dann hätte der Sohn in der Tat auch gleich zu Hause bleiben können. Der Sinn liegt darin, daß er als ein anderer,

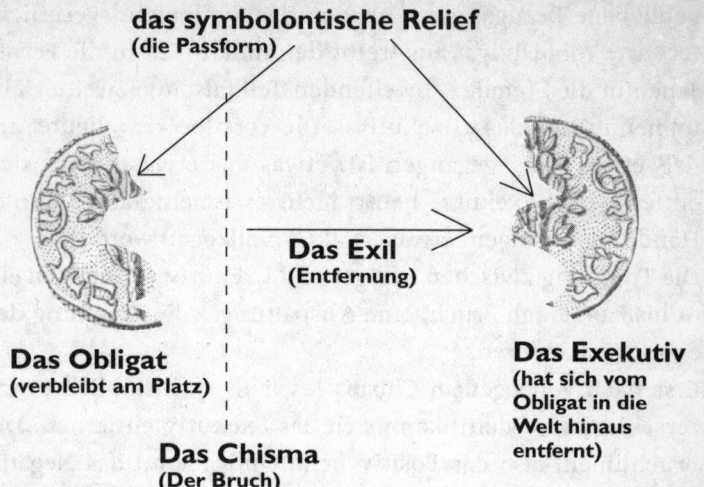

das symbolontische Relief
(die Passform)

Das Exil
(Entfernung)

Das Obligat
(verbleibt am Platz)

Das Exekutiv
(hat sich vom
Obligat in die
Welt hinaus
entfernt)

Das Chisma
(Der Bruch)

als ein Gereifter, nach Hause kommt – und doch noch das gleiche symbolontische Relief aufweist.

Er bringt seine Erfahrungen von der Reise mit. Damit ist er als Exekutiv verändert, seine Bruchlinien aber passen immer noch in das Obligat, und kann so den Bruch wieder heilen.

In diesem Sinne aber ist die neue Einheit – das Symbolon ist wieder geschlossen – heute reifer, als es die alte war. Die Erfahrungen, die der Sohn als Exekutiv in der Welt gesammelt hat, bringt er zurück und reichert damit auch das Obligat an. Die ganze Familie hat einen Schritt gemacht.

Somit gibt es ein geheimes Einverständnis zwischen dem Obligat (Familie) und dem Exekutiv (dem verlorenen Sohn). Wenn auch die Familie den Sohn, da er den Zusammenhalt verlassen hat, als erstes verstoßen mußte (und ihn in den Schatten verbannt hat) – mitunter darf lange Jahre nicht mehr über ihn gesprochen werden –, so handelt der Sohn doch eigentlich im Auftrag, das heißt, er führt nur eine (geheime) Anordnung der ganzen Familie durch. Er mußte verstoßen werden, damit er – heimkommend – das Ganze erweitern kann.

Das aber heißt auch (und Bach hat das sauber herausgearbeitet):

Es wird getrennt, damit Entwicklung in Gang kommt!

Die ganze Familie kann einen Entwicklungsschritt dabei machen.

Kommen wir zurück auf unser Thema: Die Seele eines jeden Menschen besteht aus unzähligen Obligaten und aus unzähligen Exekutivs. Das heißt, einige Teile von uns verharren passiv als «Hinterlegung», darauf wartend, daß das jeweilige Exekutiv nach Hause kommt. Andere Teile in uns sind Exekutivs, das heißt, sie schweifen durch die Welt und suchen aktiv nach ihren hinterlegten Teilen, den Obligaten, auf die sie jeweils – immer – verpflichtet bleiben.

Das – und nichts anderes – meint die Rede von der eigenartigen Dialektik, welche zwischen Subjekt und Objekt, zwischen Mann und Frau, zwischen Mensch und Welt waltet.

Liebe, behauptet Blüher, *ist Organ* für die Person!

Seelisches Organ. Und so, wie die körperlichen Organe bestimmte Funktionen zu erfüllen haben und zu diesem Zweck Stoffe benötigen und produzieren, so erfüllt auch das seelische Organ «Liebe» eine bestimmte Funktion – es benötigt und produziert ebenfalls etwas.

Sie benötigt, da sie Organ für die *außenstehende* Person ist, als erstes Menschen. Hier ist die objektive Welt in einem hohen Maße verschwenderisch. Bin ich ein ganz normaler Zeitgenosse – und kein Einsiedler –, so präsentiert sie mir eine Fülle von Begegnungen, die vor meinem seelischen Organ «Liebe» Revue passieren und dieses zur Arbeit anregen. Die Arbeit, die das Organ zu vollführen hat, besteht in der Frage: *Erkenne* ich die außer mir stehende Person *wieder*? Und wenn ja, warum? Die Antwort, die der Mythos gibt, ist bekannt: Die beiden kennen einander, da sie ursprünglich – Rücken an Rücken – miteinander verwachsen und also eins waren, und sie erkennen sich deshalb wieder.

Dieser Prozeß des Wiedererkennens, darauf hat Blüher ausdrücklich hingewiesen (und jeder von uns weiß es tief im Inneren), ist keiner des Intellekts. Es ist weder eine Verstandes- noch eine Denkleistung, so wie ich das Gemälde eines Künstlers identifizieren könnte, sondern es ist ein Ergriffensein, das sich auch durch vorhandene Widerstände hindurch vollzieht. Im heutigen Sprachgebrauch würden wir sagen: Es ist eine Erkenntnis aus dem Bauch.

Manchmal unpassend, mitunter völlig idiotisch, aber auch eine Auflehnung dagegen mindert nicht die Stärke des Gefühls. Die seelische Chemie, die hier am Werke ist, sagt eindeutig: Das Positiv meines symbolontischen Reliefs findet gerade seine negative Entsprechung, und die Sache paßt.

«Du bist es!»

(Platon: «Sie werden wunderbar erschüttert von Freundschaft und Vertrautheit und Liebe und wollen voneinander nicht lassen, auch nicht einen Augenblick.»)

Das alles kennt der normale Zeitgenosse – meist sogar der Astrologe! Die – mit Verlaub – Mechanik ist klar. Mit meinem «Organ für die Person» erkenne ich die außenstehende Person als zu meinem symbolontischen Relief passend, und – wieder mit Verlaub – «Liebe» wird ausgeschüttet.

Damit wäre das Curriculum beendet (das Ich und das Du

haben sich als einander zugehörig wiedergefunden, die ursprüngliche Wunde ist wieder geschlossen, jetzt wäre nur noch Honeymoon), würde nicht der Leser schon eine geraume Weile irritiert «halt!» schreien.

Irgend etwas stimmt nicht. Hier paßt etwas nicht mit seinem Leben überein.

Wo Platon noch sagen konnte:

«Diese sind es auch, die gemeinsam das ganze Leben zubringen und noch nicht einmal zu sagen wüßten, was sie voneinander haben wollen...»,

überblickt der heutige Leser seine letzten drei Scheidungen und kann nur seufzen: «Es wäre ja schön, wenn mir endlich mein ‹richtiges› symbolontisches Relief begegnete. Die anderen waren ja wohl Irrtümer.»

Im Anfang mag es ja so gewesen sein, die ersten drei Jahre (oder drei Monate), aber dann stellten sich schnell Unvereinbarkeiten, Kanten und Spitzen am Relief heraus, deren Schärfe man nicht mehr aushielt. Und schließlich ging man wieder auseinander.

Was also stimmt an diesem Bild Platons nicht?

Der erste Verdacht besteht sicher darin, daß es mit der Positiv-Negativ-Identität des symbolontischen Reliefs doch nicht so recht gestimmt hat, daß ich also etwas für «passend» gehalten habe, was in Wahrheit nur «ähnlich» war. Wir wissen es schon: Symbolontische Reliefs sind Unikate, es kann nur eine (einer) passen, und mit jeder neuen Beziehung erhofft man ja auch wieder, daß jetzt «der eine» («die eine») endlich gefunden worden ist. Und mit jeder Trennung stellt sich aufs neue heraus, daß ich ganz offenkundig die «Ähnlichkeit» überschätzt habe.

Ich kann auch *zwei* Geldscheine so durchreißen, daß die erste Seite des einen und die zweite Seite des anderen eine hohe Ähnlichkeit aufweisen. Doch die mikroskopische Feinanalyse (von vier Jahren Ehe) bringt es an den Tag: Er (sie) ist *nicht* mein Pendant!

Wie gesagt, das könnte der *Verdacht* sein!

Dann aber erhebt sich die Frage: Kann ich mich irrtümlich verlieben? Kann mein Herz für einen falschen Fuffziger entflammen?

Natürlich kann mein Unterleib auf eine wohlausgestattete, attraktive Form reagieren und dadurch ein sexueller Wunsch in mir entfesselt werden, doch dieses Angerührtsein (das billig zu haben ist) sowie andere Formen, wo es mir nur um einen *Teil*bereich des anderen geht (um seinen Reichtum, seine geistige Weite, seine Ähnlichkeit zu meinem Papa etc.), wollen wir hier einmal ausklammern. Wir meinen ausdrücklich «Verliebtheit», ausgelöst von der «ganzen Person». Kann ich mich hier irren?

Die Antwort lautet: Nein!

Wo immer mein Ergriffensein die gesamte Person des anderen meint, begegne ich einem zu mir gehörigen Exekutiv, und mein Obligat ist entfesselt. Es spürt, hier kommt etwas «Echtes», etwas «Passendes», mögen auch mein Verstand, meine Vernunft daran noch so lange zweifeln.

Dabei ist die Lösung – der Leser ahnt es schon – recht einfach und bereits lange angedeutet: Der Mensch ist eben nicht *eine Person*, deren *eines* Obligat *ein* Exekutiv herbeisehnt, sondern er besteht aus vielen Persönlichkeiten, die allesamt Symbola bilden wollen und die deshalb alle auf ihren fehlenden Teil warten (oder ihn aktiv herbeibemühen wollen).

Das aber kompliziert die Situation enorm!

Hat *eine* meiner inneren Personen im Gegenüber ihr Obligat gefunden und bin ich geraume Zeit erschüttert von diesem

Zusammenschluß des Symbolons, so wird – manchmal Monate, manchmal Jahre – später eine andere innere Person wach, gerät mehr und mehr in den Mittelpunkt und fragt sich jetzt, wo denn *ihr* Exekutiv sich befindet. Denn die Ehefrau (der Ehemann), die (der) das erste Obligat geheiratet hat, besitzt leider nicht das Exekutiv für das zweite (in mir) wachwerdende Obligat.

Damit aber wird ein Mangel wach. Die Wunde des zweiten symbolontischen Reliefs beginnt zu jucken und wird mehr und mehr zu einer Form des mich umhertreibenden Mankos. «Liebe», das weiß jeder einigermaßen erwachsene Mensch, unterliegt einem Verschleiß; sie wird bald zu einer so selbstverständlichen Sache, daß die ursprüngliche Sehnsucht (als man noch allein war) nach einer Ergänzung schnell in Vergessenheit gerät. Jetzt taucht – ausgelöst durch ein neu aus dem Inneren hoch kommendes Obligat – ein neues Manko und mit ihm eine neue Sehnsucht aus dem Personen-Reservoir der unteren Etagen empor.

Bisher haben wir uns also nur um das «Symbolon der Beziehung» gekümmert und so getan, als wäre dies die einzige Form, in der Subjekt und Objekt zueinanderfinden können. Wir werden jetzt auch die anderen Formen des Angezogenwerdens in die Diskussion einbeziehen müssen. Wir werden also das, was Platon (und Blüher) als alleinige Form beschrieben haben, in ein multiples Geschehen zu verwandeln haben.

Dazu müssen wir als erstes ein Bild geben, wie wir uns heute das Ineinander der verschiedenen Persönlichkeitsanteile oder – wie wir radikaler sagen – der verschiedenen inneren Personen zu denken haben.

Zu diesem Zweck wählen wir das Bild einer Blume mit ihren

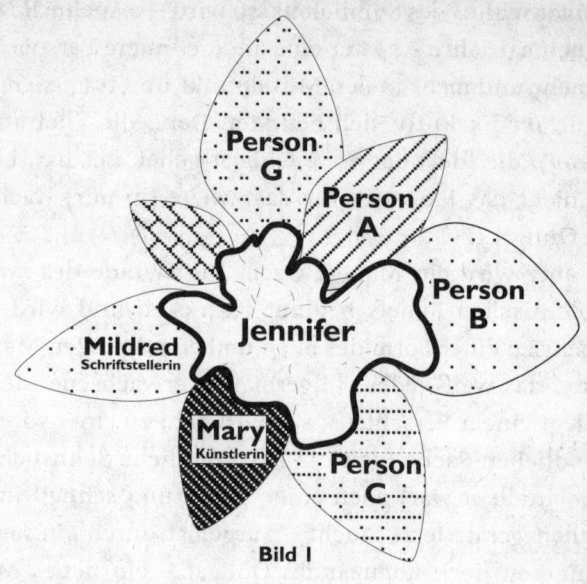

Bild I

voneinander getrennten Blütenblättern. Wir können die einzelnen Blütenblätter als einzelne innere Personen betrachten und ihnen *Namen* zuweisen, die freilich in einem langen (therapeutischen) Findungsprozeß erst zu enthüllen wären. Das aber reicht uns jetzt nicht aus, denn die Personen haben ja nicht nur Namen, sie haben auch gänzlich voneinander verschiedene *Interessengebiete*.

(Unser Beispiel entstammt dem Buch «Jennifers sieben Gesichter» von Gerald Schoenewolf [München 1994], der hier die Geschichte einer multiplen Patientin erzählt. Wir können dieses Beispiel jedoch ohne Probleme auch auf die inneren Personen bei uns «Normalen» beziehen.)

So ist *Mildred* im Inneren von Jennifer eine Schriftstellerin, besucht die Universität und ist psychologisch begabt, während *Mary* (ebenfalls im Inneren von Jennifer) sich mit

Kunst, Anthropologie und Antiquitäten beschäftigt. Während *Mildred* fast erwachsen ist und Beziehungen zu Männern eingeht, ist *Mary* von Männern abgeschreckt und interessiert sich nicht für Beziehungen. Auch sie ist ein Obligat und hat ein symbolontisches Relief, das heißt eine Sehnsucht nach Ergänzung. Diese Sehnsucht muß sich *nicht auf einen Menschen* beziehen, sondern sie kann sich auf Bücher, Vorträge, Hobbys, auf das Schreiben von eigenen Texten, das Sammeln von Briefmarken etc. erstrecken.

Um das an einem Beispiel zu verdeutlichen: Ich habe eine innere Person, die – neben anderen Obsessionen – das gierige Verlangen nach einer bestimmten Form von Kriminalromanen hat. Die meisten Autoren dieses Genres jedoch passen nicht in das symbolontische Relief von «George» (nennen wir den Kriminalroman-Maniac in mir einmal vorübergehend so) hinein. Daß George mit Hilfe dieser Lektüre seine Aggressionen ausleben kann, sowohl von seiten des Täters als auch von der Seite derjenigen, die den Täter dann bestrafen, sei hier nur am Rande vermerkt. Aber uns soll im Moment nicht die Funktion beschäftigen, die George mit Hilfe dieser Romane erfüllt, sondern nur sein Getriebensein als solches. Der Werbespruch «Ich gehe meilenweit für eine Camel» stimmt auch für George. Für einen neuen Roman von Anthony Bruno, Ed McBain, Andrew Vachss, Jerry Oster oder Lawrence Block schleppt George mich mitunter sogar nach New York. Und es hat lange gedauert, George auf die Schliche zu kommen. Er hatte sich nämlich eine geschickte Tarnung ausgedacht: Er hatte andere Personen vorgeschickt und sich hinter ihnen versteckt. Da New York ein Mekka ist für innere Personen (das heißt, viele innere Personen bekommen hier «ihre» Spielsachen in der State-of-the-art-Form), war es George ein leichtes, den anderen Personen vorzugaukeln, warum *sie* nach New York fahren «müssen». Er hat den einzelnen Innenweltbewohnern folgende *gute* Argumente geliefert (denn: wegen eines neuen Krimis nach N. Y. zu fliegen ist *mit Sicherheit kein gutes Argument*):

Zu Person A: «Einer deiner besten Freunde wohnt dort!» (Stimmt.)

Zu Person B: «N. Y. ist die aufregendste Stadt der Welt!» (Stimmt.)

Zu Person C (dem Profi in mir): «Die neueste Literatur über MPD bekommt man dort geballt!» (Stimmt.) «Außerdem gibt es dort Literatur über mythologische Zusammenhänge, die ihren Weg nach Deutschland noch nicht gefunden haben!» (Stimmt auch irgendwie.)

Zu Person D (dem Kind): «Neueste Computersoft- und -hardware gibt es nirgends so preisgünstig!» (Klar, stimmt.)

Zu Person E: «Das Neueste auf dem Theater- und Musicalsektor findest du in N. Y.» (Stimmt natürlich ebenfalls.)

Nachdem George dergestalt fünf innere Personen überzeugt hatte, war sein Ziel erreicht. Die fünf waren jederzeit bereit, nach N. Y. zu fliegen, und George reiste huckepack mit. (So ging das einige Male.)

Dort angekommen, führte *mein* erster Weg aber nicht zu meinem Freund, nicht in eine psychologische Fachbuchhandlung oder in ein Antiquariat, auch nicht in den Computershop, schon gar nicht kaufte ich eine Zeitschrift über die neuesten Theateraufführungen, sondern George führte mich als erstes zu Barnes & Noble in die Krimi-Abteilung! Endlich war er am Ziel. Und hatte er einen neuen Bruno gefunden, so war sein Exekutiv nach Hause gekommen, das Symbolon war (wenn auch nur vorübergehend) geschlossen, und er (und ich) war glücklich.

Nur, es hat sieben New-York-Flüge gedauert, bis ich das begriffen hatte und George den Mut fand, mir von sich und seiner Obsession zu erzählen.

Nicht, daß ich es nicht schon vorher hätte wissen können!

Aber wer denkt schon gern über so etwas nach? Wer gibt es schon gern vor sich zu? Wer läßt schon *seine* Georges derart idiotische Sachen mit vollem Bewußtsein machen?

Was wir sagen wollen, ist: Die Sehnsucht nach Bildung eines Symbolons hat nicht notwendigerweise zu tun mit der Suche nach verlorenen *Personen*, sondern erstreckt sich über das Thema meiner Lebens*interessen* insgesamt.

Anders gesagt: Die inneren Personen auf ihrer Suche nach Ergänzung schaffen damit *jede Form der Hinwendung zur Welt* und somit jedes Verhältnis zwischen Subjekt und Objekt, dem wir ja mit diesem ersten Kapitel näherkommen wollen.

(Der Begriff «Objekt» meint hier: jede außerhalb meiner selbst stehende Gegebenheit – sei es Mensch, sei es Sache, seien es geistige oder seelische Gebilde.)

Um dieses Thema der Hinwendung zu den äußeren Dingen der Welt noch besser zu verstehen, werden wir unser Bild der Seelenblume (von S. 30) jetzt mit dem abstrakten Thema des Symbolons in einen Zusammenhang setzen.

Zwei innere Personen der **Jennifer**, nämlich *Mildred* und *Mary*, hatten wir kennengelernt, wobei *Mary* kein Interesse an dem Thema der Partnerschaft hatte, also kein Interesse, Symbola mit *anderen Menschen* zu schließen. *Mary* fühlte sich hingezogen zu Dingen (Antiquitäten, Kunst etc.), während *Mildred* sich von geistigen Themen (Schreiben, Psychologie etc.) angezogen fühlte und durchaus Beziehungen zu Männern einging.
George hingegen (S. 31), der in mir wohnt, verlustiert sich ebenfalls an einem geistigen Thema, nämlich an Kriminalromanen, und mit Menschen kann er nichts anfangen – sie sind ihm nicht «spannend» genug!
Doch auch diese *materiellen* oder *geistigen* Interessen sind mit Energien hoch aufgeladen und bilden im Inneren von Jennifer (und in meinem Inneren) symbolontische Reliefs und damit das Verlangen, diese Objekte der Begierde im Außen zu finden und anzulagern (siehe Abb. 2, S. 35).

(Es ist mitunter die Rede davon, daß bei manchen Menschen immer die «richtigen Bücher» zur «richtigen Zeit» kommen. Das ist selbstverständlich richtig, hat aber nichts mit den Büchern an sich zu tun, sondern damit, daß das symbolontische Relief einer meiner inneren Personen jetzt genau jene Bruchlinie aufweist, in die das von außen kommende Buch hineinpaßt.)

Bis zu dieser Stelle haben wir nur das Verhältnis von Menschen zu Dingen angeschaut, unser Thema aber ist der *andere Mensch*.

Nun, wenn wir einmal die Mechanik des Symbolons verstanden haben mit seinem universellen Ablauf (Bruch – Wunde – Suche nach dem anderen, der den Bruch wieder heilen kann – Schließen der Wunde), sind wir ausreichend gerüstet, unsere Beispiele auch auf das Thema der menschlichen Beziehungen zu übersetzen.

(Im folgenden verlassen wir das Buch von Schoenewolf und errichten eine fiktive **Jennifer** mit einer fiktiven *Mildred*, die gar nichts mehr mit ihrer literarischen Vorlage zu tun haben. Außerdem werden wir im folgenden den Namen für die Hauptperson **Jennifer** [also so, wie sie im Außen bekannt ist] mit fetten Buchstaben kennzeichnen, während wir die Namen für die inneren Personen [z. B. *Mildred*] kursiv schreiben. Der Leser merkt dann jeweils an der Schreibweise, ob es sich um bewußte Personen [wie sie auch im Außen bekannt sind – Fettdruck] oder um möglicherweise unbewußte Personen im Inneren der bewußten Personen handelt – Kursivdruck. Diese sind oft total unbewußt, und manchmal benötigt es einige Jahre Therapie, bis sie im Bewußtsein stehen.)

Betrachten wir also jetzt *Mildred* im Inneren von **Jennifer**. *Mildred* gibt sich also nicht mit Dingen zufrieden, sie verlangt nach einem Menschen, nach Wärme, nach Nähe, nach Sexualität, nach Beziehung. *Mildred* hat also ein symbolontisches Relief, das auf der Suche nach einem Menschen zum Liebhaben ist.

Wir stellen uns vor, daß ein derartiger Mensch auch auftaucht, der sich in *Mildred* (und *Mildred* sich in ihn) verliebt. Nennen

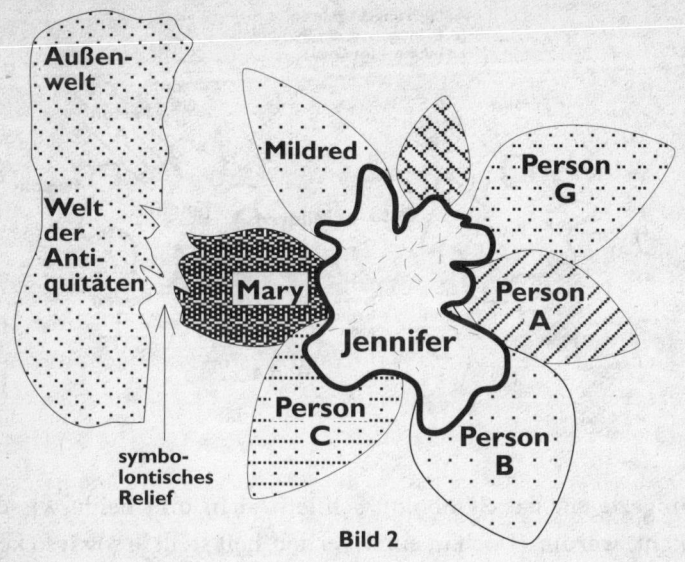

Bild 2

wir diesen anderen Menschen **Karl**. Aber wir wissen ja schon, daß es nicht Karl ist, der sich verliebt, denn Karl ist ja nur der Name für ein Bündel von Personen, das sich – um eine Identität zu erhalten – an den gemeinsamen Sammelnamen **Karl** gewöhnt hat.

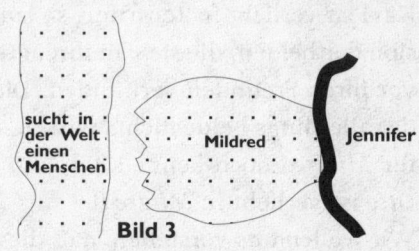

Bild 3

Auch **Karl** hat im Inneren eine (oder mehrere) Person(en), die auf der Suche nach einem anderen Menschen ist (sind). Diese Person, die sich in *Mildred* verliebt, wollen wir *Otto* nennen. Folgendes Bild erhalten wir:

Otto (in **Karl**) und *Mildred* (in **Jennifer**) verlieben sich ineinander. Das heißt: Die beiden symbolontischen Reliefs passen, und die Personen **Jennifer** und **Karl** fühlen sich zueinander

35

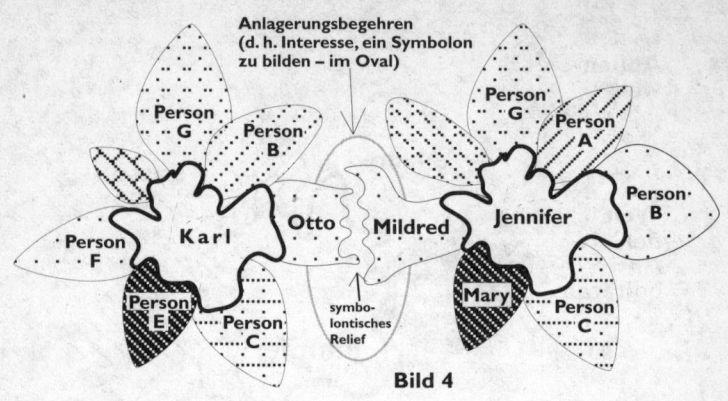

Bild 4

hingezogen, das Symbolon schließt sich, und beide wissen nicht, warum. (Doch in einer Verliebtheit stellt ja sowieso keiner die Frage nach dem Warum.)

«Du bist es!» sagen die beiden (so wollen wir annehmen) zueinander.

Karl ist verliebt in **Jennifer**, so lautet jetzt die offizielle Version der beiden, die sie – in ihrem Glück – vor sich selbst und vor ihren Freunden verkünden. Die inoffizielle Version (von der allerdings beide nichts wissen, denn weder kennt **Jennifer** *Mildred* noch kennt **Karl** *Otto* in sich) lautet allerdings: *Otto* ist verliebt in *Mildred*!

Wir wollen uns vorstellen, daß diese Verliebtheit nicht allein über zwei innere Personen verläuft (sie wäre sonst wahrscheinlich sehr kurzlebig), sondern daß Karl in sich eine Person hat, die sich ebenfalls für Antiquitäten interessiert, nämlich *Randolf*, der jetzt auf *Mary* den besten Eindruck macht, und außerdem finden beide eine Person in sich, die eine große Liebe für den Schriftsteller Michael Ende in sich trägt. (*Eva* in **Karl** und *Heino* in **Jennifer**.)

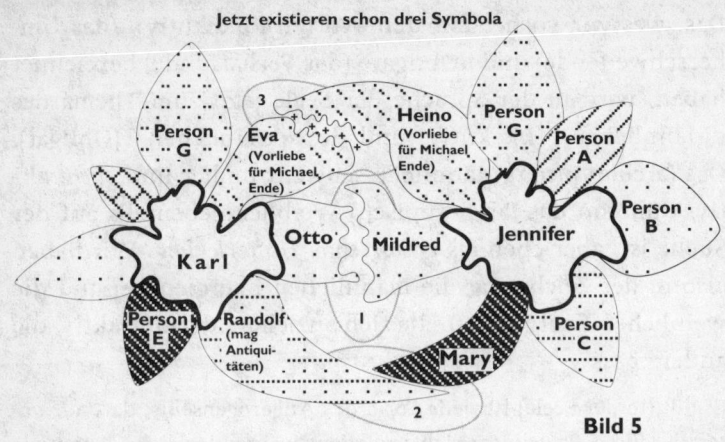

Bild 5

Jetzt hat das Glück kein Ende mehr, und beide schweben deutlich erhöht in ihrer Verliebtheit.

Bevor sich die Sache endgültig derart verkompliziert, daß der Leser den Durchblick darüber verliert, wer es hier auf welcher Ebene mit wem treibt, blicken wir noch einmal auf die Feinstruktur des Angezogenseins von *Otto* und *Mildred* und damit auf die Feinstruktur eines jeden Symbolons.

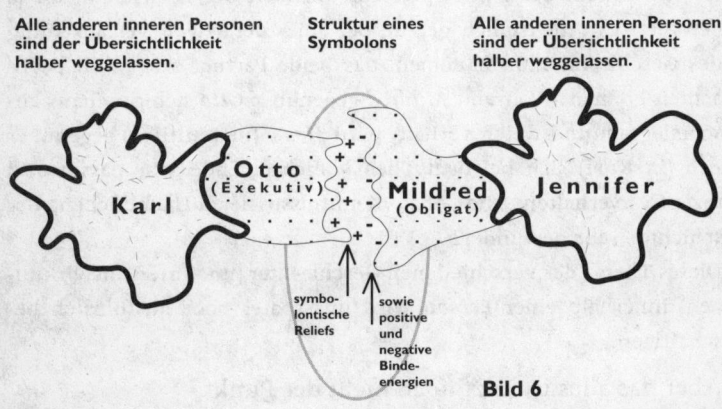

Bild 6

Das, was wir vorher mit den Worten «Exekutiv» (das Umherschweifende) und «Obligat» (das Verharrende) bezeichnet haben, wird in der Sprache der Seele jetzt zum Thema des «Männlichen» (Exekutiv) und des «Weiblichen» (Obligat). Das (archetypisch) Männliche schweift umher und *sucht* aktiv, während das (archetypisch) Weibliche ebenfalls auf der Suche ist, aber eben als *erwartende Hinterlegung*. Wir haben also in der Zeichnung die männlichen Energien (+) und die weiblichen Energien (–), die sich anziehen, die eine aktiv, die andere passiv.

Es gilt (in der Seele) für jede Form des Angezogenseins, daß nur *unterschiedliche Polaritäten* sich anziehen, während gleiche Potentiale (also + und + oder – und –) sich abstoßen. Zwei Exekutivs können sich weder suchen noch finden, da sie sich nicht verloren haben. Sie haben jeweils zwei andere Obligats, die sich deshalb ebenfalls nicht finden können.

Wir haben hier schon – bei den beiden Personen mit der Vorliebe für Michael Ende – in Rechnung gestellt, daß sich das Geschlecht der inneren Personen durchaus auch vertauschen kann, denn *Eva* in **Karl** und *Heino* in **Jennifer** finden ja dieses Verliebtsein (füreinander) ebenfalls in sich. Das kann also ebenfalls eine starke Anziehung in sich finden, denn die Unterschiedlichkeit der Polarität bleibt ja gewahrt. Es gibt freilich gerade bei einer derartigen Vertauschung des Geschlechts ein Phänomen, das beide Partner sehr wohl beobachten können. Während *Mildred* gegenüber *Otto* sich durchaus anschmiegsam und weich verhält, wird *Heino* (in **Jennifer**) gegenüber *Eva* (in **Karl**) sich bei dem Thema Michael Ende sehr passiv und rezeptiv verhalten und *Evas* Kenntnisse der «Unendlichen Geschichte» sehr bewundern.

Dieses Thema der verschiedenen Geschlechter (und ihrer Auswirkungen) innerhalb einer Person wird uns später noch ausführlich beschäftigen.

Aber das alles ist jetzt noch nicht der Punkt.

Unsere Diskussion nähert sich jetzt nämlich der wichtigsten Frage des Buches: Was sind das für Energien, die die beiden Teile des Symbolons aneinanderketten, was also ist das für ein eigenartiger Klebstoff?

Ein Klebstoff, der mitunter dafür sorgt, daß *Mildred* und *Otto* (und damit **Jennifer** und **Karl**) ein Leben lang aneinander gebunden bleiben oder – in einem anderen Fall – daß Mildred und Otto bereits nach der ersten gemeinsamen Nacht wieder auseinandergehen.

Handelt es sich in beiden Fällen um denselben Klebstoff, und, wenn ja, wie darf man ihn sich denken?

Etwas wissen wir schon über dieses Bindemittel: Es ist ein Zweikomponentenkleber! Wir kennen dieses Thema aus der Technik des Sekundenklebers: Man hat *zwei* Tuben mit verschiedenem Inhalt: A und B. Der Inhalt jeder einzelnen Tube klebt nicht; erst wenn beide gemischt werden, entfalten sie ihre extrem starke Kraft.

Die beiden Komponenten des Symbolons verfahren nach dem Prinzip des Plus-Minus, des Männlich-Weiblichen oder auch des Aktiv-Passiven (Yang-Yin) und, in unserer (Bach entlehnten) Sprache des Exekutiv-Obligat.

Während also *Otto* in **Karl** ein Exekutiv ist und *Mildred* in **Jennifer** ein Obligat, ist *Heino* in **Jennifer** ein Exekutiv und *Eva* in **Karl** ein Obligat.

Schauen wir uns zuerst an, ob es Beispiele aus den bisherigen Wissenschaften gibt, die diesen Klebstoff beschreiben. Wir finden hier – als einzigen wissenschaftlichen Begriff – im Bereich der Psychoanalyse den Ausdruck «Libido». Auch er beschreibt eine *Energieform* und eine *Bindeform*, aber der einzige Unterschied, den dieser Begriff ermöglicht, ist die Beifügung «starke» oder «schwache» libidinöse Besetzung.

(Also wenn Jennifer und Karl wieder auseinandergehen, war die Bindung wohl nicht sonderlich stark!)

Das freilich ist uns zuwenig und taugt für unsere Diskussion, die *inhaltlich* gefaßt werden muß, herzlich wenig.

Wir werden also einen neuen Begriff wählen und ihn in seinen unterschiedlichen Ausprägungen genau fassen müssen, damit wir ein Instrument zum Verstehen der eigenen Situation an die Hand bekommen.

Als Name für diesen «lebendigen Kitt», der Personen mit Sachen und Personen mit Personen zusammenfügen kann und der damit Symbola bildet und schließt, wählen wir den (relativ neutralen) Begriff des «Anlagerungsbegehrens» oder, kürzer gesagt, des «Eros».

Freilich, damit allein ist noch gar nichts gewonnen, denn dieses Wort ist im Moment noch leer. Soll es mit Leben gefüllt werden, so genügt es nicht, ihm die Attribute «stark» oder «schwach» beizulegen, denn dann hätten wir wieder das Libidomodell (nur mit einem anderen Namen), nein, wir müssen diesen Begriff «Eros» *mit Inhalten* füllen. Wir müssen die *verschiedenen* Formen des Anlagerungsbegehrens genau beschreiben und die verschiedenen Formen des Eros, die je bei einem Menschen wirksam werden können, inhaltlich ein für allemal so bestimmen, daß der Leser sie in seinem Leben erkennen kann.

Bevor wir das tun, sichten wir noch einmal unsere Diskussion bis zu dieser Stelle:

1. Zwei Menschen treffen sich mit ihren inneren Personen nach dem Prinzip des «Fehlenden» oder des «gemeinsamen Leidens» und damit nach Maßgabe des gemeinsamen symbolontischen Reliefs (das bei der einen Person in Form eines Positivs, bei der anderen in Form des Negativs vorliegen muß). Das symbolontische Relief legt fest, *daß* sie sich zueinander hingezogen fühlen und einander fehlen. Es legt *nicht* fest, *daß*

eine Bindung erfolgt und, wenn ja, wie stark diese ist. (Für diesen Vorgang ist der Eros zuständig.)

2. Die beiden inneren Personen müssen *gegenpolare Energien* aufweisen (oder zumindest – wie wir später sehen werden – neutrale Energien!). Sie dürfen nicht dieselben Energien tragen. Diese würden sich sofort abstoßen – Antipathie!

3. Über die Frage, wie stark oder wie schwach ist das Anlagerungsbegehren (und damit eben auch der Zusammenhalt, das Zusammenschließen) des Symbolons, entscheidet die Form des Eros, dessen Bandbreite wir im folgenden beschreiben werden.

3.a) Wir wollen hier den Leser bereits auf eine Einschränkung aufmerksam machen. Wie lange zwei Menschen zusammenbleiben, ist nicht allein eine Frage des Eros, sondern ebenfalls eine Frage, *welche Rolle* die inneren Personen spielen, die sich gebunden haben.
Im Theaterstück des Lebens gibt es (wie auf jeder anderen Bühne auch) Hauptrollendarsteller (in mir) und Nebenrollendarsteller (in mir). Angenommen, der Nebenrollendarsteller in **Karl**, der in die Bücher von Michael Ende vernarrt ist (*Eva*), verliebt sich in den Nebenrollendarsteller in Jennifer, der diese Bücher ebenfalls schätzt (Heino), und beide ketten sich über den Eros dieser beiden inneren Nebenrollendarsteller aneinander, so reicht das allein natürlich nicht aus, eine Ehe zu bilden, besonders dann nicht, wenn die Hauptrollendarsteller der beiden unvereinbar wären.
Doch dieses Thema der Haupt- und Nebenrollendarsteller werden wir später noch ausführlich behandeln.

Für die gleich zu beschreibenden Formen des Eros gelten einige allgemeine Regeln, und der Leser kann sich die Frage vorlegen, wie steht es mit der jeweiligen Form des Eros bei mir?

Regel 1

Bei jedem Menschen steht zu einer gegebenen Zeit eine Form des Eros an dominanter Stelle. Das heißt, jeder auf mich zukommende *Teil der Welt* (sei es eine Person oder eine Sache) wird gleichsam durch den Filter dieses Eros abgefangen, und wir versuchen, ihn mit Hilfe dieses Klebstoffes unserem System anzugliedern und einzugliedern.

Regel 2

In bestimmten Zeitperioden (Lebensperioden) und durch das Vorliegen bestimmter äußerer Ereignisse (z. B. durch eine Geburt, Krankheit etc.) kann eine Form des Eros durch eine andere Form des Eros abgelöst werden. Der Eros also, der mich vorher beherrscht hat, tritt in den Hintergrund, während ein anderer, den ich möglicherweise noch gar nicht kenne, sich in den Vordergrund schiebt.

Regel 3

Es gibt zu einem gegebenen Zeitpunkt eine Eros-Hierarchie, die gleichzeitig wirksam ist. Ist der im Vordergrund stehende Eros dieser Hierarchie befriedigt (durch Sex, das Veröffentlichen eines wichtigen Buches, den Fund einer seltenen Briefmarke etc.), so tritt der nachgeordnete Eros auf den Plan. Es kann dies einer sein, der mit dem ersten nicht das geringste zu tun hat.

Regel 4

Der Eros, der im Vordergrund steht (siehe Regel 1), kann vollständig unbewußt sein. Während also mein Bewußtsein glaubt, sich einem bestimmten Eros hinzugeben (Reise nach

N. Y., um einen Freund zu besuchen), kann dieser Eros zum Deckmantel werden, einen anderen Eros (z. B. Kriminalromane) zu verschleiern, also vor meinem Bewußtsein zu verstecken. Anders gesagt: Innere Personen, die eine bestimmte Form des Eros anstreben, schicken andere innere Personen vor, um sich hinter ihrem Rücken (daher huckepack) dem Objekt ihrer Begierde zu nähern. Diese Absicht teilen sie demjenigen, auf dessen Rücken sie reiten, jahrelang nicht mit.

Regel 5

Eros hat generell die Absicht, Symbola zu bilden. Insofern geht ein starker magnetischer Sog, gleichsam eine anziehende Kraft, vom Obligat (in mir) auf das fehlende Objekt aus. Diese (vom Eros gebildete) Kraft ist ein mich umhertreibendes *Verlangen* (eine Begierde) und gleichzeitig das Jucken an den Wundrändern des symbolontischen Reliefs. Insofern geht Eros immer auf die Suche nach dem «Fehlenden».

Regel 6

Eros kann nicht irren!

Nur der Mensch irrt, indem er glaubt, daß das Anlagern *eines* Exekutivs (und damit das vorübergehende Schließen eines Symbolons) alle anderen Obligats zum Schweigen bringt.

Findet also *eine* innere Person in der Welt ihr Pendant (ihre andere Seite) und jubelt vor Freude und Glück, so heißt das nicht, daß die anderen inneren Personen in dieses Konzert einstimmen. Sie müssen an dem «nach Hause gelangten Exekutiv» nicht gleichermaßen ihre Freude empfinden. Manchmal werden sie freilich vom Lärm der Siegesfeiern lange Zeit übertönt. Früher oder später, wenn die Feste abgefeiert sind, melden sie sich mit unverminderter Kraft und drängen auf Erfüllung *ihres* Eros. Diese aber kann im krassen Gegensatz zum angelagerten Exekutiv der vorherigen Vereinigung stehen. Daraus folgt:

Regel 7

Die verschiedenen Formen des Eros der inneren Personen können antagonistisch sein oder werden. Das bedeutet, die Erfüllung des einen schließt die Erfüllung des anderen aus. Diese Regel stiftet eine Erklärung für den größten Teil aller Partnerschaftsprobleme. Wünscht sich der eine Eros eine stabile Beziehung mit immerwährender Anlagerung («bis daß der Tod euch scheidet») und drängt mich der Eros einer anderen Person zu abwechslungsreicher Kost mit immer neuen Spielgefährten, so ist damit ein Konflikt gesetzt, den ich innerhalb dieser beiden im Gegensatz zueinander stehenden Personen nicht mehr zu lösen vermag.

Der Leser ist schon ein wenig unruhig geworden, hat er sich doch dieses Buch als Astrologiebuch gekauft, und so wartet er jetzt sehnsüchtig darauf, daß endlich die Rede auf dieses Thema kommt.

Nun, jetzt beginnen wir damit!

Die Formen des Eros, die wir anschließend beschreiben, sind identisch mit den Tierkreiszeichen.

Aber wir werden hier nicht noch einmal den Tierkreis als solchen herbeten, denn das haben wir in dem ersten Buch dieser Reihe *(«Drehbuch des Lebens»)* ausführlich getan.

Wir beschreiben hier jetzt das *Bindeverhalten der einzelnen Tierkreiszeichen*, nämlich die Kraft, die von diesen Zeichen (und den dazugehörigen Planeten) ausgeht, Symbola zu bilden! Infolgedessen beschreiben wir *zwölf verschiedene Formen des Eros.*

Wir ordnen diesen Formen Namen zu, und diese Namen sind *nicht* die Namen der Tierkreiszeichen. Wir wollen damit verhindern, daß nur astrologisch versierte Leser diese Terminologie verwenden können. Mit anderen Worten: Man kann diese Formen des Eros auch in sich (und anderen) entdecken, ohne etwas über sein Horoskop (oder überhaupt über Astrologie) zu wissen.

Sagen wir also in Zukunft «phallischer Eros», so weiß der Laie durch unsere inhaltliche Beschreibung, was gemeint ist. Für den Astrologen steht in der Überschrift zusätzlich die Bezeichnung «Widder (Mars)». Er weiß jetzt etwas mehr, nämlich, daß der «phallische Eros» jenes Bindeverhalten, jenes Anlagerungsbegehren des Tierkreiszeichens Widder (und des Planeten Mars und des ersten Hauses) ist.

Die gesamte Diskussion aber könnten wir auch *nur mit dem Namen des Eros* führen, und die dazugehörigen Tierkreiszeichen sind nur ein zusätzliches Schmankerl für die Astrologen unter den Lesern.

DIE FORMEN DES EROS

1. Der phallische Eros
Das Macho-Syndrom (El Toro)
Widder (Mars – erstes Haus)

Diese Form des Eros ist zutiefst männlich. Wann immer dieser Eros ins Spiel kommt, geht er aus von einem (inneren) Mann, der seine phallischen Energien loszuwerden und unterzubringen wünscht.

Wichtig an dieser Energie ist, daß sie kein Subjekt der Begierde kennt, sondern nur ein Objekt. Anders gesagt: Das Zentrum der Lustgewinnung zielt nicht auf den *anderen als Person*, sondern lediglich auf primäre oder sekundäre (Geschlechts-)Merkmale, die der mechanischen Lustabfuhr dienen sollen.

Wo also ein anderer Mensch zum Ziel dieses Eros wird, wird er reduziert auf einen «knackigen Hintern» oder auf «geile Titten» etc. (ganz ähnlich wie in einer Spielart der Medizin der Mensch reduziert wird auf die «Niere» oder den «Blinddarm»). Der andere Mensch wird also zum äußerlichen Stimulans für die Betätigung des phallischen Eros, und der dahinterliegende Mensch (seine Seele, seine Gefühle) wird entweder nicht beachtet oder gar als Störfaktor interpretiert, den es zu beschwichtigen gilt. Wo er nicht zu beschwichtigen ist, kann es aus dem Druck des phallischen Eros heraus zu vergewaltigungsähnlichen Szenen kommen. Als Objekt der Begierde fungieren also eindeutige Schlüsselreize, wie sie am direktesten in Pornomagazinen in Großaufnahmen abgebildet werden, wobei die zu diesen Körperteilen gehörigen Menschen meist ausgeblendet werden.

Die Symbola, die hier angestrebt werden, haben die kürzeste Halbwertszeit überhaupt. Sie zerfallen nach dem Erreichen des Zieles (Triebabfuhr im Orgasmus) wieder in ihre Einzelteile, und das Exekutiv, also der Macho, entfernt sich wieder auf einige Distanz. Erst beim erneuten Ansammeln der Energien des phallischen Eros, also beim erneuten Triebdruck, kann sich der Täter aufs neue demselben Obligat annähern, um das einseitige Spiel der Triebabfuhr wieder «in Angriff zu nehmen».

Steht das schon bekannte Objekt gerade nicht zur Verfügung, so kann der Macho jederzeit auf ein neues Objekt ausweichen, wenn es ihm ähnlich attraktive Schlüsselreize darbietet.

Ein wichtiges gesellschaftliches Auffangbecken für diese Art des Eros bietet seit Jahrtausenden die Prostitution.

Hier wird die Frau zum Objekt reduziert – sie verkauft ihren Körper, damit der phallische Eros (der in freier Wildbahn nicht immer ein willfähriges Objekt findet) zu seinem kurzfristigen Ziel gelangt.

Natürlich wird der phallische Eros nicht nur gegen andere Personen, also tatsächlich auf der phallischen Ebene, wirksam. Da sein Thema und seine Suche eigentlich *mit anderen Subjekten* gar nichts zu tun haben, sondern er nur ein hohes Begehren nach körperlicher Energieabfuhr hat, kann er sein Ziel auch auf alternative Formen der Energieabarbeitung umlenken. So ist der Sport, der Kampf «Mann gegen Mann», ein bevorzugtes Betätigungsfeld dieses Eros. Sei es Fußball, sei es Tennis, seien es Kampfsportarten in jeder Form, bis hin zum Surfen – wo ich mit dem Wind und den Wellen zu kämpfen habe –, Kräfte müssen (gegen äußere Widerstände) verausgabt werden. In früheren Jahrhunderten war auch der Krieger, der Soldat, der Söldner in dieses erotische Spiel verwickelt (als der Kampf noch Mann gegen Mann geführt wurde), und heute noch ist der spanische Torero ein Prototyp dieses Eros auf der Ebene einer Nationalsportart. Es geht also nicht um *diesen Stier* als Individuum, sondern um den Kampf, um das Freiwerden der Energien. Und noch der Degen, der dann im finalen Abschluß in das Tier versenkt wird, steht in der Symbolik dem Phallus nahe (so wie es im damaligen Krieg Messer, Lanzen und Schwerter waren). Doch auch hier bleibt als gemeinsames Merkmal die Kurzfristigkeit der geschlossenen Symbola.

Ist der Stier erlegt, zerfällt die Gestalt, die Bruchflächen beginnen bald aufs neue zu schmerzen und sehnen sich schnell wieder nach einer neuen Corrida (am nächsten Samstag).

«Der Krieg ist der Vater aller Dinge», ruft Heraklit, und er meint damit wohl, daß diese Form des Eros die ursprünglichste und erste Form ist, in die das Menschsein sich hinein hat entwickeln können: das gewaltförmige Eindringen in die Welt, um sie für meine Zwecke lustvoll auszubeuten.

Wie gesagt, dieser Eros kennt außer sich selbst keine anderen Subjekte, sondern nur Objekte! Insofern ist er hoch narzißtisch und veranlaßt das betreffende Obligat (an das er sich im anderen Menschen anlagert) zu der Empörung: «Du behandelst mich ausschließlich als Sexualobjekt!» oder «Es geht dir nur um dich!»

Wenn bei mir ausschließlich diese Form des Eros am Werk ist, hat das Obligat mit dieser Anklage selbstverständlich recht. Insbesondere bei jüngeren Männern (Cliquen), die gerade der Pubertät entronnen sind, stellt diese Form oft die einzige *im Bewußtsein vorherrschende* Art dar, mit dem anderen Geschlecht umzugehen. Man geht in die Disco, um jemanden «aufzureißen» (das darf man ruhig wörtlich sehen – siehe der Stier) oder um jemanden «abzuschleppen» (wer denkt hier nicht an die Steinzeithöhle), und der berühmte «one-night-stand» dürfte oft dieses energetische Motiv haben. Wie wir aber aus der Regel 4 wissen, ist es mitunter so, daß die bewußte Person in mir nur eine «Nummer» schieben will (sic! so viel zu dem Objektcharakter des anderen), während andere Personen in meinem Inneren sich hinter meinem Rücken in das «Objekt» verlieben können (also einen anderen Eros ins Spiel schicken), und dann rufe ich am nächsten Tag *doch* an.

2. Der possessive Eros
Das Sammler-Syndrom («*Das* Geliebte»)
Stier (Venus – zweites Haus)

Diese Form des Eros ist zutiefst weiblich. Anders als die Macho-Form des Eros schweift sie nicht unruhig durch die Welt, sondern bleibt ruhig an ihrem Ort und wartet darauf, daß die Exekutivs der Welt sich ihr nähern und *sie* finden. Freilich ist sie in ihrer Art nicht weit von ihrem exekutiven Vorgänger entfernt, denn genau wie dieser ist sie *nicht* an Subjekten interessiert, sondern ebenfalls an Objekten, an Sachen.

Ihr Begehren geht allerdings nicht auf Abfuhr von Energien (wie das ihres phallischen Vorläufers), sondern auf das Erzielen von materiellen (oder ideellen) Werten und Gewinnen. Während also der Freier (der Macho) seine Energien bei der Prostituierten loswerden möchte und er sie – unruhig schweifend (sic!) –, mit dem Auto die Straßen abfahrend, *sucht*, steht sie mit dem possessiven Eros – wartend – an der

Laterne und läßt sich obligat finden. Und dieser possessive Eros fragt nicht danach, was ist das für ein *Subjekt*, das mir da begegnet, sondern er (sie) fragt: «Was kriege ich dafür?» Die Frage ist also nicht «wer?», sondern «was?». Hier wird also das Subjekt zu einem Objekt, das mir etwas Materielles zu liefern hat, reduziert.

Dieser Eros hat den Spruch geprägt: «Macht (oder Geld) ist sexy», denn das einzige Kriterium für die Sexualität dieses Eros besteht darin, daß er «anschaffen» geht. Damit aber ist die Sexualität nicht eine Kraft an sich (und für sich selbst), die zur Entfaltung am anderen und mit dem anderen drängt, sondern sie wird Mittel zum Zweck. (Wobei Mittel und Zweck vollständig voneinander getrennt sind, der Zweck mit den Mitteln nichts mehr zu tun hat.)

Die hier gebildeten Symbola zerfallen ebenfalls in dem Moment, in dem der Zweck erreicht worden ist. Das muß in seiner Radikalität deutlich gesehen werden: Die innere Person – im anderen – mit ihrem possessiven Eros ist nicht an mir (als Mann, als Mensch) interessiert, sondern nur an dem Pelzmantel, den ich ihr kaufe, wenn sie ihre Sache gut macht. Und sie macht ihre «Sache» nicht deshalb gut, weil sie Spaß an der Sache (oder an mir) hätte, sondern weil eine Belohnung winkt, die sie mir mit ihrer Gefügigkeit aus den Rippen leiert.

Natürlich sagt sie mir das nicht, ja, sie tut alles, damit ich das nicht merke. Sie selbst ist ja im Inneren so sehr verborgen, daß sie von diesem Bedürfnis noch nicht einmal dem zu ihr gehörigen «Bewußtsein» erzählen darf, aus Angst, es würde ihr (und damit sich selbst) gegenüber den Vorwurf «Nutte» erheben. Weder darf sie es also mir noch gar sich selbst eingestehen, daß ihre Sexualität nicht auf Personen, sondern auf Sachen geht, und daß ihr Orgasmus deshalb fast immer simuliert ist.

Ist diese Person im Inneren einer Frau dominant, so bleibt sie (oft ein Leben lang) «Geliebte», sie wird für dieses Los, *nicht* zur Ehefrau gemacht zu werden, gesondert honoriert.

In diesem Titel steckt eine tiefe Wahrheit, wenn man das Wort sächlich wendet. Diese Person ist nämlich *das* «Geliebte», und damit wird sie zu einem attraktiven und kostbaren Versatzstück. Da aber ihre Interessen eben nicht auf den Mann als Subjekt gehen (so gern sie sich auch einredet, daß sie «ihn» meint), sondern sich von ihm Dinge von Wert wünscht, zielt der possessive Eros ebenso – über den anderen als Vehikel – auf *das* «Geliebte», das man sich jetzt im Außen zu leisten vermag.

Warum ist das so?

Der possessive Eros hat tief im Inneren eine Wertproblematik, das heißt, sein Gefühl dafür, wertvoll und wichtig zu sein, ist nicht besonders ausgeprägt (er leidet unter starken Minderwertigkeitsgefühlen), und er wird damit abhängig von *materiellen Dingen* oder, sagen wir besser: von Dingen, die seinen *Status* erhöhen. So kann die Heirat mit einem verarmten Baron wertvoller sein als die mit einem neureichen Anonymus.

Der possessive Eros verfährt nach dem Modell, den die Banken von jeher propagieren: «Hast du was, dann bist du was!» Und sie haben recht, du bist dann *etwas*, aber leider nicht jemand! Du bist dann, wie der possessive Eros glaubt, selbst *das* «Geliebte».

Die gleiche Dynamik entfaltet der possessive Eros in der Welt der Männer: Auch hier geht es um die Ansammlung von Dingen wie Geld, Status, Grundstücken, Aktien, Bundesverdienstkreuzen, Konsulwürden etc., mit Hilfe deren man ein wichtiger Mensch zu werden und andere Menschen zu beeindrucken wünscht.

Eine besondere Spezies sind hier die «Sammler»!

Und es gibt kaum etwas, was nicht gesammelt werden kann. Von Männern, die Briefmarken, Postkarten, Comics, Lokomotiven, Zigarettenbildchen, alte Aktien oder Bücher sammeln, hat man schon gehört, daß aber in den letzten acht Jahren vier Sammelgebiete entstanden und sich mit einer rasenden Geschwindigkeit ausgebreitet haben, ist ein Novum, das verstanden werden will. Diese Gebiete sind (in der absteigenden Reihenfolge ihres Wertes): Swatch-Uhren, Telefonkarten, Überraschungsei-Figuren und (man höre und staune) Kaffeerahmdeckel. Mittlerweile gibt es die ersten Auktionen, Fachkataloge, Zeitschriften, Ausstellungen und Verkaufskongresse.

Warum ist das so?

Nun, das Sammeln eines *neuen* Gebietes vereinigt zwei für den possessiven Eros wichtige Stränge: Da das Gebiet neu ist, kann ich die erscheinenden Objekte noch neu zum Ladenpreis erwerben und dann darauf warten, daß sie – und damit ich – mehr wert werden. (Eine Swatch, 1985 für DM 65,– gekauft, kann heute – 10 Jahre später – auf einer Auktion DM 1740,– bringen). Aber, und dieses Element ist ungleich wichtiger, ich kann die gleiche Uhr heute noch – mit etwas Glück – auf einem Flohmarkt, bei Bekannten, kurz, auf der Sammler-Pirsch, für DM 10,– finden und habe dann automatisch DM 1730,– an Wichtigkeit und Wert hinzugewonnen. Deshalb drehen sich alle Gespräche im Kreis der Sammler um diese «Schnäppchen». Entweder sind es die eigenen «Funde» oder es sind jene, die man von einem Kollegen in «Wuppertal» gehört hat. («Stell dir vor, was dem Detlev in Wuppertal passiert ist...», was soviel heißt wie, das könnte mir auch jederzeit passieren.) Natürlich wird auch unter Sammlern der andere Mensch nicht zum Subjekt erklärt, dem man sich menschlich nähert, sondern er ist «Besitzer» eines Stückes, das ich noch nicht besitze, er wird von mir über die Objekte definiert.

Die simple Formulierung für den Sammler lautet: Je größer meine Sammlung und je ausgewählter meine Stücke sind, desto größer und ausgewählter bin ich. Ich definiere mich und meine Wichtigkeit über die Objekte meiner Sammlung.

Eine eigenartige Abart dieses Spiels bei Männern (seltener bei Frauen) besteht darin, sich über die Attraktivität seiner Begleiterin (als Objekt der Begierde) zu definieren. So wie der Zuhälter seine Wichtigkeit gern über die Brillanten-Rolex (und den Sportwagen) demonstriert, geht der possessive Eros des Regisseurs beim Filmball dahin, seine jüngste und aufregendste Begleiterin am Arm dem neidischen Publikum zu zeigen. Diese Spielart ist natürlich ebenfalls am Werk, wenn man die PR-Ehen (die seit einigen Jahren durch die Presse laufen) betrachtet: Die Kombination «Filmschauspieler (oder Zauberer) und Modell» scheint zur Zeit unschlagbar, denn der Wert jedes einzelnen wird in so einer Verbindung verdreifacht. Und: «Wert» ist in der Welt des Glamour gleichzusetzen mit Medien-Aufmerksamkeit. Auch hier treten sich zwei Menschen eben nicht als Menschen gegenüber, sondern der jeweils andere wird zum «Schmuck» für mich und erhöht damit meine Präsenz.

Es ist denkbar, daß bereits PR-Agenturen die medienwirksamsten Ehen durchkonjugieren: Michael Jackson mit der Tochter von Elvis Presley war ja nicht schlecht, aber wie wäre erst Stephen Hawking mit Mutter Theresa? Überflüssig zu sagen, daß ich als Medien-Persönlichkeit nicht nur mit einem Menschen (als Schmuck) meine Wichtigkeit erhöhen kann; dasselbe kann ich auch mit «bedrohten Tierarten» tun und mir also Wale, Delphine, Robbenbabys und ganze Eingeborenendörfer ans Handgelenk binden.

Aber natürlich finden wir bei all dem hier Gesagten wieder unsere Regel 4: «Ich glaube an mein Engagement und nehme es durchaus ernst (trete im Fernsehen mit tra400uerumflorter Stimme auf), aber im Hintergrund lauert der possessive Eros und «schmückt» sich einfach nur.

3. Der intellektuelle Eros
Das Brüderlein-Schwesterlein-Syndrom
(Das Neutrum)
Zwillinge (Merkur – drittes Haus)

Um dieses Anlagerungsbegehren zu verstehen, müssen wir etwas weiter ausholen und die beiden vorherigen Formen des Eros noch einmal heranziehen. Als Bild soll uns das Spiel der Kräfte eines Planetensystems helfen: Wie jeder weiß, setzt sich die Bahn eines Planeten um die Sonne aus zwei Kräften zusammen, die gleichzeitig aufeinander wirken. Die eine Kraft ist die *Geschwindigkeit*, mit der der Planet das System fliehen will. Für diese Kraft wollen wir – als Gleichnis – den phallischen Eros einsetzen, der, getrieben von Impulsen unbändiger Kraft, wild drauflosstürmt. Die zweite Kraft ist die *Anziehung der Schwerkraft*, mit der der Planet in Richtung auf die Sonne gezogen wird. Diese Attraktivität versucht, die Geschwindigkeit der Impulse zu mindern und den Körper zu sich heranzulocken – also der possessive Eros.

Aus diesen beiden gegeneinander arbeitenden Kräften entsteht etwas Drittes: *das System im Gleichgewicht!* Wir finden als Ergebnis die – seit Jahrtausenden – gleiche *Bahn* eines Planeten um die Sonne, und die Einzelkräfte (das Vorwärtsdrängen und das Anziehen) sind ineinander aufgehoben. Das Anlagerungsbegehren – jedenfalls sieht es im Ergebnis so aus – ist neutralisiert.

Während also der phallische Eros *drängend* männlich und damit exekutiv und der possessive Eros *ziehend* weiblich und damit obligat ist, ist der intellektuelle Eros weder männlich noch weiblich, er ist ein Neutrum.

Das aber schlägt auf das Anlagerungsbegehren durch: Die innere Person, zu der dieser Eros gehört, lagert sich nur locker an. Es geht kein *Begehren* im eigentlichen Sinne von ihr aus. Die symbolontischen Reliefs werden nicht mehr über Plus- und Minus-Polaritäten aneinandergepreßt, sondern nur über intellektuelle Interessen leicht ineinandergelagert.

Menschen, die über diese inneren Personen (mit dem intellektuellen Eros) sich verbinden, teilen gemeinsame Interessen, Hobbys, sie besuchen Vorträge, Konzerte, gehen gern ins Kino und sind auch sonst rege damit beschäftigt, über ihre Erfahrungen und ihr (äußeres) Leben zu sprechen. Aber sie sind nur theoretisch gebunden. Ihrer Sinnlichkeit fehlt der (An-)Trieb.

Während der phallische Eros sagt: «Du machst mich ganz wild!» und der possessive Eros die Worte spricht: «Du bist mein Schatz!» (und das wörtlich meint), sagt der intellektuelle Eros: «Ich bin gern mit dir zusammen».

Dieser Eros ist vollständig asexuell, *obwohl* er Sex mit anderen hat. Dieser Sex verläuft nach dem Muster: «Natürlich braucht man in einer Beziehung Sexualität. Man sieht doch auch täglich in den Filmen, wie wichtig das ist!»

Also macht er es auch. Das darf nicht verwechselt werden mit Prüderie oder Verklemmtheit. Er ist weder verklemmt, noch gibt es bei ihm Hemmungen, er ist eher vorpubertär, das heißt, es ist eine gewisse Neugier und auch Unbefangenheit gegenüber dem eigenen Geschlecht und auch dem des anderen im Spiel. Aber diese Neugier trägt nicht weit. Zwei Menschen, *die beide* über diesen Eros miteinander verbunden sind (oder eben *nicht* verbunden sind), können problemlos ein Leben miteinander verbringen. Nur bei den anderen entsteht leicht das Gefühl, hier handelt es sich nicht um Mann und Frau, sondern um Brüderlein und Schwesterlein. Die Bedürfnisse des jeweils anderen werden durchaus respektiert. Hier herrscht das fast gänzliche Fehlen von Spannungen, von positiven und negativen Strömungen; weder ist man (über den anderen) himmelhoch jauchzend noch zu Tode betrübt. Die Beziehung findet im wesentlichen im Kopf statt, nicht auf der Ebene animalischer (oder seelischer) Chemie! Der andere wird hier zum erstenmal nicht zum *Objekt* gemacht, das mir etwas zu bieten hat, sondern er wird zum Subjekt meines Interesses. Ich *interessiere* mich für ihn, aber ich *begehre* ihn nicht, weil ich auf Grund der Neutralität meines symbolontischen Reliefs gar keine Kraft zur Begierde habe.

Dieser Eros birgt in sich den Vorteil, daß er weder Täter noch Opfer ist und damit auf der gegenüberliegenden Seite auch weder Täter noch Opfer produziert. Er birgt in sich den Nachteil, daß im eigentlichen Sinne sich niemand von ihm angezogen fühlt.

Ich kenne aus meiner Praxis mehrere Frauen, die nach außen (also in den Augen der meisten Männer) sehr attraktiv dem gängigen Schönheitsideal entsprechen (und darüber hinaus sehr intelligent sind), die aber dennoch allein sind – und fast ihr ganzes Leben allein waren. Sie klagen alle (in meiner Sprache) über dasselbe: «Es lagert sich einfach keiner an!» Natürlich kreuzen Männer ihren Weg, und es kommt auch zu meist sehr kurzfristigen (Ver-)Bindungen; aber als wären diese Frauen eine strahlende Sonne ohne Anziehungskraft, werden ihre Männer von ihrer eigenen Fliehkraft sofort wieder weitergetrieben – und können meist selbst nicht angeben, warum sie weiter müssen!

Nur Männer, deren Eros ebenso spannungslos gelagert ist, bleiben hier hängen und verbinden sich über intellektuelle Interessen. Wir finden dann – immerhin – zwei *Subjekte*, die sich freilich nicht über ihr Subjektsein anlagern oder begehren, sondern über gemeinsame *Objekte* in der Außenwelt austauschen und damit eine Verbindung im *Kopf* schließen.

Seine eigentliche Aufgabe findet dieser Eros aber nicht im Bereich der Partnerschaft, sondern darin, die äußeren Daten der Welt in einem Schritt der intellektuellen Durchdringung im Inneren anzulagern. So wie der possessive Eros die wertvollen Dinge der Welt (meist anfaßbar) aufhäuft und ansammelt, so häuft der intellektuelle Eros das Wissens*werte* im Inneren auf (um damit der Gefahr der Durchschnittlichkeit zu entgehen). Und während der possessive Eros die Bücher der *Spiegel*-Bestsellerliste kauft, um sie zu besitzen (nie käme er auf die Idee, sie zu lesen) und um damit nach außen seine Wichtigkeit zu demonstrieren, kauft der intellektuelle Eros sie nicht etwa, weil es ihm ein Bedürfnis ist, sie zu lesen. Nein, er überfliegt sie, weil er wissen muß, was drinsteht. Es gehört zu seinen Pflichten, den Inhalt der «Niemandsbuch» zu kennen, damit er selbst nicht in der «Niemandsbuch» landet. Dieser Eros stellt der Gesamtperson die *Fakten der Welt* zur Verfügung, er sammelt all das auf, «was der Fall ist».

4. Der infantile Eros
Das Mutter-Kind-Syndrom
(«Hänschenklein» oder «Peter Pan»)
Krebs (Mond – 4. Haus)

Dieser Eros ist die erste Form, in der der andere Mensch *als Subjekt* in den Mittelpunkt des Begehrens gestellt wird. Es geht jetzt wirklich um den anderen Menschen als konkrete Person, und der infantile Eros zielt auf ihn selbst und nicht auf Dinge, die er mir präsentieren (possessiver Eros), oder auf Teile seines Körpers, die er mir zur Verfügung stellen soll (phallischer Eros).
Dieser Eros ist hoch mit Energien angereichert, und zwar mit

weiblich-negativen oder obligaten. Er erwartet also, daß der andere bei ihm andocken und ihm positive Energien zutragen möge. Damit wird er zu einem «Opfer» oder, sagen wir besser, zu einem Empfänger, der passiv auf «Sendungen» wartet.

Um die Gefahr von Mißverständnissen so gering wie möglich zu halten (sie werden sich nicht vermeiden lassen), hier noch einmal ein Einschub: Die Worte «Opfer» oder «minus» oder «negativ» in Verbindung mit dem «Weiblichen» sind in der westlichen Philosophie (und im *common sense*) in den Sog von *Wertungen* geraten, und die Frauen der Welt wehren sich mit Recht gegen diese Wertungen. Würde ich östliche Begriffe verwenden, so stünde hier das Wort «Yin», das relativ unverdächtig ist.

In diesem Text markieren die Bezeichnungen Minus / Plus oder Negativ / Positiv oder Opfer / Täter keine andere Polarität als jene, die sich ebenfalls in jeder Steckdose und bei jedem Magneten findet.

Wenn ich also sage, daß der infantile Eros weiblich ist, so heißt das nicht, daß er *hauptsächlich bei Frauen vorzufinden ist*. Im weiteren Verlauf unserer Diskussion wird sich zeigen, daß diese Spielart des Eros bei Männern wie Frauen in gleicher Zahl vorhanden ist, daß sie aber *als Form* eben weiblich ist und damit (egal ob in einem Männer- oder Frauenkörper beheimatet) leicht zum Opfergeschehen neigt.

Seine Energien sind so hoch verdichtet, daß er an jenen Stellen, an denen er ein Symbolon gebildet hat, dieses mit Klauen und Zähnen festhält und es nie wieder loslassen möchte – ein Leben lang nicht! Wäre dieses Festhalten eine freiwillige Entscheidung (was sie nicht ist!), so entspräche dieses Anlagerungsbegehren in etwa dem, was die katholische Kirche als das Sakrament der Ehe («bis daß der Tod euch scheidet») zementiert hat. Doch das «für immer» basiert auf einem inneren Zwang, den wir mit der Beifügung «infantil» im Titel kenntlich gemacht haben.

Was ist nun das Infantile an diesem Eros?

Nun, die Symbola, die hier gebildet werden, verlaufen nach

dem Muster des ersten Zusammenschlusses im Leben eines Menschen, und dieser Kreis ist das Mutter-Kind-Symbolon:

Das Obligat des Kindes ist hier in einer hohen Abhängigkeit vom Exekutiv der Mutter, und es verbleibt in dieser Zwangssituation etliche Jahre lang. Für neun intrauterine Monate bilden beide Organismen das *perfekte* Symbolon überhaupt. Der kindliche Teil steckt ungeschieden im mütterlichen Teil; sie sind – ein paradiesisches Gefühl – die Einheit schlechthin. Bei der Geburt wird dieses Symbolon ein erstes Mal mit Gewalt auseinandergerissen, und für viele Menschen bildet dieses Chisma ein erstes Trauma (Otto Rank: Das Trauma der Geburt) auf dem Weg durch eine (dann sehr leicht) traumatische Welt. Dieses erste Zerbrechen des Symbolons ist also unvermeidlich. Da aber das Exekutiv (in der Regel) nicht in die Welt hinein entschwindet, sondern in der Nähe des Kindes ausharrt und das Leben des Obligats als äußere Mutter umkreist (es in den Arm nimmt, wiegt, säugt etc.), lernt das Kind, daß es immer wieder die Möglichkeit erhält, sich anzulagern, und das Symbolon der Mutter-Kind-*Nähe* wird gleichsam als Ersatz für das Intrauterin-Symbolon installiert. Im Laufe der Jahre entfernt sich die Mutter immer weiter aus der symbiotischen Nähe dieses Symbolons, und solange das nicht zu abrupt geschieht, kann das Kind die Entfernung verarbeiten. Idealerweise läßt die Mutter das Kind selbst entscheiden, welche Entfernung das Kind aushalten kann, und viele Mütter stellen Entfernungen erst dann her (sie gehen wieder arbeiten etc.), wenn das Kind andere Formen des Eros von selbst in den Vordergrund stellt (z. B. den intellektuellen Eros, den Freundschafts-Eros etc.) und andere Interessen entwickelt.

Das Exekutiv schleicht sich damit gleichsam unmerklich aus dem Mutter-Kind-Symbolon heraus, und dessen Dominanz tritt damit allmählich in den Hintergrund, weil andere Formen des Eros übernommen haben. So verläuft die normale Entwicklung!

Wird jedoch – aus den verschiedensten Gründen – das Mutter-Kind-Symbolon (das vorher stabil gewesen sein muß) zu früh durch eine zu große Entfernung getrennt (Geburt eines Geschwisters, neuer Liebhaber der Mutter taucht auf, Mutter geht ins Krankenhaus oder stirbt gar etc.), so wird dieses Geschehen vom Obligat erlebt wie eine Amputation. Der seelische Schmerz übersteigt alle Maße, das Kind erlebt bloß noch die blutige Wunde. Diese Wunde heilt nicht! Der Schmerz klingt zwar irgendwann ab und bleibt nicht im Bewußtsein, aber wie bei einer richtigen Amputation bildet sich ein Phantomglied mit den periodisch auftretenden Phantomschmerzen.

Und: Die innere Person, die diese Phantomschmerzen im Inneren trägt, wächst nicht weiter. Ihre Entwicklung bleibt stehen.

Stellen wir uns das einen Moment bildlich vor:

Ein Mensch, bei dem der infantile Eros an dominanter Stelle steht, hat ein Obligat, das klein geblieben ist, und hat als Exekutiv ein Phantomglied (Phantombild), bestehend aus frühen mütterlichen Regungen, immer noch verbunden mit dem Phantomschmerz der Trennungskatastrophe.

Jeder Partner, der sich von außen diesem Eros nähert, hat jetzt die Aufgabe, das Phantom-Exekutiv zu füllen (es aufzufüllen)! Damit gerät er automatisch an die Stelle, an der der infantile Eros damals steckengeblieben ist.

Die Forderungen des Obligat bleiben damit auch die ganze Zeit kindlich: «Hab mich doch endlich lieb!» – «Ich bin klein und brauche dich!» – «Du darfst jetzt *nie mehr* weggehen (auch nicht eine Minute lang)!»

Natürlich merkt das von außen kommende Exekutiv längere Zeit nicht, welche Forderungen da vom anderen an ihn gerichtet werden, denn der Mann (oder die Frau) mit dem infantilen Eros tut alles, um diese Infantilität zu verbergen. Aber natürlich schlägt dieser Eros immer durch, sei es

– daß die ganze Person auf einmal in der Kleinkindersprache ihr Liebesgeflüster abhält,

– daß statt einer sexuellen Begegnung öfter die Forderung nach starker Nähe, aber «nur Kuscheln», erhoben wird,

- daß die Bratkartoffeln genau wie bei Mama sein müssen,
- daß ich an Weihnachten viele, viele Spielsachen brauche,
- daß ich Rechenschaft ablegen muß, wohin ich gehe, und daß ich mit Sicherheit um acht Uhr wieder zu Hause sein muß usw.

Ein derartiger Eros (hat er einmal einen Partner anstelle seines Phantomgliedes eingesetzt) «hängt» unendlich lange fest. Ganz egal, was der andere ihm zumutet, er kann sich nicht lösen. Es ist dies das Hauptmerkmal dieses Anlagerungsbegehrens: *Eine Trennung kann vom infantilen Eros selbst nicht durchgeführt werden!*

Es treibt mitunter Sozialarbeiter dazu, ihren Beruf aufzugeben, wenn sie nach intensivster Arbeit mit mißhandelten und gequälten Frauen mitansehen müssen, daß diese Frauen (mit dem infantilen Eros) nach einem Anruf zu ihrem Peiniger zurückkehren, und jeder weiß, daß in kürzester Zeit die Peinigungen aufs neue beginnen.

Wird die Person mit dem infantilen Eros selbst das Opfer einer Trennung (wenn der *andere* geht), so wird das Drama, das bereits in der Kindheit vorlag, heftig aktualisiert. Die Trennung kann nicht akzeptiert werden: Der neue Schmerz bringt den gesamten alten Schmerz wieder ins Bewußtsein, und das Leid, das hier frei wird, hat mit der aktuellen Trennung (außer der Auslösesituation) nichts mehr zu tun. Das aber weiß keiner der beiden.

Das eigentliche Problem dieser eminent heftigen Anlagerungsform besteht darin, daß der hohe Energiezustand, mit dem der andere hier gebunden ist, im Inneren des «infantilen Eros» nur ein Pendeln zwischen zwei Gefühlsregungen gestattet: nämlich «Klammern» oder «Jammern». «Du bist mein!» oder «Du bist gemein!»

Anders gesagt, es gibt keinen mittleren Level, auf dem sich dieser Eros (in einer Beziehung) ausruhen könnte. Für den jeweiligen Partner ist der infantile Eros enorm streßerzeugend, weil er auf Grund des Traumas im Hintergrund niemals endgültig beweisen kann, daß er «für immer» dasein wird.

Kurzum, die Richtung der Gefühle weist mit ihrem Pfeil immer auf den «Jammer» («Die ganze Welt ist immer so gemein zu mir»), der durch den frühen Trennungsschmerz in das System eingebaut ist. Sosehr sich mitunter die Partner (die das System nach spätestens einem Jahr natürlich kennen) auch bemühen, ein stabiler Garant für die Liebe des infantilen Eros zu sein (und sein Klammern zu ertragen), so findet dieser doch in kürzester Zeit wieder einen Grund, der eindeutig beweist: «Du liebst mich nicht!»

Ich erinnere mich noch sehr deutlich an eine Beratung mit einem Ehemann, der für den infantilen Eros seiner Frau folgendes Bild fand: «Manchmal sitzt meine Frau zwei Stunden buchstäblich auf meinem Schoß und will nur gestreichelt werden. Sie schnurrt dann wie eine Katze und spricht in der Babysprache mit mir. Ich weiß schon, daß ich jetzt keine sexuellen Forderungen stellen darf, und das klappt auch schon ganz gut, obwohl es sehr lange gedauert hat, meine Sexualität in solchen Fällen abzustellen. Wenn ich aber dann, weil sie ja auch auf meiner Blase sitzt, auf die Toilette muß, dann kann es sein, daß sie – wenn ich wiederkomme – auf der Couch sitzt und weint. Sie sagt dann: «Nie kannst du mich auch nur fünf Minuten auf deinem Arm ertragen...»

Frauen, die mit einem Mann (mit dem infantilen Eros) zusammen sind, reagieren auf dieses emotional oft erpresserische Verhalten gern mit den (zornigen) Worten: «Mensch, werd endlich erwachsen!»

Dieser Eros hat *keinen* Bezug zur Sexualität. Sein Begehren erstreckt sich ausschließlich auf die Themen: Wärme, Nähe, Festhalten, Körperkontakt. Aber natürlich kann eine Person, bei der dieser Eros an erster Stelle steht, sich sexuell betätigen. Nur: Die Sexualität wird dann von anderen inneren Personen (mit einem anderen Eros) ausgeübt.

Das wirft ein neues Licht auf die alte psychoanalytische Feststellung, daß es Sexualität bei Kindern sehr wohl gibt. Natürlich gibt es sie! Nur wird sie nicht vom infantilen Eros gespeist, sondern von anderen inneren Gestalten, die in der Kindheit eben auch schon wach sind.

Auch bei Personen, die hauptsächlich über andere Formen des Eros sich artikulieren, gibt es eine Stelle, da tritt der infantile Eros mit schöner Regelmäßigkeit an die Spitze der Betätigungen: in der Schwangerschaft und den anschließenden zwei, drei (manchmal bis zu sechs) Jahren nach der Geburt.

Bei der werdenden Mutter findet in der Regel ein Eros-Wechsel (ein «switch») statt, ja, das Thema der «Schwangerschaft» ist gleichsam das Synonym für einen Wechsel zum infantilen Eros. Die werdende Mutter (mitunter auch der werdende Vater), und mehr noch, die Mutter mit dem Säugling auf dem Arm, kann jetzt den infantilen Eros total ausleben, denn es ist so, als hielte sie *ihr eigenes inneres Kind* und damit ihren eigenen infantilen Eros am Herzen und könne ihm all das geben, was sie selbst an Wärme, Nähe und Geborgenheit so sehr entbehrt hat. In dieser Phase hört ihr eigenes Elend (zwischen Klammern und Jammern) fast vollständig auf, und sie ist zutiefst im Einklang mit sich und dem infantilen Eros. Sie hat endlich jenen Teil von sich selbst im Arm, der bisher – wie sie glaubt – zu kurz gekommen ist.

Daß das Folgeprobleme der Art aufwirft, daß sich der Ehemann jetzt ziemlich überflüssig vorkommt und daß der infantile Eros darüber hinaus verhindern möchte, daß das Kind größer wird (und seine eigenen Wege geht), sei hier nur am Rande vermerkt. Oft ist es so, daß die Mutter diesen Eros dadurch zu erhalten sucht, daß sie – wenn dem ersten Kind das Klammern zu eng wird – in Richtung auf ein zweites Kind zu arbeiten beginnt. Damit aber könnte beim ersten Kind jenes Trauma der zu schnellen Ablösung erzeugt werden, das bei der Mutter bereits zu der Fixierung auf den infantilen Eros beigetragen hat. Und das Spiel beginnt – eine Generation später – von neuem…

Der infantile Eros des Erwachsenen ist ein Garant dafür, daß einem neugeborenen Kind mit jener Wärme entgegengetreten werden kann, die es für seine Entwicklung zum Menschen so dringend benötigt. Ohne den infantilen Eros, der übersetzt nicht nur «kindliche Liebe», sondern auch «Liebe zum Kind» heißt, wäre eine Entwicklung zum seelischen Psychopathen vorgezeichnet. Männer mit diesem Eros an dominanter Stelle haben keine andere Chance, als ihren jeweiligen Partner zu einer «Mama» umzugestalten, und an der Stelle, an der das nicht gelingt, werden sie schlicht und ergreifend zum «Trotz-kopf».

5. Der sexuelle Eros
Der Jäger(Abenteuer)-Syndrom
(«Die Prinzessin»)
Löwe (Sonne – fünftes Haus)

Hier haben wir es jetzt zum erstenmal mit einem Eros zu tun, der vergleichsweise *erwachsen* ist und gleichzeitig den anderen als *ganze Person* meint. Dieser Eros ist auf der Suche nach Subjekten, und dafür geht er meilenweit – er ist ein Jäger! Er schweift durch die Welt auf der Suche nach der obligaten Beute. Anders gesagt: Er ist ein Prinz, und er ist auf seiner Suche nach einer Prinzessin, damit beide eines Tages – wenn alles gutgeht – König und Königin werden.

So sucht er nicht nur (wie der phallische Eros) einen gutgebauten Körper, den er begatten kann, sondern auch eine zu ihm passende Seele, die ihm das Gefühl von Nachhausekommen geben und die auch eine würdige Mutter (einen würdigen Vater) für seine Kinder abgeben wird.

Doch das sind nur seine Hintergedanken bei der Suche, im

Vordergrund seines Strebens steht erst einmal das Bild des sinnlichen Partners, der seinem Ego und damit seiner eigenen Macht und Herrlichkeit *angemessen* entspricht und der ihm mit Schönheit, Wärme und Herzensgüte entgegentritt. Es reicht dem sexuellen Eros nicht, nur einer schönen Larve, einem schönen Äußeren nachzujagen (diese zu erlegen ist für ihn eine zu leichte Übung, sie befriedigt ihn nicht), er wünscht sich ebenfalls Charakter, Stolz, Würde und Schönheit.

Figurativ gesprochen: Die andere Person muß von *adligem Geblüt* sein, damit sie meiner überhaupt würdig ist. Nur deshalb suchen Männer eine Prinzessin (und Frauen einen Prinzen), weil diese (dieser) das Edle in hoher Form verkörpert, denn es geht dem Ego dieses inneren Mannes nicht darum, daß der andere *meinem Wert* entspricht (das wäre der possessive Eros), sondern der andere soll einen Beitrag zu *meiner Würde* leisten.

Daß die Prinzessin als Obligat sich vom Prinzen selbstverständlich auch eine Erhöhung ihrer Würde erhofft, versteht sich am Rande.

Natürlich, die Zeiten der Aristokratie sind vorbei, aber das *Prinzip* ist heute bei den Menschen und ihrem Eros in gleicher Weise virulent. Die Suche nach dem Märchenprinzen und der Märchenprinzessin spiegelt dieses Phänomen heute wie vor tausend Jahren. Damit wir uns nicht verlaufen: Das hat nichts mit Reichtum oder tatsächlichem Status zu tun; der Prinz ist gern bereit, jemanden zu wählen, der in Schönheit arm ist, wenn die Betreffende nur eine edle und lautere Gesinnung hat. Wenn sie in *Würde* arm ist. Freilich, ist das Opfer arm und *nicht attraktiv*, dürfte es im Erwählungsraster des Prinzen kaum noch vorkommen. Er übersieht ein derartiges Gegenüber und reitet weiter.

Wir dürfen nicht vergessen, daß der sexuelle Eros durchaus sehr ambitionierte körperliche Bedürfnisse in seinem Anlagerungsbegehren vorfindet und der Heißspornanteil (der «heiße Sporn» des phallischen Eros) etwa fünfzig Prozent seiner Suche ausmacht. Somit hat dieser Eros einen erhöhten sexuellen Appetit. Das unterscheidet ihn vom possessiven Eros (der dann Appetit hat, wenn es ihm etwas bringt), vom intellektuellen Eros (der keinen Appetit hat, aber auch keine Abneigung gegen den Sexus) und vom infantilen Eros (der gar nicht weiß, was Sexualität ist) und bringt ihn in die Nähe zum phallischen Eros (der *immer* Appetit hat). Gerade dieser erhöhte Appetit führt den sexuellen Eros (egal ob im Inneren einer Frau oder eines Mannes) auf eine Suchbewegung durch jene Zentren der Welt, in denen Menschen von Status und/oder Charakter und Würde sich versammeln. Hier sucht er dann seinen Prinzen, seine Prinzessin.

Sein starkes sexuelles Interesse treibt ihn dazu, Kandidaten auszuprobieren (die, indem sie beide Kriterien erfüllen, in Betracht kommen können), und er erscheint – von außen betrachtet – nicht gerade als Kostverächter. Mitunter läßt er sich kurzfristig auf jemanden ein, der nur eines der beiden Kriterien (überragend) erfüllt, aber das befriedigt ihn nicht, und so zieht er weiter.

Natürlich weiß der sexuelle Eros (genau wie alle seine Vorgänger) von alledem nichts, er ist ahnungslos über das, was ihn treibt. Er «verliebt» sich gern – ja, so fühlt es sich an, wenn beide Bedürfnisse sich in einer Person vereinen, und er wird zu einem unglaublich kreativen Romantiker (solange die Liaison noch nicht endgültig besiegelt ist). Seine Liebesbriefe oder Liebesgedichte beschwören sehnsüchtige und seelentiefe Stimmungen herauf, und solange er noch nicht an seinem Ziel ist, ist sein seelischer Eifer und sein Energieeinsatz gnadenlos. Hier scheut er weder Aufwand noch Kosten.

Ist er aber einmal der Erwählte (die Erwählte) und konsolidiert sich die Jagd zu einer festen Beziehung, muß das Gegenüber des sexuellen Eros auf der Hut sein. Es gibt nichts mehr zu erjagen: Die Schönheit ist bald selbstverständlich, der Charakter (die Würde) absorbiert und assimiliert, und man kann nur hoffen (und beten), daß kein anderer vorbeikommt, der von beiden Gaben mehr besitzt.

Aber dennoch: Für etliche Ehejahre ist der sexuelle Eros allemal gut.

Geht er dann allerdings aus dem Feld, so bleibt bei dem verlassenen Partner ein tiefer Kummer, der jetzt in der Tat nichts anderes ist als eine tiefe Verletzung der Würde!

6. Der rationale Eros
   Das Alltagssyndrom
   (Das Arrangement)
   Jungfrau (Merkur – sechstes Haus)

Während die beiden vorherigen Formen des Eros hochenergetisch polarisiert waren, der eine negativ (infantil), der andere positiv (sexuell), ist der rationale Eros wieder weitestgehend neutral und stellt gleichsam eine Fortsetzung des intellektuellen Eros – in der Zeit – dar.

Das Anlagerungsbegehren, der Drang, Energien loszuwerden oder zu erhaschen, kommt daher nicht aus dem Bauch, also nicht aus der körpereigenen (seelischen) Chemie, sondern er entspringt fast vollständig dem Kopf und von daher der Vernunft.

Treffen sich zwei Menschen mit diesem Eros, so sehen sie den anderen durchaus als Person, aber eine Bindung erfolgt rational, also nach reiflichem Abwägen und Überlegen. Jeder kann dem anderen genau erklären, warum er sich zu ihm hingezogen fühlt und daß eine Heirat schon allein aus steuerlichen Gründen empfehlenswert sei.

«Liebe» – was immer das auch sein mag (auf jeden Fall etwas Irrationales) – ist in einer derartigen Verbindung nicht im Spiel. Ein wenig erinnert dieser Eros an die Zeiten, als unsere Eltern die Wahl des Ehepartners für uns bestimmten (während wir selbst erst sieben Jahre alt waren), und diese Wahl fragte nicht nach Sympathien, sondern nach Nützlichkeitserwägungen. Die elterlichen Geschäfte konnten sich dabei vergrößern, und der Status (die Würde) wurde durch das Zusammenlegen der Familien erweitert.

Dieser Eros tritt auch gern dann in Kraft, wenn zwei Partner sich über andere Formen des Eros getroffen und eine Verbindung geschlossen haben, dann aber durch die normalen Erosionserscheinungen (der Zeit) allmählich der «Lack» abgeht und der Beziehungsalltag heraufdämmert. Es ist dies dann die Phase der Spannungslosigkeit, in der die Dinge der Beziehung geordnet und alle Versicherungen abgeschlossen worden sind; der andere ist einem vollständig vertraut, und er überrascht mich nicht mehr mit Energiespitzen, das heißt, unsere gemeinsamen Energien nivellieren sich gegen die Nullinie. Oft finden wir in unserem Inneren dann ein Manko vor, und die Gedanken und Sehnsüchte schweifen zurück zu jenen Orten und Bildern (aus der Vergangenheit), an denen ein starkes Energiegefälle, eine starke Anziehung vorlag – oder wir projizieren diese Bilder auf zukünftige Begegnungen (mit anderen Partnern), bei denen diese Energiehöhepunkte wieder vorliegen werden.

Wo aber dieser Eros gleich von Anfang an in einer Partnerschaft wirksam war, kommt es selten zu «Eros-Wechseln», und der Beziehungs*alltag* bleibt die erwünschte Form. Nichts gerät durcheinander, alles ist wohlgeordnet, man hat sich arrangiert – damit kann man alt werden.

Aber wir wissen schon, Eros heißt nicht nur Partnerschaft: Sein Hauptbetätigungsfeld findet diese Form der Anlagerung in einem Bereich, der heute unser ganzes Leben in herausragendem Maße durchzieht, im Bereich der Wissenschaft!

Hier stehen Rationalität und Vernunft an erster Selle, hier ist dieser Eros in seinem Element. Die gesamten empirischen und analytischen Wissenschaften mit ihrem größten Gebilde, den Naturwissenschaften, stehen vollständig unter der Ägide dieser erotischen Form. Kühl, abwägend, alles beweisbar und wiederholbar zu machen und es auf das Fundament einer kritischen Vernunft zu stellen, hier hat dieser Eros seinen Platz. Es gibt ihn hier noch nicht so lange: Seinen Höhepunkt fand er im Gefolge der Aufklärung, als es darum ging, die Götter und den Aberglauben zu stürzen und eine realistische Sicht der Dinge zu entwickeln. Überhaupt, das Wort «Realismus» ist eine seiner Lieblingsvokabeln. Dieser Eros entzauberte den Mythos und den Logos und etablierte die Ratio. Sein Ort ist die Universität. Natürlich feiern auch andere Formen des Eros hier fröhliche Urständ, aber sie segeln unerkannt unter dem Deckmantel der «Wissenschaften» mit. Alles soll sich möglichst im Denken abspielen, und alle Emotionen (von denen die beiden vorherigen Formen des Eros sich geradezu ernähren) haben hier (so argumentiert man) nichts zu suchen. Natürlich wird diesem Eros – besonders von weiblicher Seite – stark zugesetzt: Er solle nicht immer so cool sein, solle endlich seine Gefühle zeigen («Gefühle rauslassen»), nicht immer so vernünftig sein, nicht immer nur «reden» und endlich einmal aufhören mit seinen Theorien etc.

Aber natürlich tut man diesem Eros damit unrecht: Man kann von einem Goldfisch nicht verlangen, daß er ein Eichhörnchen wird, und man kann ganz ebenso den «phallischen Eros» nicht dazu bringen, eine gelehrte Abhandlung zu verfassen.

Warum nicht?

Es ist nicht seine Aufgabe.

7. Der romantische Eros
Der Mann-Frau-Eros
(«Das Haus der Ehe», Max Picard)
Waage (Venus – siebtes Haus)

Mit dieser Form des Eros kommen wir dem von Platon beschriebenen Bild des Doppelmenschen («… und können voneinander nicht lassen, nicht einen einzigen Tag») noch am nächsten. Hier geht es um den Mann, die Frau als gleichberechtigte Partner. Dieser Eros ist weder eindeutig männlich noch eindeutig weiblich, sondern er kann – je nach Erfordernis – die Polarität wechseln. Insofern ist er in der Tat doppelgeschlechtlich und kann sich jeweils mit dem Geschlecht identifizieren, das der gegenüberstehenden Person gegengeschlechtlich entspricht. Steht mir also ein Mensch gegenüber, dessen innerer Eros (mit dem er mir begegnet) eine weibliche Ausrichtung hat, so verwandelt sich der romantische Eros in eine männliche Polarität, und steht mir eine eher männliche Ausrichtung gegenüber, so wird mein romantischer Eros weiblich.

Natürlich sprechen wir hier von dem «inneren Geschlecht» und nicht von den äußeren Geschlechts*merkmalen*. Der romantische Eros hat daher auch ein hohes Maß an gleichgeschlechtlicher Mann-Mann- und

Frau-Frau-Hinwendung, er ist also in homoerotischen Beziehungen oft vorzufinden, wobei diese Gleichgeschlechtlichkeit nur für das *sichtbare* Geschlecht gilt. Homosexuelle Bindungen haben selbstverständlich im Inneren auch Gegengeschlechtlichkeit zur Voraussetzung, also es finden sich bei beiden Partnern im Inneren eine negative und eine positive Ausrichtung (Obligat und Exekutiv), das heißt ein weibliches und ein männliches Geschlecht.

Es gibt also in Wahrheit keine gleichgeschlechtliche Liebe – es sieht nur im Außen so aus! Ein Symbolon und damit eine Partnerschaft kann sich nur zwischen einem negativen und einem positiven Pol ereignen: Die symbolontischen Reliefs können ja nur als Gegenstücke ineinanderpassen. Das hat Platon als erster erkannt, deshalb auch sein Insistieren auf der homoerotischen Liebe als einer (neben der Mann-Frau-Beziehung) gleichberechtigten Form.

Dieser Eros ist der erste, der mit dem anderen Menschen weder reine Körperlichkeit noch reinen Besitz, noch den Status oder die Würde verbindet, sondern hier zählt einzig und allein der Mensch als Ergänzung zu mir, der ich ebenfalls ein ganzer Mensch bin. Also werden sowohl der Körper als auch die Seele als auch geistige Strebungen (der Ähnlichkeit) zum Maßstab für die eigene Ergänzung. Ich schwärme für den Menschen, *und er fehlt mir als Ganzes*. Und wenn der andere mir fehlt (oder mich verläßt), leide ich ebenfalls als ganze Person: Ich leide also nicht unter sexuellen Entbehrungen oder erleide einen Statusverlust, sondern einen Gesamtverlust.

Und auch mein Sehnen kann sich an *jedem* Aspekt des gesamten Gegenübers festmachen. Ein derartiges Hingezogensein nennen wir «romantisch», denn es fand in dieser historischen Epoche seinen treffenden Ausdruck. In der nüchternen Welt des 20. Jahrhunderts erscheint diese Form relativ antiquiert, so als gäbe es den «Mond über den Liebenden» heute nicht mehr. Aber in den Arealen der einzelnen Seele leuchtet er – wenn auch nur als eine unter mehreren Formen – nach wie vor und ergreift in einsamen Stunden Besitz von der darbenden Seele.

Treffen zwei Menschen mit diesem Eros aufeinander, so ist die Ehe die einzig denkbare Form, in der dieser Mann und diese Frau ihrer Liebe ein Haus bauen, das von Max Picard mit dem *symbolischen* Bild des «Hauses der Ehe» seinen treffenden literarischen Ausdruck gefunden hat (Max Picard: Die unerschütterliche Ehe, Zürich 1942).

Und während alle anderen Formen des Eros sich in viele verschiedene Tätigkeitsfelder hineinbegeben können und auch ohne ein Gegenüber genügend Ablenkungen oder sogar wichtigere Tätigkeiten finden können (als sich der Partnerschaft zu widmen), so findet dieser Eros *nur am anderen Menschen* als Partner für sein Leben seine ausschließliche Form.

Das zeigt sich bereits an den Berufen, die dieser Eros wählt, sehr deutlich: Auch hier will er mit dem ganzen Menschen zu tun haben, sei es als Sozialarbeiter, als Lehrer, als Eheberater oder Therapeut, immer steht der Mensch auch beruflich im Mittelpunkt seines Anlagerungsbegehrens.

In dieser Eindeutigkeit steckt freilich auch ein Problem: Findet der romantische Eros keine Gegenüber, ist er also gezwungen, allein zu leben (und wird er gar als Sozialpädagoge arbeitslos), so steckt er in einer dumpfen Identitätskrise. Das Leben wird stumpf, schal und oft sogar schmerzhaft. Schon beim Aufwachen wird mir bewußt, daß keiner (für mich) da ist, und mein letzter Gedanke beim Einschlafen ist die Hoffnung auf «bald», denn dann wird «er» («sie») endlich kommen. Aus einer derartigen «Not nach Beziehung» läßt sich dieser Eros auch schneller auf Beziehungen ein, als ihm mitunter guttut. Er ist weniger wählerisch, und hat er dann einmal gewählt, läßt er (ähnlich wie der infantile Eros) von seiner Seite aus nur noch sehr schwer los.

Klienten mit diesem Eros berichten tatsächlich davon, daß die *Farben der Welt* sich ändern, je nachdem, ob ein Partner da ist oder nicht. Von einer Frau aus meiner Praxis (die aus der Werbung kommt) mit einer Waage-Sonne stammt das folgende Bild:

«Wenn es jemanden gibt in meinem Leben, so besteht der Tag aus einer vierfarbigen Welt (man braucht die vier Farben Rot, Gelb, Blau und Schwarz, um jede andere Farbe aus dem gesamten Spektrum zu drucken), ist keiner da, so erscheint der Tag wie aus den Farben Blau und Gelb gedruckt, und ich fühle mich auch so: *blue!* (einsam)»

8. Der obsessive Eros
Das Vampir-Syndrom
(Die Fessel. Die Klette.)
Skorpion (Pluto – achtes Haus)

Während wir bei den bisherigen Formen des Eros von einem Anlagerungsbegehren gesprochen haben, so ist dieses Wort für den obsessiven Eros eigentlich zu milde: Er möchte sich nicht anlagern, er möchte in die Seele des anderen eindringen, sich hier ausbreiten und diese endgültig an ihn binden. Der «phallische Eros» wollte nur in den *Körper* des anderen hinein, um dort seine Energien loszuwerden; die Absicht des obsessiven Eros besteht darin, in die Seele vorzudringen und diese zu besetzen. «Du gehörst mir mit Haut und Haaren» lautet sein heimliches Credo. Und es ist in der Tat oft so, daß mit diesem «Übernahmebegehren» die andere Person zu einem willenlosen Werkzeug der Vorstellungen des «obsessiven Eros» gemacht werden soll und auch – zumindest für eine geraume Zeit – wird.

73

Eine «Obsession» ist die «Besessenheit von einer Vorstellung», und so ist dieser Eros in der Tat besessen von etwas, das sich erst einmal als geistiges Gebilde herausstellt.

Wenn Luther sein «Hier stehe ich, ich kann nicht anders» in sich findet und er tatsächlich nicht anders kann, so ist dieser Eros am Werk.

Mit diesem Eros kann man nicht handeln, er ist nicht zu Konzessionen bereit, er trägt in sich den Samen für die Verwirklichung seiner Ideen (seiner Vorstellungen), und diesen Samen *muß* er einpflanzen. Da er selbst jedoch nicht über einen fruchtbaren Boden verfügt (er ist, aus Gründen, die wir noch kennenlernen, unfruchtbar), benötigt er als Nährboden *andere* Menschen, in die er seinen Samen versenkt.

Im Hintergrund seiner Obsession steht freilich immer ein Besitz- und Machtanspruch, mit dem er die anderen Menschen (über das Vehikel seiner Ideen) an sich zu binden trachtet. Dieser Besitzanspruch ist jedoch – im Gegensatz zum possessiven Eros – nicht interessiert an materiellen Dingen, die ich in meine Verfügungsgewalt bringen möchte, sondern er geht vollständig auf geistige und seelische Inhalte, mit denen er Menschen in seine Gewalt bringen möchte.

Das Seelenbild der Gestalt dieses Eros ist der Vampir: Er dringt mit einem Biß in den anderen Menschen ein und pflanzt, indem er dessen Blut (den Seelensaft) trinkt, gleichzeitig den Samen dafür, daß der andere ebenfalls zum Vampir wird, also ebenfalls von den Ideen des Eindringlings befallen wird. Auf diese Weise breiten sich Ideen (mitunter gar ganze Sekten) mit einem fanatischen Eifer in der Welt aus. Insofern ist der obsessive Eros darauf aus zu infizieren, Samenträger zu werden für das, was er in der Tiefe des Seins für richtig empfindet und für das er jederzeit auch bereit ist, sein Leben zu lassen. Wenn wir vorher gesagt haben, daß es dem obsessiven Eros um ein Machtspiel geht, so müssen wir ergänzen: Von diesem Spiel weiß er nichts, es ist also nicht vordergründig, sondern er glaubt an seinen Bazillus! Er käme nie auf die Idee, daß es eigentlich um den Vorgang des Eindringens (als solches) geht und die Inhalte (Vorstellungen), mit denen das geschieht, nur zweitrangig sind.

Am Bild des Vampirs wird noch ein anderer Zusammenhang deutlich: Der Vampir lebt nicht, er muß das Licht der Sonne und somit das Leben fliehen; er ist eigentlich ein Untoter und damit auch ein Unlebender. Er lebt in der Welt des Geistigen, in der Welt der *Ideen*. Ideen aber leben nie, und Ideen können auch nie etwas Lebendiges zeugen. Aus dieser Unfruchtbarkeit, die eigentlich eine Seelenlosigkeit ist, stammt sein eindringliches Begehren, das in Wahrheit ein Eindringungsbegehren ist. Der Untote benötigt die Seelen der Lebenden, er braucht immer frisches – noch lebendes – Blut, damit er selbst einigermaßen am Leben bleiben kann. Und so ist der Versuch, sich dem anderen eindringlich zu nähern, gleichzeitig der Versuch, sich fremdes Leben zu leihen (um irgendwie zu überleben).

Natürlich gibt es dieses Geschehen nicht nur auf der Ebene politischer, religiöser oder anderer Massenbewegungen oder im Reich der Gurus, sondern ganz ebenso auf der privaten Ebene einer Zweierbeziehung. Auch hier gelten die gleichen Prinzipien: Ich will mich des anderen bemächtigen, er soll mich und meine Ideen (von Treue, von dem, was Ehe ist, von einer bestimmten Art der Sexualität) restlos in sich aufnehmen. Damit setze ich mich in seiner Seele fest, binde ihn an mich und beginne, mich von seinen seelischen Energien zu ernähren. Insbesondere der infantile Eros wird zu einer bevorzugten (ja, man muß es so sagen:) Beute für den obsessiven Eros. Habe ich mich in ihn einmal eingenistet und beherrsche ihn total, so wird er mir – wie das Wort hier treffend lautet – hörig, das heißt, in seinem Ohr hat er nur noch die «Stimme seines Herrn». Bin ich einmal in seiner Blutbahn, kommt er nicht mehr von mir los, ich lasse ihn nicht mehr aus der Grabkammer (meiner Ideen und Vorstellungen) entkommen. Eine Person mit diesem Eros trägt sehr oft – der Vampir läßt grüßen – schwarze Kleidung und ist mitunter bereits an seinen eindringlichen Blicken zu erkennen.

Seine Sexualität ist hoch ausgeprägt in den Extremen: Entweder gibt es für ihn nur die Abstinenz des Zölibats (zumindest vor der Ehe), oder – in den weitaus meisten Fällen – verwendet er sie in bizarren (von manchen als «pervers» bezeichneten) Formen. Dabei muß man eines wissen: Im eigentlichen Sinne hat der obsessive Eros *gar keine* Sexualität. Da es ihm jedoch darum geht, in den anderen einzudringen und ihn im Inneren zu binden (ihn zu fesseln), verwendet er auch seine geschlechtlichen Betätigungen für diese Absicht. So *erscheint* er auf dem Gebiet der Sexualität als experimentierfreudig, und das Thema «Sexualität und Gewalt» scheint seine Domäne zu sein: Fesselungen, Ledereinzwängungen, Peitschen, das Einführen (von Gegenständen) in Körperöffnungen deuten auf außergewöhnliche sexuelle Spielarten hin, sind aber nichts anderes als der Versuch, in den anderen hineinzugelangen und sich seiner zu bemächtigen. Sexualität ist hier also kein eigenmächtiger Zweck, der um seiner selbst willen angestrebt wird.

Aber auch das weiß der obsessive Eros nicht, denn die Person im Inneren, die ihn ausübt, teilt es meinem Bewußtsein nicht mit. Das Bewußtsein hält diesen Akt tatsächlich für Sexualität und fühlt jedesmal den eigenartigen «Kick», wenn es wieder etwas neues «Eindringliches» ausprobiert, und doch ist dieser «Kick» nie so, daß ich jetzt «meines» dabei gefunden hätte. Und so muß ich weiter «experimentieren», denn die Wahrheit ist: Niemand läßt mich endgültig in sich hinein. Dieser Eros hat die tiefste Assoziation zum Thema des «Todes», und es erscheint mitunter so, als wäre der Tod das Ziel, auf das dieser Eros – ohne es zu wissen – hinsteuert. Unbewußt wird der Tod dabei freilich als ein Akt der Erlösung verstanden, so wie der untote Vampir den Pfahl durch sein Herz ebenfalls – aus dem Unbewußten heraus – als Erlösung für sein jahrhundertelanges ruheloses Wandern willkommen heißt.

In den letzten Jahren hat sich gezeigt, daß bestimmte fanatische Sekten (in Jonestown, Waco, der Schweiz und – neuerdings – Japan) mit einer gewissen unbewußten Folgerichtigkeit kollektiv auf dieses Ziel hinsteuern, und auch die Pornoindustrie hat mit ihren «Snuff-Filmen» (Menschen werden vor laufender Kamera in einem sexuellen Kontext real ermordet) das gleiche Ziel im Visier.

Als Freud seine These vom «Todestrieb» aufgestellt hat, muß er ebenfalls diese Art des Eros vor Augen gehabt haben.

9. Der therapeutische Eros
Das Philosophie-Syndrom
(Der Besserwisser)
Schütze (Jupiter – neuntes Haus)

Beim rationalen Eros (Jungfrau) standen die Vernunft, der Verstand im Vordergrund, während im Hintergrund eine Art Beziehungsnullinie lauerte und damit die Angst, der andere könnte herausfinden, daß ich zu einer emotionalen Bindung gar nicht in der Lage bin. Der therapeutische Eros hat ein ganz ähnliches Muster: Seine Welt besteht ebenfalls nicht aus *emotionalen Bindungen an Menschen*, sondern er bindet sich an *gei-*

stige Inhalte und Gehalte. Zu diesem Zweck aber wählt er gern den Umweg über andere Menschen.

Das will genau verstanden werden!

Das Thema der «Therapie» kann zur Illustration als deutliches Beispiel gewählt werden: Zwei Menschen finden sich zusammen und gehen eine – in den meisten Fällen hochemotionale – Bindung ein. Jeder der beiden weiß (oder sollte es zumindest wissen), daß die Bindung nur vorübergehend ist. Beide gehen in die Bindung nur hinein, weil sie etwas Geistig-Seelisches verstehen wollen, weil sie Unbewußtes bewußt machen wollen.

Haben beide auf diesem gemeinsamen Weg das Geistig-Seelische angeschaut, so trennen sie sich wieder, denn sie (beide!) haben ein neues Niveau des Geistigen erreicht. Sie binden sich nur zum Zwecke des Verstehens; haben sie es verstanden, lösen sie sich wieder.

Wir dürfen uns dieses Geschehen vorstellen wie ein Treppenaufstieg: Der therapeutische Eros braucht für jede Treppenstufe, die er hinaufsteigen will (und er will in die Welt des Geistigen hinaufsteigen), Menschen, die ihn auf der jeweiligen Stufe beflügeln. Hat er freilich die Stufe hinter sich gelassen, interessieren ihn die Menschen dieser Stufe nicht mehr. Und er läßt sie hinter sich zurück!

Menschen sind also für ihn ein *Vehikel* auf seinem Weg in die geistigen Höhen.

Nicht daß wir das vordergründig mißverstehen: Der therapeutische Eros läßt sich sehr intensiv auf Menschen ein. Sie sind für ihn eminent spannend und tragen ein (für ihn) starkes emotionales Geheimnis in ihrem Inneren. Dieses Geheimnis philosophisch-therapeutisch zu ergründen ist sein Lebenselixier. Nur: Er hat das Geheimnis in zwei Jahren entzaubert, und dann wendet er sich neuen Menschen und neuen Geheimnissen zu. Und so ist er – durch die Menschen hindurch – auf seiner Wanderschaft durch die Weiten der geistigen Länder. Immer auf der Suche nach dem Verstehen, immer auf der Suche nach einer neuen Herausforderung durch die Geheimnisse seiner eigenen Seele. Denn natürlich ist *sie* es, die er im Inneren der anderen Menschen in Wahrheit sucht (was er selbst die ersten dreißig Jahre nicht wissen muß).

Schauen wir uns dieses Spiel noch einmal im Leben eines Philosophen an: Er schließt sich bereits in frühester Jugend an geistig interessante Menschen an und bindet sich an sie, solange er von ihrer geistigen Höhe profitieren kann. Später bindet er sich emotional an Teilnehmer aus seiner studentischen Arbeitsgruppe (die – wie er glaubt – weiter sind als er), sodann an seinen Professor. Zu diesem sucht er auch privaten Zugang und macht ihm philosophische Liebeserklärungen. Noch später nimmt er Kontakt auf zu dem berühmten Professor X an der Sorbonne. Schließlich landet seine Leidenschaft zwangsläufig bei einem bereits toten Philosophen (Nietzsche, Kant, Schopenhauer), denn etwa im Alter von Fünfzig kann er keinen *noch lebenden* Philosophen mehr gelten lassen. Jetzt ist er gänzlich auf sich allein gestellt und entwickelt seine eigene Philosophie.

Niemand kann ihm mehr das Wasser reichen!

Jetzt ist er über die Treppe auf die höchste Stufe gelangt und kann natürlich niemanden mehr über sich erblicken (an den er sich binden könnte). Weder Lebende noch Tote stehen über ihm, und so schaut er nach unten, sieht die unter ihm Stehenden und beginnt, seine Philosophie nach unten zu verkünden. Zwar weiß er, daß er noch längst nicht alles weiß, aber er weiß auch, daß er mehr weiß als jedes andere philosophisch denkende Wesen. Hier ist ihm keine Bindung mehr möglich. Und so steht er – wie Moses auf dem Sinai –, hält seine philosophischen Gesetzestafeln in der Hand – und ist allein.

Fährt dieser philosophische Eros in eine fremde Stadt, so interessieren ihn nicht die Plätze der Lebenden, sondern er verschwindet im nächsten Buchantiquariat oder im Geburtshaus von Nietzsche, dauernd auf der Suche nach neuen Einsichten in *seine eigene* geistige Größe.

Da dieser Eros – solange es um Geistiges geht – sich wirklich einläßt, ist er auch ein herausragender Pädagoge und ein tiefer Motor für pädagogische Lernprozesse. In solche Pädagogen sind Kinder und Jugendliche (auch Studenten) zutiefst verliebt, und *über die Verliebtheit* transportieren sich die Lerninhalte wie von selbst. Ich zögere nicht, ihn ebenfalls als «pädagogischen Eros» zu bezeichnen, jenen Eros also, der einen «wahren Lehrer» von einem «seine Pension aussitzenden Beamten» (wie man viele der heutigen Lehrer bezeichnen müßte) unterscheidet. Wer einen solchen Lehrer mit dem pädagogischen Eros je hatte, der hat sich seinen Stoff nicht durch Auswendiglernen angeeignet, sondern er ist ihm zugeflogen. Er lernte weder für die Schule noch für das Leben, sondern für den Lehrer – und wußte es meist nicht einmal. Aber von seiner Verliebtheit wußte er, und das hat ein sicheres Fundament für das Leben des Geistigen gebildet. Für das «normale Leben» aber ist er zutiefst verwundet worden.

Fassen wir zusammen: Der therapeutische Eros ist aktiv (männlich) auf der Suche nach geistig-seelischer Nahrung. Er bindet sich intensiv an Menschen, wenn er auch nicht im eigentlichen Sinne an dem ganzen Menschen interessiert ist. So wie der possessive Eros des Stiers am anderen die materielle Form schätzt (also äußere Dinge) und diese von ihm fordert, so fordert der therapeutische Eros vom anderen einen Einblick in die geistig-seelische Form (also innere Dinge). Hat der andere dies alles offenbart (und ist er dadurch geheilt), so wendet sich der therapeutische Eros neuen geistigen Abenteuern zu, und die Bindung löst sich wie von selbst.

Insofern ist der therapeutische Eros immer eine Übertragungssituation, und aus dieser heraus ergibt sich niemals eine *dauerhafte* Liebesbeziehung oder Ehe.

10. Der restriktive Eros
Das Nein-Syndrom
(Die Restriktion)
Steinbock (Saturn – zehntes Haus)

Dieser Eros — mitunter traut man sich kaum, ihn so zu nennen — ist gleichsam ein Eros im Kokon. Er ist obligat, also eine Hinterlegung, die darauf wartet, daß *der andere* bestimmte Bedingungen oder Taten erbringt, die es erst dann dem restriktiven Eros gestatten, seinen Kokon zu öffnen.

Hier ist die innere Burg des Ichs (des Bewußtseins) in der Tat mit einer hohen Mauer umgeben, und der restriktive Burgherr (oder die Burgherrin) erwartet, daß der gegen die Mauer anstürmende Liebhaber den gefährlichen Aufstieg ab Rapunzels Haar riskiert, damit er die Erlaubnis erhält, in die Burg einzudringen. Mit anderen Worten: Die Burg kann nicht auf normalem Weg durch das Tor betreten werden. Vor diesem stehen nämlich die Wächter des restriktiven Eros und halten ihr «Nein» jedem Ankömmling entgegen.

In der Tat ähnelt dieses Anlagerungsbegehren der Geschichte vom Schlaraffenland, wie ich sie in meiner Kindheit erzählt bekommen habe: Dieses Land, in dem Milch und Honig fließen und in dem alle Herrlichkeiten der Erden auf den Ankömmling warten, ist umgeben von einer sehr dicken Mauer aus Grießbrei (oder jenem Brei, den man als Kind gerade nicht mag!). Und erst wenn man die beschwerliche oder unangenehme Aufgabe übernimmt, sich durch diese dicke Mauer aus Grießbrei hindurchzufressen (bis es einem zu den Ohren wieder herauskommt), gelangt man in das Innere dieses gelobten Landes.

Es werden also vom restriktiven Eros Bedingungen gestellt, von denen sich die meisten anderen Formen des Eros erst einmal abwenden, denn jetzt ist die Lust mit einem (für die meisten) viel zu großen Aufwand verbunden – bis dann endlich die Erlaubnis erteilt wird.

Vor den Preis haben die Götter eben den Schweiß gesetzt: Der andere muß sich erst als würdig erweisen, in die Burg eindringen zu dürfen. Es gibt hier nichts umsonst (und die Lust schon gar nicht). Das mag auf den ersten Blick für Prüderie gehalten werden, aber prüde ist der restriktive Eros beileibe nicht, denn im Inneren der Burg darf – hat man die Bedingungen erfüllt und ist die Erlaubnis einmal erteilt worden – durchaus lustvoll verkehrt werden.

Von außen aber, also vom heranstürmenden Exekutiv aus betrachtet, *erscheint* der restriktive Eros oft als eine versteinerte Personifizierung des «Neins» und der Lustfeindlichkeit. Worte wie «Gefühlspanzer» oder «Nie gibst du mir, was ich möchte» machen die Runde und bringen beide Parteien schnell in eine Art Resignation oder – in schweren Fällen – in eine Form der Depression. Dabei weiß die Person mit dem restriktiven Eros meist gar nicht, *daß* sie Bedingungen stellt und daß die zu erbringende Leistung anderen als eine große Hürde (oder Bürde) vorkommt. Ihr erscheint es völlig normal, daß die Mauer erst nach langer Belagerung preisgegeben werden darf. In früheren Zeiten war dieser Eros auch eher die Normalform, und es entsprach einer weitverbreiteten Moral, daß der Bräutigam erst *nach der Heirat* in die Bastion eindringen durfte.

Dieser Eros tritt auch bei Personen mit einem anderen (vorherrschenden) Eros dann ins Spiel, wenn der Burgherr gerade eine große Enttäuschung (Tod, Trennung, Kränkung und Verletzung der Gefühle) erlebt hat und er in einer Art Verbitterung die Öffnungen der Burg jetzt besonders stabil abschottet.

«Ich werde niemandem mehr meine Mauern öffnen – niemals mehr!» lautet dann sein Credo.

Wie auch immer es von außen aussehen mag, der restriktive Eros verbindet (auf eine nicht ganz zeitgemäß *erscheinende* Weise) die beiden Themen «Lust» und «Verantwortung», und das hat mitunter den moralischen Beigeschmack, als hörte man im Hintergrund die Eltern sagen: «Das tut man nicht!»

Dieser Eros kann einfach nicht «fünf gerade sein lassen», er kann weder «blaumachen», noch es sich «gutgehen» lassen (außer – eben – er hat es sich durch vorherige Leistungen sauer verdient). Erst nach *getaner* Arbeit darf man ruhen – vorher könnte er es gar nicht.

So ist der restriktive Eros für jeden Arbeitgeber der ideale Arbeitnehmer, und es dauert sehr lange, bis er merkt, daß er sich aufopfert und wenig dafür zurückerhält. Sein Zauberwort ist die «Richtigkeit». Und deshalb hat er Angst davor, das Falsche zu tun. Dabei geht es nicht so sehr um «gut» oder «schlecht» (dafür ist der rationale Eros zuständig), sondern die Dinge müssen ihre Richtigkeit haben und «richtig» getan werden (oder gar nicht). Damit freilich steht der restriktive Eros ständig unter einem gewissen inneren Streß, er könnte etwas nicht so getan haben, daß er anschließend ein ruhiges Gewissen haben kann.

Kant hat mit seinem Bild vom «moralischen Gesetz in mir» diesen Eros ebenso ausgedrückt wie Gustaf Gründgens, «der überzeugt war, daß der Mensch nicht dazu da ist, das Leben zu genießen, sondern ‹richtig› zu leben» (C. Riess: Gustaf Gründgens, Hmbg 1965, S. 12).

Freilich, G. G. war ein doppelter Steinbock!

So hat denn dieser Eros mit dem Genießen (in jeder Form) seine Schwierigkeiten. «Süßigkeiten» (in jeder Form) mag er natürlich genausogern wie jeder andere Eros, doch entweder gestattet er sie sich nur in Ausnahmefällen (also nach vorheriger hart erbrachter Leistung oder Arbeit), oder nach dem Genuß plagt ihn die Reue, das heißt, seine Moral züchtigt ihn. So kann sein Verhalten gern als eine Art «seelischer Geiz» ausgelegt werden: Hat er schon einmal eine Tafel Schokolade gegessen (ist also über die Stränge geschlagen), so straft er sich anschließend mit einem fünf Kilometer langen Spaziergang (von dem er dann behauptet: Das tut mir wirklich gut!).

Auf der Ebene der Beziehung ist es nicht leicht, an ihn heranzukommen: Auf der einen Seite wünscht er sich Nähe, auf der anderen Seite hat er eine meterdicke Mauer von Regeln und moralischen Anweisungen, hinter die er sich zurückzieht und innerhalb deren er vom jeweiligen Partner erwartet, daß dieser die *harte Arbeit* erbringt, die Mauer zu bezwingen. Erst als Lohn winkt dann die Nähe. Besonders jedoch Partner mit dem «infantilen Eros» (Krebse) und dem «possessiven Eros» (Stiere) finden dieses Spiel schnell ermüdend und winken ab. Insbesondere deshalb, weil diese beiden ebenfalls erwarten, daß man *für sie* Leistungen erbringt, und entweder zu trotzig oder zu geizig sind, selbst etwas zu tun.

11. Der intermissive Eros
Das «Ich-brauche-mehr-Luft»-Syndrom
(Die Flucht)
Wassermann (Uranus – elftes Haus)

Immer wieder geistert durch die Erzählungen der Menschen die Geschichte von dem Mann, der nur eben Zigaretten holen wollte und dann sechs Jahre lang verschwunden war. Von einer *Frau* handelt eine derartige Geschichte selten, Frauen lassen Zigaretten holen! Das ist natürlich nur archetypisch gemeint und heißt: Nur das Exekutiv flüchtet. Doch selbstverständlich wird es mitunter auch dem Obligat zu eng, und natürlich kann auch das Obligat vom intermissiven Eros beherrscht sein. Dieses aber geht nicht, sondern es delegiert die Flucht an das Exekutiv (auch wenn dieses gar nicht zu gehen beabsichtigt!). Dieser Vorgang will gut verstanden sein, denn er verläuft meist *so sehr* unbewußt, daß beide Beteiligten dieses Spiel jahrzehntelang (mitunter auch mit wechselnden Partnern) aufführen können und die Logik, die dahinterliegt, nicht zu fassen bekommen.

Ein Beispiel aus der Praxis mag das Delegationsspiel des intermissiven Eros in seiner ganzen Komplexität erhellen: Eine Frau erlebt ihre Beziehung nach fünf Ehejahren als so einengend und so freiheitsraubend, daß sie ihre Ehe als gescheitert ansieht. Da sich aber gerade das gemeinsame Einfamilienhaus im Bau befindet (das Paar also hochverschuldet ist) und auch zwei Kinder da sind, ist – von ihrer Seite – an eine Trennung gar nicht zu denken. Sie will die Ehe auf jeden Fall aufrechterhalten.

Ein Urlaub wird geplant. Unser Pärchen mit den beiden Kindern und die beste Freundin der Frau (mit ihrem Kind) wollen in eine Berghütte zum Skilaufen. Die Ehefrau weiß (unbewußt), daß die Freundin schon lange von ihrem attraktiven Ehemann angetan ist, und jetzt nimmt die Delegation ihren Lauf. Einen Tag vor der Abreise bekommt sie einen heftigen Migräneanfall, und alle Beteiligten wissen, daß dieser in der Regel drei bis vier Tage dauert. Der Ehemann, eine treue Seele, will natürlich bei ihr zu Hause bleiben, aber sie drängt mit aller Kraft (damit der Urlaub nicht platze), er solle mit den Kindern (und der Freundin) vorausfahren, sie käme dann mit der Bahn nach. Es kommt, wie es kommen mußte (und wie es unbewußt kommen *sollte*): Dem unbewußten Auftrag der Ehefrau, sowohl an ihren Mann als auch an ihre «beste» Freundin, können sich beide nicht entziehen, und sie beginnen eine (wenn auch nur flüchtige) Affäre. Natürlich kommt der Treuebruch ans Licht («Während ich schwach und krank darniederliege... treibt ihr es hinter meinem Rücken!»), und die Ehefrau kann weder ihrem Mann noch ihrer Freundin verzeihen. Sie veranlaßt ihren Mann, mit einer vollen Schuldanerkenntnis in die Scheidung einzuwilligen (mit der Konsequenz, daß sowohl die Kinder als auch das Häuschen bei ihr bleiben). Bis heute hat sie weder ihrem Mann noch der Freundin den «Verrat» (so nennt sie es) vergeben. Und es wird noch eine geraume Zeit dauern, bis sie ihren Teil an diesem (unbewußt) eingefädelten Spiel durchschaut.

Tatsächlich ist der «Verrat» ein Topos, der sich in dieser Form des Eros eminent häufig ereignet, und ich zögere nicht, ihn als unbewußtes Vehikel zur Realisierung des intermissiven Eros, also zur Realisierung der «persönlichen Freiheit» zu betrachten: Sei es, daß ich verrate, sei es, daß ich delegativ «verraten lasse», damit ich mich aus einer Beziehung (von einer Arbeitsstelle, aus einer Wohnsituation, aus einer geschäftlichen Partnerschaft etc.) löse.

«Intermissio» ist die «Unterbrechung», und eine innere Person mit diesem Eros hält es in *einer* Daseins- oder Lebensform nur eine begrenzte Zeit aus. Ist diese Zeitperiode verstrichen, dann muß sie – figurativ gesprochen – entweder (aktiv) Zigaretten holen gehen oder (passiv) jemanden zum Zigarettenholen schicken. Dieser Eros lagert sich *nicht* an! Er hat, wie man in der Chemie sagen würde, keine freien Valenzen. Aber das weiß die Person, in deren Inneren er *vorherrscht*, die ersten vierzig Jahre ihres Lebens nicht. Sie will es auch nicht wissen, denn schließlich gereicht es niemandem zur Ehre, es an keinem Platz (an dem ich abhängig bin) lange aushalten zu können.

Diese Art des Eros ist freilich nicht nur erschreckend; sie möchte nämlich für meine Gesamtperson etwas erreichen, und der intermissive Eros gibt nicht eher Ruhe, bis er es erreicht hat:

Meine vollständige Unabhängigkeit und Freiheit!

An meinen Worten merkt man schon, daß dieser Eros für Beamte und Untergebene (jeder Art) das reine Gift ist. Alle Beziehungsfiguren dieser Welt, die darauf aus sind, mich unmündig in einer Versorgungssituation (sei es aktiv, sei es passiv) zu belassen, werden von diesem Eros (wann immer er auftritt, also dann, wenn er vorherrscht) gesprengt.

Ein guter Freund von mir, ein Lehrer, stand eines Tages nach einem Ferienende vor seiner Schule und konnte sie nicht betreten. Sein Körper fing an zu zittern, Tränen liefen aus seinen Augen. Es war ihm unverständlich, wieso er, der keine Probleme mit den Kindern oder dem Kollegium hatte, nach zwanzig Dienstjahren nicht mehr diesen Ort (an dem er doch sein Geld verdiente) betreten konnte. Nach einer Odyssee, die, beginnend bei seinem Direktor über den Amtsarzt (der ihm eine Gruppentherapie verordnete, die auch nicht half) bis zur Kultusbürokratie, wurde er nach etwa drei Jahren frühpensioniert. Und nachdem er auch seine Ehe gelöst hatte, fuhr er mehrere Jahre mit einem Wohnmobil durch die Welt. Es geht ihm heute – in seiner Freiheit – ausgesprochen gut. Das Zittern und Weinen ist – nach der Pensionierung – nie wieder aufgetreten. Das ist die etwas umständliche Variante des Zigarettenholens.

Tief im Inneren trägt dieser Eros das Thema des Erwachsenwerdens in sich. Oder, noch besser gesagt: Es ist der Eros der

Individuation. Sein Auftrag: Aus einer Person soll ein Individuum werden! Mit anderen Worten: Personen sind wir alle, Individuen aber sind die wenigsten von uns. Individuum aber heißt: Du mußt – ganz allein – deinen eigenen, ganz individuellen Weg finden und gehen. Die meisten von uns aber gehen einen Weg, der abgesichert ist. Aus der Familie (die mir einen Halt gibt und die für mich sorgt) gehe ich an die Universität (die mir ebenfalls Halt gibt), gehe in einen Beruf (der mir einen Halt gibt) und in eine Ehe (die für mich sorgt und mir einen Halt gibt), und all diese Institutionen verhindern, daß ich erwachsen werde und auf eigenen Füßen stehe – und meinen eigenen, ganz individuellen Weg, der von niemandem sonst gegangen werden kann und der auch von niemandem vor mir gegangen worden ist, herausfinde.

Und eines gehört mit absoluter Sicherheit zu dem Weg des intermissiven Eros: Ich muß ihn allein finden und gehen, und niemand wird mir je dafür eine Pension bezahlen!

(Für diejenigen, die jetzt einen Schreck bekommen haben: Natürlich kann auch die Person mit dem intermissiven Eros in einer Partnerschaft alt werden [allerdings nicht in meiner ersten Ehe!] und im Alter eine Pension erhalten. Nur: Ich *brauche* dann diese Beziehung nicht, ich bin nicht von ihr abhängig, und als Altersversorgung erhalte ich nur das, was ich aus freiem Willen vorher eingezahlt habe.)

Ein letztes Wort noch für diejenigen, die Zigarettenholer sind (oder unter Zigarettenholern leiden). Diese Menschen *müssen* Zigaretten holen, sie können nichts dafür! Sie wollen nicht weh tun, sie müssen (unter dem Zwang des intermissiven Eros) einfach *nur gehen*. Aber eines Tages werden sie lernen, daß dieses Zigarettenholen zu ihnen gehört, und können es rechtzeitig vorher ankündigen.

Dann muß es auch keine sechs Jahre mehr dauern.

12. Der spirituelle Eros
Das Traumtänzer-Syndrom
(Märchenprinz, -prinzessin)
Fische (Neptun – zwölftes Haus)

Dieser Eros, den wir den «träumenden Eros» nennen, läßt sich nur selten blicken in den Niederungen der realen Welt. Seine Energien gehen auf Höheres, und in Beziehungen tut er es nicht unter einem «Dual», also seiner ihm genau vom Himmel (oder vom Karma) zugedachten Partnerseele. Deshalb ist er in spirituellen Zirkeln oder in anderen (sogenannten esoterischen) Kreisen hochbeliebt. Er verkehrt kaum mit den körperlichen Sexualorganen, sondern mit Hilfe seiner «Chakren» (jedenfalls übt man das in den entsprechenden Seminaren), und ansonsten *träumt* er. Von der *einen* Seele, die kommen wird und die mich endlich zu einem Ganzen zusammenfügt. In weniger esoterischen Kreisen nennt man den Inhalt dieses Traumes die «Traumprinzessin» oder den «Märchenprinzen» und die ganze Person einen Spinner!

Bevor wir in eine Satire abgleiten, müssen wir uns darüber klarwerden, daß (unabhängig davon, daß Seminarleiter an ihm ihr Süppchen kochen) es diesen Eros in der Tat gibt!

Der spirituelle Eros hat – ganz ebenso wie der intermissive – keine freien Valenzen, das heißt, hier auf Erden läßt er sich nicht ein! Besonders schwierig ist eine derartige Erkenntnis (die er machen müßte) deshalb, weil er ja pausenlos davon *träumt*, wie intensiv und hingebungsvoll er sich einlassen *würde* und einlassen *könnte*, wenn endlich der Richtige (die Richtige) von den Göttern herbeigeschickt würde.

Und so ist sein Leben durchdrungen von der Illusion: Eines Tages kommt endlich der eine / die eine, und dann beginnt die himmlische Beziehung.

Natürlich bleibt der träumende Eros nicht ohne Partner-schaften: Er trifft oft auf einen anderen Menschen, der ver-meintlich alle Kriterien der inneren Traumgestalt erfüllt. Endlich ist die Suche vorüber, so denkt der spirituelle Eros und stellt alle Forderungen, die er an den Traumpartner hat-te, jetzt an diesen *realen Menschen*. Doch *unabhängig davon*, wie sehr der andere sich auch mühen würde, diesen Traum-kriterien zu entsprechen, früher oder später (meist nach ei-nem Jahr) ist der Traummann (die Traumfrau) entzaubert und entpuppt sich als Frosch!

Jetzt aber geht dieser Eros nicht etwa daran, den Frosch zu küssen, um ihn in einen Prinzen oder eine Prinzessin zurück-zuverwandeln, sondern er entledigt sich des Frosches, *damit* er wieder von einem Prinzen oder einer Prinzessin *träumen kann*. Besonders beliebt sind dem träumenden Eros Partner, die irgendwann im Leben aufgetaucht und dann wie eine Sternschnuppe wieder verglüht sind. Sie waren damals nicht zu haben, sei es,

– daß sie sich bereits in einer Ehe befanden,

– daß sie nur ein Pubertätsschwarm waren,

– daß sie sich als Therapeut besonders verständnisvoll ver-hielten,

– daß sie um Jahrzehnte älter waren usw.

Besonders beliebt sind hier Geistliche oder Priester (auch Therapeuten) jeder Art, die sich partout nicht einlassen woll-ten und die auch nach dreißig Jahren noch (besonders von Frauen, die heute längst verheiratet sind) in das Bild des Traummannes hineingeschoben werden. («Wenn er doch da-mals seine Beziehung zu Gott [zu seinem therapeutischen Ethos] hätte lösen können, dann wären wir heute ein glückli-ches Paar», so lautet der heimliche Stoßseufzer – von dem der Ehemann nichts weiß.)

Kurzum, man hängt seine Sehnsucht, seine Träume, seine Illusionen an jemanden, der – mit Sicherheit – nicht erreichbar ist!

In der Pubertät machen die meisten Menschen eine derartige Traumpartnerphase durch und hängen sich die Bilder von Filmstars, Rocksängern oder sonstigen Idolen (bis hin zu Albert Schweitzer) an die Wand, und sie malen sich dann aus, wie es wäre, wenn «er» («sie») endlich in die Stadt käme und man sich «zufällig» begegnen würde.

Geht man heute über eine Esoterikmesse, so sieht man diese Idole wieder: Aber es ist nicht mehr Roy Black oder Rex Gildo, sondern «Ishtar, der Weise vom Berge», «Sahnat Khumara aus dem Betageuze-System» oder andere (immer mit langen Haaren) jesusähnlich dreinblickende Hochglanzgesichter, deren Süße einem normalen Menschen Zahnschmerzen verursacht.

Ist die Pubertät vorbei, so hält bei Menschen mit einem anderen Eros (also nicht mit dem «träumenden») – spätestens nach der ersten Beziehung – die Realität Einzug in die Seele, und man sieht den anderen als realen Menschen. Der spirituelle Eros aber zeichnet sich dadurch aus, daß seine Träume durch die Realität nicht korrigiert werden, daß das reale Beziehungsspiel nicht akzeptiert wird und daß – *um jeden Preis* – an dem Traum festgehalten wird.

Der Film «Jenseits von Afrika», mit dem Robert Redford sich in die Herzen von Millionen von Frauen hineingeträumt hat, besitzt in der Tat den richtigen Titel. Er beginnt mit dem Wort «Jenseits», und dieses Phänomen ist es, an dem der spirituelle Eros festhält. Die große Liebe aus dem Jenseits. Jene Liebe, die schon immer – seit Jahrhunderten – für mich vorgesehen ist und die allein mich glücklich machen würde.

Die katholische Kirche hat es sehr gut verstanden, dieses Phänomen in die Beziehungswelt ihrer Nonnen zu integrieren, indem sie jeder Nonne (bei der Weihung) mit Jesus persönlich verlobt und ihr einen Verlobungsring überstreift. Jetzt können diese ein (Nonnen-)Leben lang von ihrem Liebhaber träumen und die triste Realität dadurch ertragen, daß wenigstens vor dem Einschlafen Bilder von grandioser Inbrunst vor ihren geistigen Augen ablaufen.

In der Therapie mit einer ehemaligen Nonne habe ich lernen dürfen, daß der Gipfel der Seligkeit für sie darin bestand, dem Herrn – heilend – nachts die blutigen Wunden zu lecken. Das hatte eine derart tiefe emotionale Sinnlichkeit (mit unbewußt sexuellen Beitönen), daß sie sich auch heute noch nicht vorstellen könnte, mit einem lebenden Mann eine ebensolche sinnliche Erfahrung erleben zu können.

Der träumende Eros *muß* von der Realität enttäuscht werden, und man hat ihn noch nicht begriffen, wenn man glaubt, er könne sich durch Erfahrungen abnutzen und zu einer realistischen Einschätzung (über Partnerschaften) gelangen.

Es gibt zwei Arten von Beziehungen, an die er lebenslang gebunden bleibt: Die eine liegt in der Vergangenheit («Hätte ich doch damals...»), die andere in der Zukunft («Eines Tages wird...»). Die Gegenwart, in der sich alle Beziehungen dieser Welt aber heute abspielen, ist hingegen nie Thema eines Traumes.

Besondere Blüten treibt dieser Eros in Kreisen des «Channeling», also bei Menschen, die im «Jenseits fischen» und von dort Nachrichten und Bekanntschaften auf die diesseitige Ebene herüberträumen. Von diesen «Kanälen» werden die Menschen (mit dem träumenden Eros) mit Hoffnungen und Sehnsüchten versorgt, die ihnen das erreichte Ziel (ihres Traumes) irgendwann verheißen. Damit werden sie auf das Wartebänkchen gesetzt und schmachten auch in den nächsten Jahrzehnten nach ihrem Traum.

Andererseits *gibt es* eine «andere Welt», eine «Welt hinter der Welt», und die Kenntnisse, die wir von diesem «Jenseits» haben, verdanken wir eben den Menschen mit dem «träumenden Eros». Er ist als einziger in der Lage, diese Länder zu erkunden und seelische Kartographien über deren Dimensionalität anzufertigen.

Hat der «träumende Eros» einmal sein Partnerschaftsproblem durchschaut, so kann seine Energie endlich in jenen Bereich fließen, für den er mehr als begabt ist: Er ist dann ein «träumender Prophet» und besitzt die Gabe des «zweiten Gesichts».

Fazit

Wir sehen, es ist nicht ganz leicht, die verschiedenen Formen dieses seelischen Klebstoffes, von uns Eros genannt, zu fassen und sie voneinander zu unterscheiden. Erschwert wird dieses Unterfangen noch dadurch, daß zu den zwölf erwähnten Formen auch *Mischformen* hinzutreten können, die das Spiel noch undurchschaubarer machen.

So gibt es zum Beispiel eine große Zahl von Therapeuten, die über ihren therapeutischen Eros (also den Schütze-Eros Nr. 9) in ihren eigenen Gegenübertragungen eine Art Bindemagie praktizieren und damit – ohne selbst davon zu wissen – dem obsessiven Skorpion-Eros (Nr. 8) frönen. Bin ich ein solcher Therapeut, so erzeuge ich einen derartig starken Klebstoff zwischen mir und meinem Patienten, daß es viele Jahre (auch nach der Therapie noch) dauert, bis er sich davon zu lösen vermag. Sogar dann noch, wenn wir – gegen Ende der Therapie – die Übertragungen (und Gegenübertragungen) bearbeiten, um unsere Bindungen zu lösen, geht noch in der Abnabelungsphase ein derart souveräner Sog von mir aus, daß die Bindungen sogar noch fester werden!

Das Paradox ist: Der Therapeut handelt im guten Glauben, die Bindung zu lösen. Aber der obsessive Eros sitzt auf seinem Rücken und schmiedet gerade in der Endphase eherne Bänder.

Oder: Ein Guru, der seine Jünger in das ewige Leben führen will (die Karotte der «Erleuchtung» vor ihre Nase hängt) und sie damit bei ihrem träumenden Fische-Eros (Nr. 12) fängt, knöpft ihnen vorher noch all ihr Geld und Gut ab. Er arbeitet also hinterrücks – ob er es weiß oder nicht, ist dabei gar nicht so wichtig – mit dem possessiven Stier-Eros (Nr. 2).

Wir möchten dem Leser zum Abschluß dieses Kapitels noch ein weiteres Bild geben, wie er sich dieses Anlagerungsbegehren im Inneren (der einzelnen inneren Personen) denken darf.

Es ist dies ein Bild, daß ich seit den Tagen meines Chemieunterrichts in mir herumtrage. Man hat mir beigebracht, daß *Atome* einen positiven Kern (aus Protonen und Neutronen) haben und gleichsam wie eine Art Sonne funktionieren. Um diesen Kern, also um diese Sonne herum, kreisen auf verschiedenen Bahnen die (negativ geladenen) Elektronen, die damit so etwas wie die Planeten des Sonnensystems auf ihrer Umlaufbahn bilden. Der Chemielehrer wollte mit diesem Bild der Elektronen auf den äußeren Bahnen das *Bindeverhalten* und, das heißt, die Reaktion der Atome *auf andere Atome* plausibel machen. Hat ein Atom auf der Schale der *äußeren* Umlaufbahn bereits *acht* Elektronen, so habe dieses Atom *kein Bindebegehren* mehr, denn die Schale sei voll. Das zum Beispiel sei der Fall bei Edelgasen, die aus diesem Grunde auch keine Verbindung mit anderen Elementen mehr eingehen können.

Acht Elektronen auf der äußeren Schale eines Atomes also heißt: Das Atom ist gesättigt, selbstgenügsam, narzißtisch (könnten wir psychologisch sagen) und lagert sich bei niemandem (bei keinem anderen Atom) mehr an!

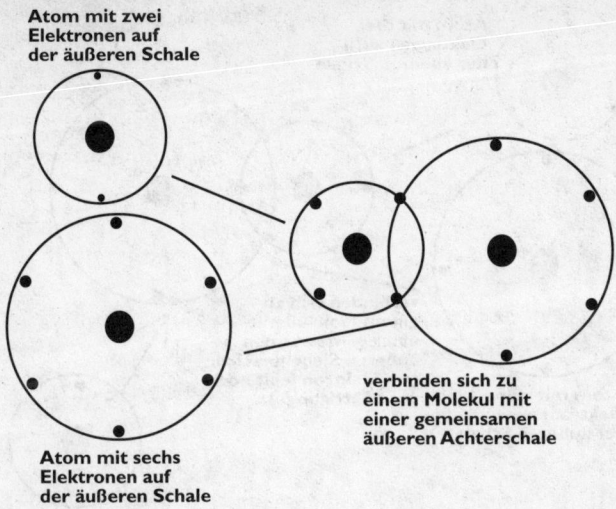

Atom mit zwei Elektronen auf der äußeren Schale

Atom mit sechs Elektronen auf der äußeren Schale

verbinden sich zu einem Molekul mit einer gemeinsamen äußeren Achterschale

Das Grundprinzip besteht jetzt darin, daß Elemente (also verschiedene Atome) danach streben, sich so anzulagern, daß die dann gebildete *gemeinsame äußere Schale* sich jeweils zu acht addiert. Stellen wir uns das – in der Übertragung dieses Bildes – bei zwei Menschen vor: Der eine Mensch hätte ein Anlagerungsbegehren von *zwei* (Elektronen auf der äußeren Schale) und der andere Mensch hätte ein ebensolches von *sechs* (Elektronen auf der äußeren Schale), so wäre ein Zusammenschluß der beiden (also eine Bindung) optimal, denn zwei und sechs ergibt acht. Das gemeinsame Molekül (so heißt der Zusammenschluß zweier Atome) bildet eine geschlossene äußere Schale und damit eine stabile Partnerschaft!

Haben zwei Atome *jeweils* fünf Elektronen auf der äußeren Schale, *so binden sie sich nicht,* denn fünf und fünf ergibt zehn, und zehn Elektronen sind auf einer gemeinsamen äußeren Schale nicht möglich.

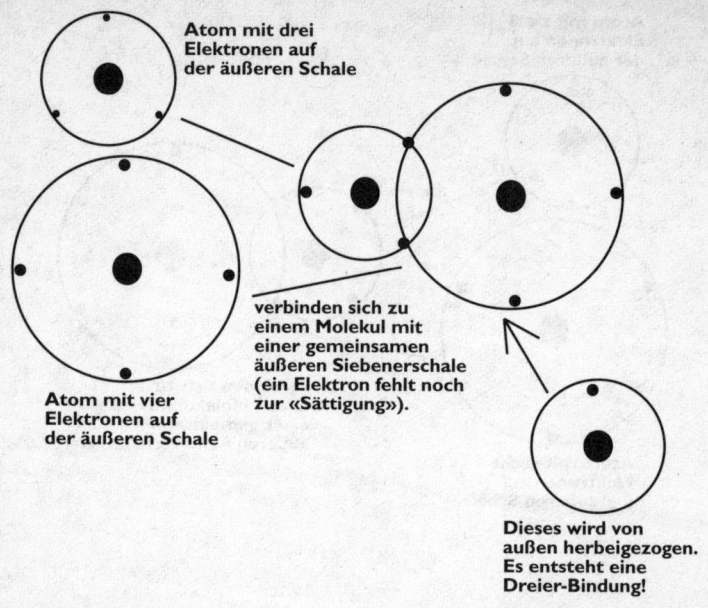

Atom mit drei
Elektronen auf
der äußeren Schale

verbinden sich zu
einem Molekül mit
einer gemeinsamen
äußeren Siebenerschale
(ein Elektron fehlt noch
zur «Sättigung»).

Atom mit vier
Elektronen auf
der äußeren Schale

Dieses wird von
außen herbeigezogen.
Es entsteht eine
Dreier-Bindung!

Hat hingegen der eine Partner *drei* und der andere *vier*, so ist eine Bindung sehr wohl möglich, denn drei und vier ist sieben. Doch jetzt hat dieses Molekül darüber hinaus das Bestreben, ein *weiteres* Atom zu finden und zu binden (mit *einem* Elektron auf der äußeren Schale), denn – wie gesagt – jede Partnerschaft trachtet danach, die gemeinsame äußere Schale mit *acht* zu füllen!

Wir hätten also hier eine Dreierbindung, und so etwas soll ja auch im Bereich menschlicher Beziehungen schon vorgekommen sein.

Geben wir diesem Bild noch eine zusätzliche Nuancierung (was die Chemie in dieser Form nur ganz am Rande tut): Alle Partner, die zwischen eins und drei Elektronen auf der äußeren Schale haben, sind eher weiblich, also obligat, und tendieren mehr zu der Opferseite, und alle Partner, die zwischen fünf und sieben Elektronen auf der äußeren Schale haben, gehören der männlichen Seite an, sind exekutiv, und damit gehören sie zu der Seite der Täter.

An dieser Stelle verlassen wir den Bereich naturwissen-schaftlicher Chemie und betreten das Reich der seelischen Chymie!

Folgendes Anlagerungsbegehren der einzelnen Formen des Eros gibt es:

(Der Leser sei zuvor darauf hingewiesen, daß alle Zahlen im Bereich des Seelischen nur und ausschließlich symbolisch zu verstehen sind. Es sind die Zahlen eines Milchmädchens, und die sind, wie wir wis-sen, einfältig. Menschen haben keine Elektronen auf der äußeren Schale. Menschen haben keine äußere Schale. Oder?)

Es wird also hier der Versuch unternommen, am Beispiel der atomaren Chemie ein Stück Übersetzungsarbeit hinein in die seelische Chymie zu unternehmen. Ohne derartige (entliehene) Bilder ist die *Seele* über-haupt nicht zu verstehen. Nimmt man sie freilich zu wörtlich, so schießen sie – um Lichtjahre – an der Seele vorbei.

Die Form der seelischen Bindechemie muß also jetzt so formuliert wer-den: «Angenommen, der Mensch hätte ein Bindeverhalten, das ähn-lich dem eines chemischen Elementes wäre, dann gilt – nur in dieser Analogie – das folgende Wertigkeiten-Schema» (die Klammer hinter dem betreffenden Eros gibt dessen chymische Wertigkeit an, wobei *acht* [Elektronen auf der äußeren Schale] den höchsten Wert dar-stellt):

1) Der phallische Eros   (6)

2) Der possessive Eros   (2)

3) Der intellektuelle Eros   (4)

4) Der infantile Eros   (1)

5) Der sexuelle Eros   (5)

6) Der rationale Eros   (4)

7) Der romantische Eros   (3)

8) Der obsessive Eros   (7)

9) Der therapeutische Eros (4)

10) Der restriktive Eros   (4)

11) Der intermissive Eros   (8)

12) Der träumende Eros   (0)

Versuchen wir, dieses Schema noch einmal auf der Ebene der einzelnen Anlagerungsmöglichkeiten zu begreifen, so finden wir folgende Bilder:

Ein «Elektron» auf der äußeren Schale
Vertreter: Eros Nr. 4, «Der infantile Eros».

Das Bindeverhalten dieses Eros ist hoch *bedürftig*. Das heißt, Personen mit diesem Eros sind die Hilflosesten überhaupt und deshalb dringend darauf angewiesen, daß andere sich anlagern. In dieser Bedürftigkeit ist es ihnen oft egal, wer sich anlagert. Hauptsache – so sagt sich dieser Eros –, ich bin nicht mehr allein! Eine geschlossene *gemeinsame* äußere Schale bildet der infantile Eros nur mit dem obsessiven Eros (also mit Nr. 8), der sieben «Elektronen» auf der äußeren Schale hat. Aber auch für Anlagerungen mit anderen Formen des Eros ist er jederzeit bereit (außer mit Nr. 11 und 12), da alle anderen (mit ihm zusammen) die Zahl acht nicht übersteigen.

Zwei «Elektronen» auf der äußeren Schale
Vertreter: Eros Nr. 2, «Der possessive Eros».

Sein Hauptbegehren ist es, mit dem phallischen Eros (Nr. 1) eine Verbindung einzugehen, denn dieser ergänzt mit seinen sechs «Elektronen» die äußere Schale zu acht.

Auch der possessive Eros ist bedürftig und fühlt sich gern als Opfer, denn er braucht (und sucht ihn) im Außen einen Täter. Der phallische Eros ist in diesem Fall der ideale «Täter».

Der possessive Eros kann aber auch mit jedem anderen eine *relativ* dauerhafte Verbindung eingehen (außer mit Eros Nummer 8, 11 und 12). Insbesondere ist er gern die «Geliebte» (*das* Geliebte) für Eros Nr. 5.

Drei «Elektronen» auf der äußeren Schale

Vertreter: Eros Nr. 7, «Der romantische Eros».

Der romantische Eros (ebenfalls noch leicht bedürftig) bindet sich am liebsten mit dem sexuellen Eros (Nr. 5), der mit seinen fünf «Elektronen» mit ihm eine stabile Achterschale bildet.

Er kann freilich auch mit Eros Nr. 2 (seltener) und mit Nr. 4 (häufig) sowie mit Eros Nummer 3, 6, 9, 10 Verbindungen eingehen. In all diesen Fällen aber ist er nicht «gesättigt» und schielt mit einem Auge nach nebenan.

Vier «Elektronen» auf der äußeren Schale

Vertreter:

Eros Nr. 3: «Der intellektuelle Eros».

Eros Nr. 6: «Der rationale Eros».

Eros Nr. 9 «Der therapeutische Eros».

Eros Nr. 10 «Der restriktive Eros».

Eigentlich sollte man glauben, daß dieser Eros eine ideale Form darstellt, da er genau eine halbe Wertigkeit in sich trägt und sich also mit seiner jeweils anderen Hälfte zu einem idealen Symbolon ergänzt.

Es gibt keinen Täter, kein Opfer – niemand herrscht, niemand leidet.

Im Prinzip stimmt das. Nur: Es gibt auch keine Spannung, keine Anziehung, keine Bindeenergie. Es gibt nur ein loses Aufeinanderbezogensein.

Wieder können wir die atomare Chemie heranziehen: Während zwei ungleiche Elemente sich (wenn sie passen) in ihrer inneren Kristallstruktur miteinander verbinden und ineinander eindringen, bilden zwei Elemente mit vier Elektronen auf der äußeren Schale allenfalls *Legierungen*. Legierungen aber dringen atomar nicht ineinander ein, sondern lagern sich einfach nur neben- und übereinander ab. Sie vereinigen sich nicht, sondern assoziieren sich lose zueinander. Jeder bleibt, wie er ist, es findet keine Veränderung ihrer atomaren (seelischen) Struktur statt.

Fünf «Elektronen» auf der äußeren Schale

Vertreter: Eros Nr. 5, «Der sexuelle Eros».

Der sexuelle Eros ist ein Jäger. Er jagd am liebsten Eros Nr. 7 (damit sättigt er sich), sodann Eros Nr. 4 (den heiratet er). Hat er freilich Nr. 4 geheiratet, fehlen ihm (relativ rasch) noch zwei Elektronen, um die Schale zu füllen, und er nimmt sich einen heimlichen Liebhaber/in aus dem Reich des possessiven Eros. In dieser Dreierbeziehung ist er dann auch gesättigt. Freilich: Eros Nr. 4 leidet daran, und Eros Nr. 2 kommt ihn *teuer* zu stehen. In jeder Beziehung des Wortes.

Sechs «Elektronen» auf der äußeren Schale

Vertreter: Eros Nr. 1, «Der phallische Eros».

Der phallische Eros ist ebenfalls ein Täter – ein Trieb-Täter. Ohne jede Moral tut er sich an Eros Nummer 2 und 4 gütlich. Er vernascht sie. Seine Bindungsabsichten sind schnell durchschaut und äußerst kurzlebig.

Sieben «Elektronen» auf der äußeren Schale

Vertreter: Eros Nr. 8, «Der obsessive Eros».

Der obsessive Eros sucht die Weichheit der Seele, in die er sich parasitär hineingraben kann, um dorthinein seine Eier abzulegen. Der beste und auch der einzig dauerhafte Nährboden für ihn ist der Eros Nr. 4.

Acht «Elektronen» auf der äußeren Schale

Vertreter: Eros Nr. 11, «Der intermissive Eros».

Der intermissive Eros ist – wie das bereits erwähnte Edelgas – mit seinen acht Elektronen auf der äußeren Schale selbst bereits gesättigt und läßt sich deshalb *nicht ein*. Auf *keinen* anderen Menschen! Da der intermissive Eros von dieser Bindeunfähigkeit nichts weiß, glaubt er meist, daß er sehr wohl in der Lage sei, sich einzulassen. Im Laufe seines Lebens freilich dämmert ihm allmählich die Wahrheit über sein Bindeverhalten, und jetzt spürt er das ganze Dilemma.

Null «Elektronen» auf der äußeren Schale
Vertreter: Eros Nr. 12, «Der träumende Eros».

Der träumende Eros ist ein unglückselig begnadeter Sonderfall. Er ist auf einer anderen Ebene (im Jenseits) bereits so fest gebunden, daß er sich «hienieden» gar nicht mehr einlassen kann. Freilich träumt er davon, daß sein Partner aus dem «Reich hinter der Welt» eines Tages real hier auftauchen wird. Das ist sein Irrtum. *Wenn* er sich bindet, so nimmt er automatisch die Zahl der Elektronen (der äußeren Schale) seines Partners an, füllt sich selbst mit ihnen auf und kann als eigenständige Identität kaum noch wahrgenommen werden. Er leiht sich also eine andere Identität. Das aber stößt dem Partner – über kurz oder lang – auf, und dieser versucht den Identitätsverleih rückgängig zu machen. Dadurch aber wird er – in den Augen des «träumenden Eros» – zum Frosch.

Zusammenfassung
Wir haben jetzt in einem langen Exkurs die spezifischen Bindeverhalten der einzelnen Formen des Eros (und damit der einzelnen Tierkreiszeichen) dargelegt, und mancher Leser mag bereits etwas unruhig geworden sein, wann denn endlich die Diskussion im *astrologischen* Bereich geführt wird? Natürlich können wir diese Unruhe verstehen, aber es ist doch so: Die bisherige Astrologie hatte kein dahinterliegendes philosophisches (oder sonstwie seelisches) Modell. Sie konnte nur den Mond des einen mit dem Mars des anderen vergleichen und entscheiden: Das gibt im einen Fall dieses

und im anderen Fall jenes Problem. Sie arbeitete also rein empirisch und entbehrte eines dahinterliegenden *Gesetzes*.

Und eine Astrologie als «psychologische» zu charakterisieren, bloß weil man Vater und Mutter und die Kindheit mit einbezieht, ist – mit Verlaub gesagt – Dünnbrettbohrerei und hat mit Seele kaum etwas zu tun.

Dieses Gesetz haben wir jetzt (zumindest in seinen Grundlinien) mit den «Formen des Eros» geliefert: Am großen Baum der menschlichen Beziehungen gibt es nämlich zwölf verschiedene Äste. Es ist mit Sicherheit so, daß wir nicht jede Verästelung innerhalb eines jeden Astes jetzt schon verstanden oder beschrieben hätten, doch die große Linie eines jeden Beziehungsastes ist dargestellt.

Dahinter können wir nicht mehr zurück!

Hat man nämlich einmal das Gesetz der einzelnen Formen des Eros verstanden, so ist die astrologische Detail-Diskussion, auf die wir uns in den nächsten Kapiteln konzentrieren, sehr viel leichter geführt.

Greifen wir also hinein ins volle (und zwar jetzt astrologisch betrachtete) Menschenleben.

KAPITEL 2

Partnerschaft in deinem Horoskop

Quinn: Für mich ist Alexis Sorbas eines der hinreißendsten,
erfindungsreichsten Kinder der Welt. Seine Botschaft ist,
daß man verrückt sein muß, um in dieser Welt zu leben.
SPIEGEL: Sie fühlten sich nie eingesperrt in diese Rolle?
Quinn: Für mich war das eine Figur unter 300.
Ich war genauso der Papst in den «Schuhen des Fischers» und
des Zampano in Fellinis «La Strada».
Mein Problem war, daß alle Charaktere, die ich je gespielt habe,
in mir stecken. Mein wahres Ich, der echte Anthony Quinn,
kommt gerade erst, mit 80, zum Vorschein.
(*Spiegel*-Interview mit Anthony Quinn,
Heft 3, 1995, S. 165)

Bevor wir uns anschauen, wie das Partnerschaftsbedürfnis
und das Partnerschaftsverhalten von *zwei* Personen (an zwei
Horoskopen) sich darstellt, werden wir eine gewisse Zeit damit zubringen müssen, uns zu fragen: Wie sieht es eigentlich
in *deinem* Horoskop mit dem Thema der Partnerschaft generell aus?

Menschen, die sich in meiner Praxis zur Partnerschaftsberatung an-
melden, sind mitunter überrascht, daß ich in der ersten Stunde meist
nur über ihr Radix-Horoskop spreche und ihnen erst einmal ihr eigenes Partnerschaftsthema (vollständig unabhängig vom jeweiligen
Partner) zu erläutern versuche. Haben sie dieses dann verstanden, ist
der Rest, nämlich wie sie sich zu einem beliebigen Partner B verhalten, schnell erklärt.

Bekommt A *nur* sein Problem mit B dargestellt, so könnte leicht der Eindruck entstehen, daß A dieses Problem mit C (also einem neuen Partner) nicht hätte. Und so müssen wir A als erstes jene Probleme verdeutlichen, die sich in ihm selbst befinden, die also hausgemacht sind.

(Und merke: In jeder Partnerschaft, die du hast, sind [mindestens] 50 % aller Partnerschaftsprobleme hausgemacht!)

Das ist jetzt natürlich auch die Erklärungsreihenfolge für dieses Buch.

Also jetzt zu deinem Partnerschaftsthema!

Damit wir die Bäume vor lauter Wald nicht aus den Augen verlieren, also uns in der Zahl der Horoskopfaktoren nicht verirren, werden wir eine *Hierarchie der Betrachtung* aufstellen, an der der Leser sich – Phänomen für Phänomen – entlanghangeln kann, so daß sich im Fortlauf seines Studiums ein Gesamtbild ergibt.

Für das Thema «Partnerschaft» hat sich im Laufe unserer Arbeit folgende Betrachtungshierarchie ergeben, wobei die Schwere der einzelnen Faktoren (und das heißt: die Bedeutsamkeit für das Thema Partnerschaft) abnimmt:

Betrachtungsebenen

0) Elemente (0 %)

1) Aszendent (sowie der Herrscher von 1) (35 %)

2) Sonnenstand (Haus/Zeichen und Aspekte zur Sonne) (25 %)

3) Stellung der Venus (Haus/Zeichen und Aspekte zur Venus) (15 %)

4) Siebtes Haus (sowie der Herrscher von 7 und Aspekte zum Herrscher von 7) (12 %)

5) Stellung des Mondes (Haus/Zeichen und Aspekte zum Mond) (8 %)

6) Stellung des Mars (Haus/Zeichen und Aspekte zum Mars) (5 %)

(Die Prozentzahlen hinter den Ebenen geben an, wie wichtig diese Ebene für das Thema der Partnerschaft insgesamt ist. Nimm die Zahlen nicht so ernst, sie sind nur Anhaltspunkte!)

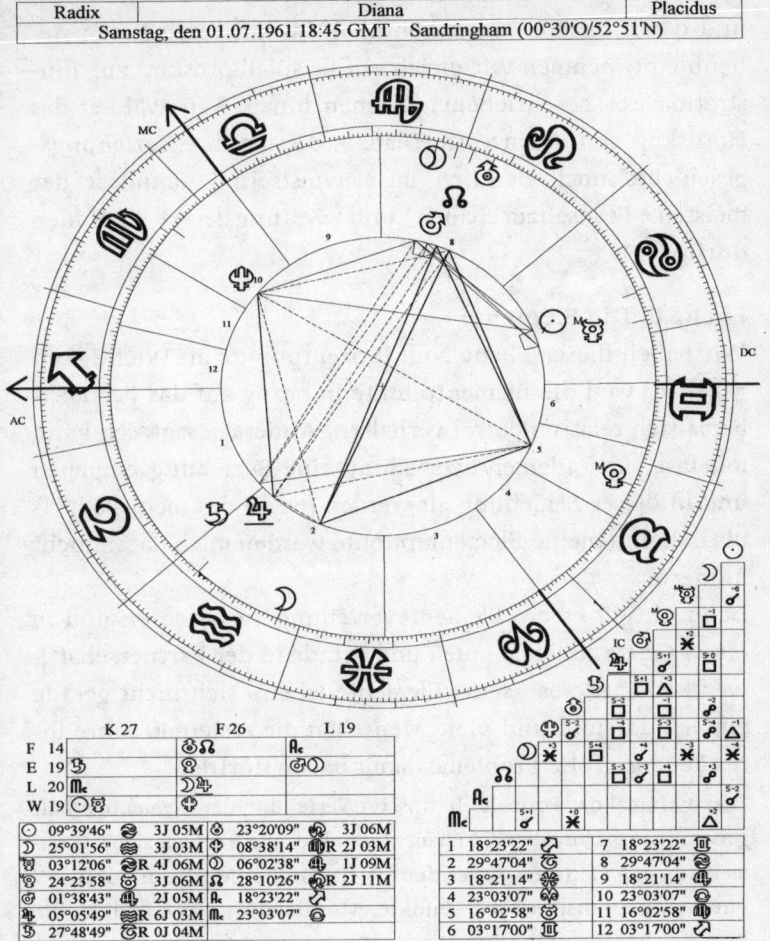

	K 27		F 26		L 19	
F 14		☽ ♌		A꜀		
E 19	♋		♀		♂ ☉	
L 20	♏ M꜀		☽ ♃			
W 19	☉ ♅		♇			

☉	09°39'46"	♋	3J 05M	☌	23°20'09"	♐	3J 06M
☽	25°01'56"	♒	3J 03M	⚷	08°38'14"	♍R	2J 03M
☿	03°12'06"	♋R	4J 06M	☊	06°02'38"	♌	1J 09M
♀	24°23'58"	♉	3J 06M	♆	28°10'26"	♑R	2J 11M
♂	01°38'43"	♌	2J 05M	A꜀	18°23'22"		
♃	05°05'49"	♒R	6J 03M	M꜀	23°03'07"	♎	
♄	27°48'49"	♑R	0J 04M				

1	18°23'22"		7	18°23'22"	♊
2	29°47'04"	♋	8	29°47'04"	♑
3	18°21'14"	♌	9	18°21'14"	♒
4	23°03'07"	♍	10	23°03'07"	♎
5	16°02'58"	♍	11	16°02'58"	♍
6	03°17'00"	♐	12	03°17'00"	♐

Symbolon, Eduard-Rüppell-Straße 3, 60320 Frankfurt a.M., Tel.: 069-5601472   08.09.1995

Wir werden diese Ebenen jetzt nacheinander betrachten, und damit unsere Diskussion nicht im luftleeren Raum stehenbleibt, nehmen wir gleich ein Beispielhoroskop zur Illustration der beschriebenen Ebenen hinzu. Wir wählen das Horoskop von «Prinzessin Diana», da sich ihre Beziehungsgeschichte noch deutlich im Bewußtsein (zumindest der meisten Fernsehzuschauer und Zeitungsleser) befinden dürfte.

Ebene 0: Die Elemente

Wir haben dieser Ebene Null Prozentpunkte an Wichtigkeit gegeben, weil die Elementpunkte in bezug auf das Partnerthema sich relativ neutral verhalten. Anders gesagt, ich kann mit fast jeder Elementeverteilung eine Beziehung eingehen und in dieser Beziehung alt werden (wenn das mein Bedürfnis ist), und meine Elementepunkte werden mich daran nicht hindern.

Dennoch gilt es die Elementeverteilung zu beachten und *in ihrem Geiste* zu leben (auch und gerade in der Partnerschaft), wenn auch dieses «seine Elemente leben» sich nicht gerade einfach darstellt und viele Menschen die ersten 40 Jahre ihres Lebens große Probleme damit haben dürften.

Zuerst einmal das Formale: In unserer Verteilung der Elemente erhält generell jedes Horoskop 72 Elementepunkte. Diese setzen sich zusammen aus den Faktoren **Aszendent** = 10 Punkte, **Medium coeli** = 7 Punkte, **Sonnenstand** = 10 Punkte, **Mondstellung** = 8 Punkte, die Planeten **Merkur, Vernus, Mars, Jupiter** und **Saturn** = jeweils 5 Punkte sowie die Planeten **Uranus, Neptun** und **Pluto** = jeweils 4 Punkte. Gewertet werden diese Punkte bei der Stellung des jeweiligen Faktors im **Tierkreiszeichen** (also nicht in den Häusern), und zwar zu welcher Elementegruppe (**Feuer, Wasser, Luft** und **Erde**) dieses Tierkreiszeichen gehört. Eine Sonne im Zeichen Waage ergibt also 10 Punkte im Element **Luft**, da die Waage ein Luftzeichen ist.

Steht der Aszendent im Zeichen Wassermann, so erhält er ebenfalls 10 Luftpunkte, da der Wassermann auch ein Luftzeichen ist usw. Man bestimmt also von jedem Faktor und jedem Planeten die Elementepunkte, zählt sie am Ende zusammen und erhält ein Bild, bestehend aus vier Zahlen.

Bei 72 Elementepunkten insgesamt ergibt sich eine Normalverteilung von 18 Punkten pro Element (4 mal 18 = 72). Das heißt, hat ein Horoskop diese Normalverteilung, so gibt die Elementeverteilung zur Interpretation nicht viel her.

Anders sieht es aus, wenn ein Element deutlich die Zahl 28 überschreitet. (Es ist dann 10 Punkte über Normalnull = 18 Punkte. Hier beginnt es dann, aussagefähig zu werden!)

Bei Diana ergibt diese Elementeverteilung:

Feuer: 14 P. (Aszendent: Schütze = 10, Uranus im Löwen = 4)

Wasser: 19 P. (Sonne im Krebs = 10, Merkur im Krebs = 5, Neptun im Skorpion = 4)

Luft: 20 P. (MC in der Waage = 7, Mond im Wassermann = 8, Jupiter im Wassermann = 5)

Erde: 19 P. (Venus im Stier = 5, Mars in der Jungfrau = 5, Saturn im Steinbock = 5 und Pluto in der Jungfrau = 4)

Da bei Diana die Elemente Wasser, Luft und Erde relativ dicht beieinanderliegen, sind ihre Elementepunkte nicht sonderlich aussagefähig. Wichtig ist freilich – da Diana eine Frau ist –, daß die Verteilung Feuer (männlich) und Wasser (weiblich) ein Verhältnis von 14 zu 19 hat, also auch von den Elementepunkten her wird ihr angegeben, daß sie eher den weiblichen Weg zu gehen (das heißt, ihn zu lernen) hat.

Anders gesagt: Generell gilt für das Thema der *Partnerschaft*, daß wir uns hier schwerpunkthaft die Elemente *Feuer* und *Wasser* im Radix-Horoskop anschauen.

Warum?

Nun, diese beiden Elemente legen eine Lernaufgabe (für das ganze Leben) fest.

Das Thema *Wasser* trägt in sich die (Lern-)Aufgabe:
Lerne deine weibliche Seite kennen!
Das Thema *Feuer* trägt in sich die (Lern-)Aufgabe:
Lerne deine männliche Seite kennen!

Dabei sind die Attribute, die das Thema *Wasser* in sich trägt:
Passivität, Aufnehmenkönnen, Sichöffnen, Sichhingeben, Einverstandensein, Gefühlezeigen, eher Opfersein, Nehmenkönnen, das Waagerechte.

Während das *Feuer* den Gegenpol in sich trägt:
Aktivität, Abstrahlenkönnen, Be-Eindrucken, Eindringen, Erobern, Überzeugen, über Gefühle hinweggehen, eher Täter sein, Gebenkönnen, das Senkrechte.

Beide Elemente freilich stellen nicht ein «Vermögen» dar, das man zur Verfügung hat, sondern sie bilden ein Grundkapital, das erst im Laufe eines langen Lebens (mit Zins und Zinseszins) dieses «Vermögen» herstellt. Es ist also ein Lernprogramm!

Kompliziert wird dieses Lernprogramm in dem Moment, in dem ein Mensch mit einem männlichen Körper (also jemand, den der Volksmund einen «Mann» nennt) mehr als 28 Wasserpunkte hat oder ein Mensch mit einem weiblichen Körper (also eine «Frau») mehr als 28 Feuerpunkte in seinem Horoskop vorfindet.

In diesem Fall haben sich nämlich die «Lichter vertauscht», das bedeutet, ein Mann soll den weiblichen Weg in sich finden beziehungsweise eine Frau den männlichen.

Das ist nun (an und für sich) kein Problem, wird aber in dem Moment eines, in dem ein derartiger Mann (mit einer hohen Wasserpunktzahl) einen deutlich männlichen Weg gehen *möchte* oder eine derartige Frau (mit hoher Betonung des Feuers) einen deutlich weiblichen Weg gehen *möchte*!

Wichtig ist auch, daß wir uns bei der Betrachtung der Elemente noch einmal das Thema des Symbolons klarmachen: Eine Beziehung (*jede* Beziehung) besteht aus einem Exekutiv (männlich) und einem Obligat (weiblich). Das zeigt sich (oft) bereits bei den Elementen.

Zum Beispiel hat Diana 19 Wasserpunkte und 14 Feuerpunkte (also ein Übergewicht des weiblichen Wegs), während ihr Ehemann Prinz Charles 31 Feuerpunkte und 15 Wasserpunkte hat (also ein deutliches Übergewicht des männlichen Wegs). Zumindest bei diesen beiden Menschen müßte (in einer Horoskopberatung) der Astrologe das Thema der «vertauschten Lichter» nicht anschneiden, denn Charles geht deutlich den männlichen Weg (und soll das auch tun), und Diana geht deutlich den weiblichen Weg. (Sie hat Kindergärtnerin gelernt und ist Mutter ihrer beiden königlichen Kinder. Dieser Aufgabe, das wissen die Briten sehr genau, ordnet sie alles andere unter.)

Was aber würde es bedeuten, wenn die Elementeverteilung umgekehrt wäre? Wenn also Diana 31 Feuer- und 15 Wasserpunkte und Charles 19 Wasser- und 14 Feuerpunkte hätte? Nun, dann wäre Diana ein Exekutiv und Charles ein Obligat, und Diana hätte den männlichen Weg in sich zu finden und Charles den weiblichen. Letztlich aber hieße das: Sie hätte die Hosen an und wäre – nach einem langen Findungsweg – der Chef in der Beziehung.

Es ist dies überhaupt *eine der wichtigsten Fragen* in jeder Beziehung, die eine Horoskopberatung in relativ kurzer Zeit zu klären vermag: Wer ist der Herr und wer ist die Frau im Haus? (Darüber beim Thema des Aszendenten gleich mehr.) Die beiden anderen Elemente Luft und Erde beziehen sich auf zwei Themen, die ebenfalls in jeder Beziehung ihr Pendant finden, und zwar in der Frage: Wer ist der *Unabhängigere* von beiden (Thema Luft), und wer trägt die *Verantwortung* für die Beziehung (Thema Erde)?

Auch dieses Polaritätenpaar verhält sich wie Exekutiv (Luft) und Obligat (Erde). In jeder Beziehung findet sich einer der beiden (bewußt oder unbewußt) unfrei (Luft), das heißt, er hätte gern einen größeren Freiraum, und der andere trägt die größere Last der Beziehung, das bedeutet, er hält die Beziehungsfäden zusammen. Im normalen Alltag wird dieses Thema als das Verhältnis von Nähe (Erde) und Distanz (Luft) erlebt und diskutiert. Dem einen ist die Beziehung zu eng und zu nahe (hohe Luftpunktzahl), dem anderen ist sie zu distanziert (hohe Erdpunktzahl), und er hätte gern mehr Zusammenhalt.

Diana hat 20 Luftpunkte (Distanz) und 19 Erdpunkte (Nähe und Verantwortung), also kein Element überwiegt, und damit ist keines der beiden Themen (jedenfalls nicht von den Elementepunkten her) handlungsrelevant für sie. Aber angenommen, sie hätte 30 Luftpunkte, so lautete ihre Lernaufgabe: Lerne deine Unabhängigkeit zu erarbeiten. Nimm es leicht, binde dich nicht so intensiv.

Und bei 30 Erdpunkten? Lerne deine Verantwortung zu übernehmen. Nimm deine Beziehung nicht auf die leichte Schulter. Sorge dafür, daß die Bindung sich verstärkt.

Fassen wir die Regeln für die Elementeverteilung (nur für das Thema Partnerschaft) noch einmal zusammen:

Hohe Feuerpunktzahl: Lerne den männlichen Weg der Durchsetzung (und damit das Thema: Ich bin der Herr im Haus) kennen und damit auch dein *inneres* Geschlecht, das möglicherweise männlich ist (darüber mehr beim Aszendententhema).

Hohe Wasserpunktzahl: Lerne den weiblichen Weg der

Offenheit und der Emotionalität kennen und damit (möglicherweise) auch das Thema: Ich bin die Frau im Inneren der Beziehung.

Hohe Luftpunktzahl: Lerne das Thema der Distanz und der Unabhängigkeit (und Freiheit) für dich kennen, und lasse dich von der Beziehung nicht total vereinnahmen.

Hohe Erdpunktzahl: Lerne das Thema des Zusammenhaltes und der Verantwortung für die Beziehung kennen und damit (möglicherweise), daß du zuständig dafür bist, daß die Beziehung zusammenbleibt.

Ansonsten gelten natürlich die Regeln für die Elementepunktzahlen weiterhin so, wie wir sie bereits im «Drehbuch des Lebens» (S. 230 bis 247) kennengelernt haben.

Ebene 1: Der Aszendent (mit dem Herrscher von 1)

Der Aszendent ist jene innere Person, von der der amerikanische Filmschauspieler Anthony Quinn im Eingangszitat zu diesem zweiten Kapitel spricht. Jene Person in ihm, die heute – im Alter von 80 Jahren – gerade erst zum Vorschein kommt. Vorher mußte er sich durch alle anderen Charaktere, die ebenfalls in seinem Inneren schlummerten, hindurchleben.

Mit dem Aszendenten verhält es sich wie mit jener berühmten russischen Puppe (Matrioschka genannt). Was wir von ihr sehen, ist nur die äußere Hülle. Es ist jene Figur, jenes Bild, das wir nach außen zeigen (und im Aussehen sehen können) und mit dem wir einen guten Eindruck zu machen bestrebt sind. Gleichsam unsere Alltagskulisse. Streifen wir diese (äußere) Puppe ab, so kommt eine weitere zum Vorschein: eine, die wir nicht so gern zeigen, die aber unser Ehemann (unsere Ehefrau) nach vier Ehejahren bereits sehr genau kennt. Zu der wir uns aber nicht so gern – schon gar nicht in der Öffentlichkeit – bekennen. Aber immerhin: Wir selbst kennen diese innere Person, wenn wir sie auch soweit wie möglich privat halten. Darunter gibt es noch andere Puppen, noch andere Personen, die uns mehr oder weniger vertraut sind und die bei besonderen Gelegenheiten zum Vorschein kommen, sei es, wenn ich:

– mit jemandem Sex habe,
– Alkohol getrunken habe,
– wütend oder aggressiv werde, wenn jemand den richtigen Knopf bei mir gedrückt hat,
– ein beleidigtes Kind werde und ich – nie mehr – mit jemandem sprechen werde,
– krank und nur noch ein «armes Hascherl» bin, usw.

Ich kann also ziemlich viele Puppen öffnen, bis ich schließlich bei der letzten, der innersten Puppe angelangt bin. Diese Puppe freilich unterscheidet sich – bei der Matrioschka wie bei mir – gravierend von den vorherigen. Sie ist gleichsam der «harte Kern» meines Seins, der harte Kern meiner Subjektivität, so wie die letzte Puppe im Inneren der Matrioschka ebenfalls nicht mehr hohl, sondern massiv ist!

Diese Puppe, diese innere Person, ist jene Gestalt, *die ich in Wahrheit bin!* Es ist die Person, die im Laufe meines Lebens in mein Bewußtsein aufgenommen werden soll und mit der eine Identifikation zu erlangen ich (vom Schicksal) gezwungen werde. Sie trägt in Wahrheit das «Ich bin». Sie ist der Träger meines Seins und damit ganz ebenso der Träger meines Lebensthemas. Eines Themas, das seit dreitausend Jahren die Arbeitsaufforderung des «Erkenne dich selbst» in sich birgt. Aber – ebenfalls seit dreitausend Jahren: Ich will nicht erkennen, wer ich bin und welche Person da in meinem Innersten schlummert, ich will gar nichts *erkennen*, sondern ich will etwas *haben!* (Erfolg, ein tolles Haus, viel Geld, aufregende Frauen [Männer] usw.) Haben aber können nur die äußeren Puppen etwas. Je tiefer es in das Innere der Matrioschka geht, desto weniger gibt es hier zu *haben* und desto mehr gibt es nur noch zu *sein*.

Das ist, nebenbei gesagt, der große Unterschied zwischen den subjektiven Planeten (Puppen), als da sind Mond, Sonne, Merkur, Venus, Mars, Jupiter und Pluto, und den objektiven Puppen (Planeten), Saturn, Uranus, Neptun: Die subjektiven wollen, daß ich etwas *bekomme* (also habe), die objektiven wollen, daß ich etwas *bin*!

Wenn wir diese Grundidee des Aszendenten verstanden haben, dann wird uns eine weitere Idee auch keine Schwierigkeiten bereiten:

Auf dem Grunde des Aszendenten liegt eine Person, die zwar von vielen anderen Personen überlagert und verdeckt ist, aber sie «tönt durch»!

Versuchen wir das an einem Beispiel zu verstehen: Angenommen, diese innerste Person wäre ein «Gorilla» (ein Tier also, das es – wie wir alle wissen – im Tierkreis gar nicht gibt; es ist ja nur ein Beispiel!). Dann könnte ich noch so viele Matrioschka-Puppen über diese Basisfigur stülpen und sie damit verkleiden: Als äußere Puppe erhielte ich dennoch niemals eine zarte Ballettänzerin mit ihrem Tutu. Die äußere Puppe kann zwar den Gorilla mildern, aber niemals würde die Gesamtgestalt (also alle Puppen in der Puppe) eine zartgliedrige Figur ergeben, sondern immer nur eine gerundete, plumpe, gedrungene Gestalt, deren Primitivität nicht total gemildert sein kann. Das also heißt: Der Aszendent tönt durch!

Wir haben dieses Thema der inneren Puppen in unserem Buch «Personare» (rororo transformation 9179) ausführlich behandelt und sogar eine Technik entwickelt, die Horoskope der einzelnen inneren Personen plastisch zu machen. Diese «Personar-Horoskope» stellen genau das dar, was «durchtönt». Natürlich heißt «personare» übersetzt auch nichts anderes.

Zurück zum Aszendenten: Er gibt mir an, wer oder was ich in Wahrheit bin, also welches «Sein» in der Tiefe meines Lebens schlummert und darauf wartet, daß ich mich ihm nähere. Vorher aber muß ich – wie Anthony Quinn – erst alle darüberliegenden Rollen gespielt und an ihnen langsam mein Interesse verloren haben. Insofern ist unser jetziges Leben – in der Regel – damit beschäftigt, *eine* der Rollen im Inneren meiner Matrioschka zu spielen, aber nicht meine Rolle in der Tiefe, denn die innerste Rolle kann ich nicht spielen – in ihr kann ich nur sein!

Insofern macht es natürlich Sinn, wenn ich auf die Frage: Welches Tierkreiszeichen bist du? den Namen meines Aszendenten nenne. Nicht etwa, daß mir das schon klar wäre, aber ich kann mich mit dieser Nennung langsam an das Thema meines Seins gewöhnen. Fragt man mich aber: Welches Tierkreiszeichen sollst du leben? so muß ich mit meinem Sonnenzeichen antworten, denn – noch einmal – den Aszendenten kann man nicht leben, sondern in ihm kann man nur sein. Diese Grundidee ist noch um einen Bereich komplizierter, als bisher beschrieben: Der Aszendent ist ja gar keine innere Person, sondern nur ein *Thema*! Insofern ist jene Gestalt, die die innerste Person meiner Matrioschka bildet, nicht der Aszendent, sondern *der dem Aszendenten zugehörige Planet* oder, wie wir astrologisch sagen, der Herrscher von Haus 1 oder, einfacher, von 1.

Er bildet die tiefste Tiefe meines Seins!

Er ist die innerste Puppe, und er ist es, der beim Partnerschaftsthema *das größte Maß an Einfluß ausübt*.

Er ist es auch, der mit atemberaubender Präzision das *seelische Geschlecht* der gesamten Puppe vorgibt. Denn wenn das innere Geschlecht weiblich ist, dann tönt das Weibliche durch die gesamte Gestalt durch. Ist die innerste Puppe männlich, so tönt auch das Männliche durch das Gesamt der Figur hindurch.

Freilich beginnen jetzt gegebenenfalls die äußeren Puppen, denen dieses Geschlecht nicht gefällt (und die gern ein anderes hätten) daran zu rütteln und sich in ein anderes Geschlecht hineinzulügen.

Als Beispiel für eine derartige Lüge (oder sagen wir besser: eine Camouflage, also der Versuch, etwas anderes zu *scheinen*, als man *ist*) finden wir bei den beiden großen männlichen Action-Darstellern dieser Welt: Bei Sylvester Stallone und Arnold Schwarzenegger ist jeweils das Krebs-Thema prominent. Dieses Thema aber (beim einen als Aszendent, beim anderen als Sonne) ist das «Weiblich-Kindliche». Kurzum, beide sind in der Tiefe ihres Seins (oder ihres Weges) entweder kleine Kinder oder unsichere Frauen. Um das jedoch zu verstecken, mußten beide unzählige Stunden in Bodybuilding-Studios zubringen und sich Muskelpakete antrainieren, die sie dann später als starke Männer auswiesen. Diese Vertuschung erfolgte nicht etwa nur vor der Welt, sondern sie erfolgte vor sich selbst. Doch das Schicksal holt einen mitunter ein: Wir haben mit Vergnügen zur Kenntnis genommen, daß der eine in seinem neuesten Film einen Mann spielt, der mit Hilfe der modernen Medizin schwanger wird und ein Kind zur Welt bringt, und der letzte Film des anderen «Hilfe, oder meine Mama schießt» ebenfalls dieses Thema bereits andeutet. Damit aber kommen beide ihrem Aszendententhema bereits näher – und auch der Filmtitel «Kindergarten-Cop» sagt mehr über Schwarzeneggers Sein als alle Terminator-Filme zusammengenommen.

Schauen wir uns jetzt an, was der Aszendent uns in bezug auf das Thema der Partnerschaft zu erzählen weiß.

(Bevor wir das tun, ist eine Warnung angebracht: Die Sätze, die wir im folgenden formulieren, gelten nur für den Aszendenten, und dieser ist nur zu 35 [Milchmädchen-]Prozent an dem Partnerthema beteiligt. Und so sollten wir diese Sätze nicht absolut setzen, sondern sie nur als *einen* Anteil des Partnerthemas werten. Außerdem geben wir den jeweiligen Aszendenten die Bilder unseres Kartenspieles «Symbolon» bei, so daß der Leser auch ein Bild hat, wie er sich dieses Thema vorzustellen hat.)

Widder-Aszendent

Hier ist das Interesse an der Partnerschaft vom phallischen Eros geprägt und damit höchst einseitig auf das Eroberungsthema festgelegt. Der Herrscher von 1 (also der Mars) – wo immer er steht – will seine Energien loswerden und einen Höhepunkt (sei er sexuell, sei er andersgeartet) erzielen. Ist der Höhepunkt erreicht, flaut das Interesse ab. Die Person mit diesem Aszendenten ist freilich in ihrem Inneren *männlich* und ein Exekutiv! (Das muß besonders deshalb erwähnt werden, weil es diese Eindeutigkeit des Männlichen im Tierkreis nicht so oft gibt!)

Stier-Aszendent

Das Interesse an der Partnerschaft ist vom possessiven Eros geprägt und deshalb höchst einseitig auf das Habenwollen (und damit auf einen Sicherheitsaspekt) festgelegt. Der Herrscher von 1 (also die Venus) – wo immer sie steht – will etwas akkumulieren und in seinen Besitz bringen, und somit wird jedes Partnerthema zu einer Festhalte-Veranstaltung. Nur in dem Moment kann ich loslassen, wenn ein anderer Partner auftaucht, der mir noch mehr Sicherheit und Attraktivität verheißt. Der Stier-Aszendent beurteilt also den anderen nicht unter dem Kriterium seines Seins, sondern nur nach der Maßgabe seines Habens. Das müssen keine materiellen Dinge sein: Steht die Venus (als Herrscherin von 1) z. B. im neunten

Haus, so kann das Gegenüber durchaus ein bettelarmer Therapeut sein, wenn er mir nur geistig etwas zum Aneignen mitbringt. Das Geschlecht der inneren Person mit dem Stier-Aszendenten ist eindeutig weiblich.

Zwillinge-Aszendent

Das Interesse an der Partnerschaft ist vom intellektuellen Eros geprägt, also es geht hier nicht um den anderen als Mann oder als Frau, sondern um ihn als Partner eines kommunikativen Austausches schlechthin. Der Herrscher von 1 (also der Merkur) – wo immer er steht – wünscht sich, *gesehen* zu werden, und muß sich selbst vermitteln (er muß sich regen), da-

mit er nicht Gefahr läuft, in der Belanglosigkeit zu versinken. Sein Problem besteht in seiner (Geschlechts-)Neutralität und damit in der Angst der Mittelmäßigkeit. Da diese innere Person auch tatsächlich ein Mittler, ein Vermittler, ist, könnte sie sich eine deutliche Geschlechtsrollenidentität gar nicht leisten. Die intellektuellen Bewegungen, die der Herrscher von 1 ausführen muß, können ihm freilich nur vorübergehend das Gefühl geben, bedeutsam zu sein.

Krebs-Aszendent

Hier ist das Interesse an der Partnerschaft vom infantilen Eros beherrscht und damit höchst einseitig auf ein Verhältnis von Mutter und Kind festgelegt. Natürlich kann man das im Außen nicht sogleich erkennen, aber der Herrscher von 1 (also der Mond) hat in seiner Tiefe entweder das Bedürfnis, klein zu sein und beschützt zu werden oder – die andere Seite der Medaille –

selbst als Mama das Kind (im Gegenüber) zu behüten und zu umsorgen. Insofern besteht in der Partnerschaft des Krebs-Aszendenten immer ein «Erwachsener-Kind-Gefälle», und niemals begegnen sich zwei Erwachsene auf ihrem Weg durchs Leben.

Das ist ja auch nicht unbedingt erforderlich. Bin ich jedoch als Partner eines Krebs-Aszendenten in einem Wandlungsprozeß und damit nicht mehr länger bereit, das Kind zu sein (oder die Mutter des anderen), so befindet sich mein Partner in einer tiefen Krise. Er hat seinen Lebenssinn verloren. Das gleiche Spiel ereignet sich, wenn die Kinder eines Krebs-Aszendenten groß werden oder gar das Haus zu verlassen drohen. Die Identität eines Krebs-Aszendenten ist in der Tiefe deutlich weiblich-kindlich (niemals männlich!).

Löwe-Aszendent

Das Interesse an der Partnerschaft ist hier vom sexuellen Eros geprägt und damit einseitig auf der Seite, die das Leben als ein Spiel betrachtet, bei dem es darum geht, viel Neues, viel Abwechslungsreiches und viele Federn für den bunten eigenen Hut zu sammeln.

Der Herrscher von 1 (also die Sonne) — wo immer er steht — will (hier endlich) herrschen, auch und gerade, wenn er es gar nicht weiß. (Es mag sein, daß seine *Sonne* ihm ein Stück Bescheidenheit auferlegt, doch ein derartiger Aszendent setzt seinen Machtanspruch immer durch.) Für die Partner eines Löwe-Aszendenten ist es wichtig zu wissen, daß er immer der *zweite* sein wird und daß dem Löwe-Aszendenten schnell der Spaß am Spiel vergeht, wenn seine Vergnügungen (z. B. in der Ehe) zu schnell und zu billig zu haben sind. In einem solchen Fall springt er schnell zur Seite, und man weiß, wie ein solcher Sprung genannt wird. Da das Thema des Löwe-Aszendenten (immer) die Macht ist, ist jeder angeheiratete Partner in der Gefahr, für andere Machtstrebungen (Karriere, Freunde, Clubs etc.) an die Seite geschoben zu werden.

Das Thema dieses Aszendenten ist und bleibt nun einmal das gefährdete (und nicht ohne weiteres erreichbare) Herz. Der Löwe-Aszendent ist der deutlichste *Mann* im Inneren der Seele. Er ist leider nicht der «bewegte Mann».

Jungfrau-Aszendent

Das Interesse an der Partnerschaft ist vom rationalen Eros geprägt und damit hoch einseitig mit dem Stichwort der «Vernunft» assoziiert. Vernunft aber ist keine Sache, die aus dem Bauch (oder aus dem Leben) herauskommt, und so werden die Beziehungswünsche und Partnerschaftsstrebungen zu einer Veranstaltung, die auf *Übereinkünften* basiert. (Es geht um die Zweckhaftigkeiten und die Übereinstimmungen innerhalb der Beziehung, und es geht auch um die gemeinsam geteilten Moralvorstellungen.)

Den Herrscher von 1 (also wieder den Merkur wie schon bei den Zwillingen) – wo immer er steht – verlangt es danach, daß eine Beziehung *zweckmäßig* ist, daß ein hohes Maß an derartigen Übereinstimmungen vorhanden ist, daß damit die Wände der Beziehung definiert werden können. Je mehr der andere im Rahmen einer zweiseitig geteilten Moral sich aufhält (und den Hausmüll in gleicher Weise trennt wie ich), desto mehr gibt die Beziehung mir die Sicherheit, alle Abweichungen auszumerzen.

Der Wunsch eines Jungfrau-Aszendenten an die Partnerschaft wird in folgendem Bild deutlich: Rücken an Rücken stehen wir da und bieten den harten Notwendigkeiten des Lebens Paroli. Daß wir uns dabei selten anschauen, entspricht dem Prinzip, daß wir uns eigentlich – wieder aufgrund des fehlenden Geschlechtes – nur gegen Dritte (die bedrohlich von außen kommen) abschirmen, aber ohne dieses unwägbare Dritte gar keine Gemeinsamkeit hätten.

Waage-Aszendent

Hier – in diesem Aszendenten – liegt das eigentliche Interesse an einer Partnerschaft (in jeder Form) begründet; hier herrscht der romantische Eros, und dieser hält die *Beziehung zu einem anderen Menschen* für das eigentlich Entscheidende und also für das Hauptthema eines jeden Lebens. Damit aber wird der *andere Mensch* zum *Sinnstifter* meines Lebens auserkoren (und damit ist er natürlich überfordert). Ich bin dann partnerabhängig, partnersüchtig, so wie andere Menschen nach Alkohol (oder anderen Drogen) süchtig sind. Ist (für längere Zeit) kein Partner da, ist mein Leben auf Entzug. Der Herrscher von 1 (in diesem Fall wieder – wie beim Stier – die Venus), wo immer er steht, wünscht sich vom anderen genau jene Inhalte geliefert zu bekommen, die mir diesen Lebenssinn herstellen sollen. Freilich verlangt er von anderen nicht nur viel, er gibt auch genauso viel. Nehmen und Geben halten sich hier tatsächlich die «Waage», was ein deutliches Symbol dafür ist, daß beim Waage-Aszendenten das Männliche und das Weibliche in einer idealen Mischung gleichwertig (in einem Menschen) vorhanden ist. Anders als beim Zwillinge- oder Jungfrau-Aszendenten, die beide keine Geschlechtsrollenidentifikation haben, hat der Waage-Aszendent die Möglichkeit, *beide* Geschlechter zu verkörpern. So wie manche Menschen ambidexter (beidhändig begabt) sind, ist der Waage-Aszendent androgyn. Das erklärt auch die hohe Zahl der Homosexuellen innerhalb dieses Aszendenten.

Skorpion-Aszendent

Das Interesse an der Partnerschaft ist bei diesem Aszendenten vom obsessiven Eros geprägt und damit sehr einseitig von dem Thema des «Ich werde von dir nicht lassen – was auch immer geschieht» beherrscht. Wer das als «Treue» interpretiert, der irrt sich gravierend, es hat mehr zu tun mit dem Thema der «Leibeigenschaft» – doch eigentlich ist es (wenn es dieses Wort gäbe) der Versuch

der «Seeleneigenschaft»: Deine Seele gehört mir – mit Haut und Haaren! Das heißt nicht, daß er (der Skorpion-Aszendent) diese Bindung nicht lösen kann; sollte er ein passenderes Opfer für seine obsessive Bindemagie gefunden haben, kann er es sehr wohl – nur *du* als Partner eines Skorpion-Aszendenten kannst es nicht.

Eine derartige Bindung geht immer von einem Täter aus, also er ist in jedem Fall (wo immer der Herrscher von 1 – also der Pluto – stehen mag) ein Exekutiv und deshalb auf der Suche nach Opfern. Auch und gerade dann noch, wenn die übrigen inneren Personen selbst zur Opferrolle tendieren sollten. Mitunter finden wir bei einem Skorpion-Aszendenten eine schwache Sonne, so daß die Täterrolle der Gesamtperson vollständig unbewußt verläuft. In einem derartigen Fall ist der Mensch ein *leidender Täter*, der mit seinem Leid (das gern bis zum Selbstmord geht) die Seele des Partners erpresserisch zusammenwringt. Derartige inverse Täter nehmen ihrem Gegenüber die Luft zum Atmen und machen ihn schnell blutarm.

Der Skorpion-Aszendent errichtet für seine Partnerschaft eine wunderschöne Welt, bestehend *aus Bildern von Gemeinsamkeit* (ohne freilich den anderen nach *seinen* Bildern lange zu fragen), und setzt sehr viele Energien dafür ein, diese «schöne neue Welt» zu realisieren. Natürlich kann kein Mensch auf der ganzen Welt diese schönen Bilder auch nur ansatzweise in die Realität überführen, und so stellt sich schnell der verbitterte Satz ein: «Ich habe mir meine Beziehung anders vorgestellt!»

Schütze-Aszendent

Das Interesse eines Schütze-Aszendenten an der Partnerschaft ist geprägt vom pädagogischen (bzw. vom therapeutischen Eros), und so sucht er eigentlich keinen gleichberechtigten Partner, sondern in Wahrheit einen *Schüler*, dem er die Welt erklären kann (oder einen Patienten, den er heilen möchte). Sein Thema ist nun einmal die geistige Auseinan-

dersetzung mit der Welt (und mit der Seele), und so muß er immer ein Stück *über* dem anderen stehen und dessen Seele retten. In der Kirche (aber nicht nur da) gibt es die Unterteilung zwischen dem Hirten (Priester) und seinen Schafen (Gläubigen), und diese Unterteilung gibt es ebenso bei der Partnerschaft mit einem Schütze-Aszendenten: Der Partner ist dann oft das «Schaf», zumindest fühlt er sich bald so. Dabei ist es eben nicht so, daß der Herrscher von 1 (also der Jupiter), wo immer er steht, sein Gegenüber für inkompetent oder gar für «doof» einschätzt – das hat er gar nicht nötig. Es findet also keine Abwertung statt, aber das ständige (wenn auch geduldige) «Besserwissen» wächst sich beim Partner oft zu einem *Gefühl der Inkompetenz* aus angesichts der Ressourcen, die der Schütze-Aszendent zur Verfügung hat.

Im Partner entsteht gar das Gefühl von Unbedeutsamkeit und niemals das Gefühl von Gleichwertigkeit. Seine geistige Überlegenheit macht den Schütze-Aszendenten für den Partner zu einem heimlichen Täter, dem gegenüber man sich immer eine Spur zu klein vorkommt.

Die meisten Partner eines Schütze-Aszendenten rebellieren irgendwann dagegen, zum Schaf gemacht zu werden, und beginnen an der Rolle des Hirten zu kratzen. Von Bert Hellinger kommt der Satz: «Die Schafe können auch ohne den Hirten existieren, der Hirte niemals ohne die Schafe».

Steinbock-Aszendent

Das Interesse an der Partnerschaft ist bei diesem Aszendenten vom restriktiven Eros geprägt, und dessen Partnerschaftsbedürfnis hält sich in engen Grenzen. Er muß nicht um jeden Preis eine Verbindung eingehen, aber wenn er es tut, dann unter seinen Bedingungen. Und während der Skorpion-Aszendent ein exaktes *Bild* entwirft, wie er die Partnerschaft *will*, hat der Steinbock-Aszendent ziemlich genaue Regeln und Empfindungen darüber, wie er sie *nicht* will. Der andere wird sehr lange in bezug auf seine Ernsthaftigkeit (an der Beziehung) überprüft, bevor er in die Burg eindringen darf. Und auch wenn ich ihn hineingelassen habe, darf er sich nur in einer bestimmten Kammer aufhalten. Beim Rest der Burg heißt es lange Jahre: Eintritt verboten. Der gegenüberliegen-

de Krebs-Aszendent öffnet jedem Ankömmling sofort alle Türen und Tore und wundert sich dann, daß er sich schnell ausgeplündert fühlt; der Steinbock-Aszendent schützt seine Burg dadurch, daß der Partner erst im Laufe langer Jahre (und erst wenn er sich bewährt hat) mehr Räume der Burg zu Gesicht bekommt. Insofern ist der Herrscher von 1 (der Saturn) – wo immer er steht – erst einmal ein *Hüter* und damit ein Obligat. Verhält sich freilich der äußere Partner nicht «richtig», ist er zu schnell, zu drängend oder gar regelverletzend, so bleiben ihm die weiteren Räume der Burg (mitunter für immer) verschlossen. Und auch aus jenem einzelnen Raum, in dem er sich weiterhin (per Ehevertrag etc.) aufhalten darf, werden nach und nach die Möbel und die Gemütlichkeit entfernt, so daß er bald zu frieren beginnt. Rapunzel läßt dann ihr Haar nicht mehr herunter. Nicht daß der Steinbock-Aszendent sich dann im Außen trennt, nein, er trennt sich im Inneren und zieht sich auf andere Räume zurück, die der Partner nicht betreten darf. Wir finden dann jene nach zehn Jahren erstarrten Ehen, in denen sich vermeintlich nichts mehr bewegt. Es ist dies freilich mitunter nur die Bewährungsprobe, die der restriktive Eros seinem Partner auferlegt, gleichsam die Bewährungsfrist eines Vorbestraften. Und es dauert mitunter zwanzig Jahre, bis die Strafe für die alte Regelverletzung gelöscht ist.

Wassermann-Aszendent

Das Interesse an der Partner-schaft ist beim Wassermann-Aszendenten vollständig im Bann des restriktiven Eros, und der zeigt viele Jahre lang nicht sein wahres Gesicht, hält sich also total im verborgenen auf. Das bedeutet, daß mein Bedürfnis nach Partnerschaft genauso groß ist wie mein Bedürfnis nach Freiheit. Aber das weiß ich nicht! Aus dieser mir nicht bekannten Unvereinbarkeit ergibt sich das Spiel: rein in die Partnerschaft – raus aus der Partnerschaft. Das Engagement des Herrschers von 1 (also des Uranus), wo immer er steht, ist also janushaft: Nach vorn will er Bindung, und nach hinten will er die Bindung lösen und also seine Freiheit. Da aber mein Uranus mir das nicht erzählt und ich auch gar nicht wissen will, daß es in mir einen Partisanen gibt, der aus dem Untergrund heraus den Ast meiner Beziehung absägt, versuche ich so blauäugig wie möglich alles zu tun, damit meine Beziehung ihren (wie ich glaube) tiefen Zusammenhalt aufrechterhält. Für diesen Aszendenten jedoch gibt es in mir ein tiefes Geheimnis zu entdecken: Je deutlicher und je länger sich die eine Linie in den siebenten Himmel der liebevoll seufzenden Geigen hinaufschwingt, desto intensiver und drastischer muß der Absturz mich in die Trennungshölle werfen. Es gilt dann der Satz: Er (sie) fiel aus allen Wolken!

Natürlich hat dieser Aszendent nicht die Absicht, all meine Partnerschaften (gleichsam aus Boshaftigkeit) zu zerstören, so daß ich am Ende mutterseelenallein in einer kalten Welt stehe. Nein, es geht dem Uranus darum, daß ich lerne, allein, frei und unabhängig *sein zu können*! Habe ich diese Lektion von ihm gelernt, bin ich also durch eine lange Beziehungsgeschichte mit vielen Höhen und vielen Abstürzen (und Betrug und Verrat) hindurchgegangen und bin ich daran erwachsen geworden, dann und nur dann kann ich mir eine Partnerschaft leisten. Ich weiß dann, daß mir in meinem Spiel des Lebens viele bunten Karten zur Verfügung stehen, und ich muß nicht mehr den ganzen Einsatz auf die «Karte der Partnerschaft» setzen.

Fische-Aszendent

Das Interesse an der Partnerschaft ist bei diesem Aszendenten beherrscht vom träumenden Eros, und damit ist es unterlegt von dem unglaublich sehnsüchtigen Verlangen, daß doch endlich «der» Traumpartner käme. Eigentlich wartet der Fische-Aszendent darauf, daß der Märchenprinz (die Märchenprinzessin) kommt und daß die beiden dann in eine

Welt hinter der Welt verschwinden können. Daß ich also *mit ihm diese Welt verlassen* kann. (Deshalb reitet in Disney-Filmen der Prinz mit der Prinzessin als Schattenriß in die untergehende Abendsonne. *Dort* ist das Schloß – aber nicht hier!)

Hat der Fische-Aszendent dann endlich seinen Traum(-Partner) gefunden, stellt sich in kurzer Zeit heraus, daß wir doch gemeinsam hierbleiben müssen, und das törnt den Fische-Aszendenten schnell wieder ab. Er fühlt sich betrogen; man hat ihm (in seinen Träumen) den Himmel versprochen, und er ist in einer Dreizimmerwohnung gelandet. Schaut er sich seinen Partner dann noch einmal genauer an, so stellt er bald fest, es war doch nicht der Prinz (die Prinzessin), sondern seine (ihre) Konturen ähneln – je öfter man hinschaut – denen eines Frosches. Das hat natürlich mit dem Partner gar nichts zu tun, denn die Frage, ob Prinz oder Frosch, entscheidet sich einzig und allein im Auge des Betrachters. Er ist natürlich weder Prinz noch Frosch, sondern ein ganz normaler «Erdling» – mit allen Stärken und Schwächen.

Damit aber kann und will ich mich nicht abfinden.

Jetzt muß ich entweder weitersuchen oder (nach der dreißigsten Erdlingserfahrung) endlich bereit sein zu akzeptieren: Es gibt hier auf Erden nur Erdlinge, und wenn ich nicht allein sein will, kann ich mit jedem Menschen hier auf Erden eine Gemeinschaft bilden. Meine Träume freilich werden deshalb nicht verschwinden, aber ich kann ihnen den entsprechenden Stellenwert einräumen und begreifen lernen, daß sie sich hienieden nicht erfüllen werden.

Beispiel: Aszendent Diana

Nach dieser Aszendentenbeschreibung wollen wir uns jetzt das Horoskop Dianas anschauen, um uns jener inneren Person zuzuwenden, die immerhin 35 (Milchmädchen-)Prozente ihres gesamten Partnerschaftsbegehrens in sich trägt. Dianas Aszendenten-Persönlichkeit (und damit der innerste Kern ihres Seins) trägt folgende drei Themen in sich:

1.) Aszendent: Schütze
– der **therapeutische Eros**
2.) Herrscher von 1 im zweiten Haus
– (Thema Stier) der **possessive Eros**
3.) Herrscher von 1 im Zeichen Wassermann
– der **intermissive Eros**

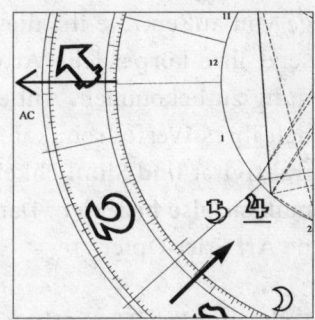

Wie müssen nun diese drei Themen gelesen werden?

Zuerst einmal: Sie sind alle drei *gleichermaßen* wichtig, wir können also nicht sagen, das Schütze-Thema sei wichtiger als das Stier-Thema oder das Stier-Thema sei wichtiger als das Wassermann-Thema.

Versuchen wir uns also an einer Zusammenschau:

Erstens: Das Schütze-Problem als Aszendenten-Thema

Wir finden im Inneren von Diana eine Person, die nicht so sehr auf der Suche ist nach einem Partner, sondern die sich eher von geistigen Dingen angezogen fühlt und diesen die erste Priorität einräumt. Diese Person möchte im Vordergrund stehen und geistig herrschen. Sie ist – soweit es den Schützen anbelangt – männlich. Sie läßt sich von niemandem in die zweite Reihe verbannen.

Zweitens: Der Herrscher von 1 im zweiten Haus

Diese Person ist freilich ihrer selbst nicht sicher. Sie wünscht sich schon (zur Erfüllung ihres geistigen Weges) eine Art Verwurzeltheit und ist auf der Suche nach Anerkennung. Sie hat ein schwaches Selbstwertgefühl und benötigt entweder Dinge von außen, die ihr dieses Wertgefühl verleihen, oder sie setzt ihre körperliche Attraktivität ein, um diese Anerkennung zu bekommen. Anders gesagt: Damit sie in der Sicherheit ihres Wertes sein kann, ist sie bereit, mit der Münze Attraktivität und Sinnlichkeit zu zahlen. Damit sie wichtig ist, muß sie also bezahlen. Damit wird aus dem Schütze-Täter eine Art Stier-Opfer.

Drittens: Der Herrscher von 1 im Zeichen Wassermann

Aber auch das Opfer zahlt sich nicht aus. Eines Tages merkt diese innere Person, was sie getan und wie sehr sie sich in dem Opferspiel unfrei gemacht hat, wie abhängig sie geworden ist. In der Tiefe des Aszendenten, in der Tiefe des Wassermanns, schlummert ja das Freiheitsthema, und dieser Auftrag will ebenfalls gelebt werden. Freilich: Mit einem Stier-Festhaltemotiv kann sie hier nicht aktiv werden und ihre Freiheit selbst herstellen. Mit anderen Worten: Sie ist so lange gefangen, bis sich ein *guter Grund* ergibt, sich zu lösen. Diesen Grund (wir sind beim Thema Partnerschaft) muß jetzt der Partner liefern! Sie muß sich allerdings so verhalten, *daß* er ihr den Grund liefert. Wir finden hier das Thema der *Delegation* in Reinkultur: Ich gebe meinem Partner den Auftrag, etwas zu tun, das *gegen* mich ist, *damit* ich mich lösen kann. Der intermissive (Wassermann-)Eros fordert seinen Preis. Stünde der Herrscher von 1 nicht im zweiten Haus, sondern im ersten Haus (und im Wassermann), so entfiele der Opferaspekt des zweiten Hauses, und sie könnte selbst Täter werden und sich auch ohne Grund befreien, also selbst gehen. Aber warum sollten es einem die Götter leichtmachen?

Zusammenfassend: Ihr Interesse ist geistig, sie will lernen, sie braucht eine Bestätigung ihres Selbstwertgefühles, und sie hat ein hohes Freiheitsbedürfnis, läßt sich also nur vorübergehend fangen.

Noch einmal: *Das alles weiß sie nicht*, denn die innere Person, die diese Themenfülle verwaltet, ist unbewußt und bringt dieses Thema im Laufe der Zeit aus der Tiefe an die Oberfläche – aber sie teilt Diana ihre Absichten erst einmal nicht mit. Von außen (und auch für Diana) sieht es so aus: *Es* stellt sich eben so her!

Beispiel: Aszendent Charles

Betrachten wir nun – gleichsam als Kontrast dazu – den Aszendenten von Charles, ihrem (Noch-)Ehemann.

Er trägt folgende drei Themen in sich:

1.) Aszendent: Löwe
– der **sexuelle Eros**
2.) Herrscher von 1 im fünften Haus
– (Thema Löwe) der **sexuelle Eros**
3.) Herrscher von 1 im Zeichen Skorpion
– der **obsessive** Eros

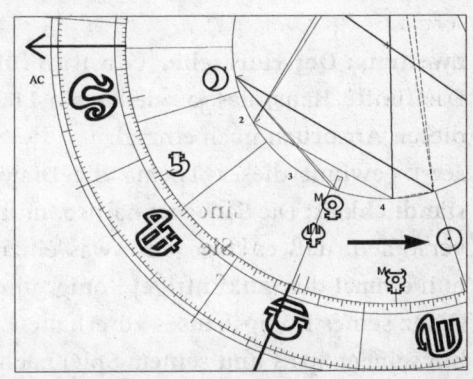

In der Zusammenschau ergibt sich folgendes Bild:

Erstens: Das Löwe-Problem als Aszendenten-Thema

Wir finden im Inneren von Charles eine Person, die das Leben (und die Liebe, besonders die Sexualität) als ein buntes und eminent spannendes Spiel betreiben möchte. Ihr Anspruch geht auf das Thema der Macht und der Herrschaft, und sie verweist jeden Partner auf den zweiten Platz. Im Gegensatz zu Dianas Herrscher von 1 will Charles' Aszendent sich nicht geistig, sondern eher sinnlich ausdrücken. Diese Person sagt (ohne daß Charles ihre Worte hören könnte): Ich bin der König, und ich bin die Nummer eins, und du sollst keine anderen Götter haben neben mir. Doch leider wird jeder, der sich mir hingegeben hat, relativ schnell langweilig für mich.

(Die «Liebe», vor allem die Ehe, ist beim Löwe-Aszendenten wie ein Tennis-Match mit immer demselben Gegner. Zwar *will* ich gewinnen, aber wenn ich dann jedes Match gewinne, steht mir bald der Sinn nach neuen Partnern, die ich noch nicht besiegt habe. Körperliche Liebe wird bei ihm in der Tat zu einer «Herausforderung», zu einer rein sportlichen Angelegenheit. Aber sie wird langweilig und öde, wenn man immer gewinnt.)

Zweitens: Der Herrscher von 1 im fünften Haus

Das fünfte Haus, das ja wieder ein Löwe-Haus ist, erneuert diesen Anspruch noch einmal.

Jetzt gewinnt dieses Thema die Dimension der Selbstverständlichkeit: Die Sache ist halt so, und Charles könnte nicht verstehen, daß es dagegen etwas einzuwenden gäbe. Er ist nun einmal der (zukünftige) König, und er tut alles, um den Glanz seines Königshauses zu erhalten. Daß er dabei weiterhin seinem Spaß und seinem Spiel nachgeht (sowohl auf den Pferden als auch mit den Frauen), gehört einfach zu ihm.

(Ein Patient mit Löwe-Aszendent, gefragt, warum er seine Frau mit anderen Frauen hintergeht, zuckte mit den Achseln und antwortete [vollständig ohne Schuldgefühl]: «Mein Gott, ich bin ein Mann!» Und das ist eine sehr tiefe Löwe-Antwort.)

Er hat seine (königlichen) Pflichten erfüllt und seiner Frau ebenfalls eine Erfüllung (nämlich *seine* Kinder) geschenkt, jetzt geht er eben neuen Herausforderungen nach. Aber seine Ehe interessiert ihn nur noch am Rande.

Drittens: Der Herrscher von 1 im Skorpion

Hier erhält die Person des Herrschers von 1 noch eine besondere Dimension der Tiefe: Wen er einmal gepackt hält, den läßt er nicht mehr los. Er geht gleichsam tief in der Seele des anderen vor Anker, schlägt hier seinen mit Widerhaken versehenen Anker in das Seelenfleisch und beginnt, in ihm zu nisten. «Nie wirst du von mir lassen können», sagt eine derartige Person. «Auf ewig werden deine Gedanken um mich kreisen. Und auch wenn ich längst woanders bin, so wirst du doch nicht von mir loskommen.» Als Täter besetzt er die Seele des anderen und nimmt sich von ihr, was er für die eigene brauchen kann. Nun könnte man einwenden, das sei das Prinzip einer jeden Beziehung, daß ich mir vom anderen nehme, was die eigene Seele benötigt. Richtig, und so – im gegenseitigen Austausch – funktioniert in der Tat jede Beziehung. Die Betonung liegt jedoch auf dem *gegenseitigen* Austausch. Die Skorpion-Betonung allerdings ist einseitig, denn sie hat nichts zu geben: *außer schönen Vorstellungen*. Der Strohhalm, mit dem ich an der Seele des anderen schlürfe, wird zur Einbahnstraße. Es fließt nur etwas von ihm zu mir und nicht von mir zu ihm. Seine Seele erhält keine Nahrung von mir.

Symbolisch gesprochen, findet hier so etwas wie ein «Seelenraub» statt, ohne daß Charles oder gar Diana davon wüßte. «Ich will in den anderen hinein, mich dort ausbreiten und von dort aus über ihn herrschen», sagt dieser Herrscher von 1.

(An diese Obsession von Charles, in den anderen «eindringen» zu müssen, hatten die Briten jüngst ihr Vergnügen, als ein heimlich abgehörtes Telefonat mit seiner neuen (alten) Geliebten in einer Zeitung abgedruckt wurde: «Ich möchte jetzt gern dein Tampon sein», plapperte er naiv und hielt etwas für Liebesgeflüster, was doch in Wahrheit Ausdruck des Eindringzwanges seines Herrschers von 1 war.)

Zusammenfassend: Sein Interesse ist seelisch, er will sich ausdrücken, und er will in die Seele des anderen eindringen (sich dort einnisten) und sie für sich gewinnen. Er hat ein starkes Bedürfnis nach Abwechslung und nach (erfolggekröntem) Spiel. Daraus resultiert, daß er nicht immer wieder dasselbe Heimspiel spielen will.

Soweit die Beispiele für das Partnerschaftsthema des Aszendenten. Wenden wir uns nun dem Bedürfnis der Sonne zu, also unserer zweiten Betrachtungsebene (vgl. S. 104), von der wir behauptet haben, daß sie immerhin 25 % des Partnergeschehens dirigiert.

Ebene 2: Sonnenstände und ihr Bezug zur Partnerschaft

Zuerst einmal:
Was will und was kann die Sonne insgesamt?
Wofür steht sie als Symbol?

Im Gegensatz zum Aszendenten (und zum Herrscher von 1), der mein *inneres Wesen*, die Tiefe meines *Seins*, also den eigentlichen *Wesenskern meiner Persönlichkeit* symbolisch beschreibt, steht die Sonne für ein *Geschehen*, das wesentlich näher an der Oberfläche liegt: Sie symbolisiert mein *Tun*. Also das, was das Schicksal mir zu tun aufgetragen hat. Der Aszendent verkörpert also mein *Sein*, und die Sonne verkörpert mein *Handeln*.

Da ich aber die Strukturen meines Handelns schneller *wahrnehmen* kann als die Strukturen meines Seins (die erst unbewußt bleiben), steht mir mein Handeln deutlicher im Bewußtsein, und ich kann mir über seine Natur nicht lange etwas vormachen. Ich könnte also das Thema meiner Handlungen bereits als Dreißigjähriger durchschaut haben, wenn es nicht eine zusätzliche Erschwernis bei diesem Erkenntnisprozeß gebe: Viele Menschen nehmen ihr Handeln wahr, haben also seine Muster längst erkannt, stehen jedoch anschließend da und sagen: «Jemand, der so handelt, will ich nicht sein! Ich will mich ändern, ich will lernen, *anders* zu handeln.»

Das – und nur das – steht den Erkenntnisprozessen der meisten Menschen entgegen. Nachdem sie ihre Muster als Dreißigjährige wahrgenommen haben, verbringen sie (oft) die nächsten fünfzehn Jahre damit, sich eine andere Handlungstruktur mühsam zu erarbeiten.

Um es in einem Bild des Tierkreises zu sagen: Ein Zwillinge-Handeln würde sich gern zu einem Schütze-Handeln wandeln. Das ist der eigentliche Nerv des Wandlungsspiels. Und natürlich funktioniert dieses Spiel nicht. Das einzige, was funktioniert, ist, daß ich mir (und anderen) über mein Zwillinge-Handeln Sand in die Augen zu streuen und es zu einem Schütze-Handeln umzutarnen versuche. Aber Sonnenstände sind unerbittlich – ich komme nicht aus ihnen heraus (und ich soll auch gar nicht aus ihnen herauskommen)! Sie bleiben ihrem Handeln treu. Und sie erwarten von mir, daß ich mich gefälligst in meine Handlungsrolle hineinbequeme und sie als mir gemäß akzeptieren soll.

Mehr möchte meine Sonne nicht erreichen.

Sie sagt: *Handle genau dort, wo du stehst, gemäß dem, was du dort tun sollst, und bekenne dich dazu, daß es richtig ist, das zu tun.*

(Also mache dir nicht weiter etwas vor!)

Die Beschreibungen, die wir im folgenden liefern, bringen nicht so sehr die allgemeinen Handlungsmuster der einzelnen Tierkreiszeichen, sondern beziehen sich wieder schwerpunkthaft auf das Partnerschaftsverhalten dieser Sonnenstände.

Der Leser weiß schon, daß wir die Haus- und die Zeichenebene mit einemmal beschreiben, daß also die Beschreibung der Wassermann-Sonne gleichermaßen für eine Beschreibung der Sonne im elften Haus gilt!

Widder-Sonne (oder Sonne im ersten Haus)

Verhaltensanweisung: Du bist kein verläßlicher Partner, denn deine Aufmerksamkeitsspanne für einen anderen Menschen ist relativ kurz. Der einzige Mensch, dem du deine ganze Aufmerksamkeit ungeteilt schenken kannst, bist du selbst. Die anderen sind wie Sternschnuppen, die für kurze Zeit dein Eroberungsinteresse erregen (dann holst du dein Fernrohr heraus und wirst aktiv), die jedoch bald verglüht sind. Du bist ein Aktivist um der Aktivität willen, nicht der anderen wegen. Richtet sich dein Eros auf einen anderen Menschen, so hast du am liebsten ein gerüttelt Maß an Widerständen, die du energisch handelnd beiseite schaffst. Hat dann dein Eroberungsbedürfnis gesiegt, so kannst du relativ schnell zu neuen Eroberungen aufbrechen und deine Opfer hinter dir zurücklassen. Du bist ein Täter, also handle gefälligst.

Kernsatz des ersten Hauses: Kümmere dich um dich!

Stier-Sonne (oder Sonne im zweiten Haus)

Verhaltensanweisung: Du kannst ein sehr verläßlicher Partner sein, solange dich der andere genügend hofiert und deine

Attraktivität und deine Anziehung würdigt. Das freilich benötigst du dringend, und du bist auch gern bereit, im Gegenzug viel dafür zu tun. Du wärst gern wichtig, du wärst gern ein *Produkt*, bei dem die Nachfrage größer ist als das Angebot. (Am liebsten wärst du das *einzige* Produkt, auf das sich die *ganze* Nachfrage stürzt. Das würde deinen Wert in schwindelerregende Höhen treiben.) Leider sieht es oft nicht so aus, als ob du ein erfolgreiches Produkt wärst. Hier leidet dann dein Selbstwertgefühl. Die Wahrheit ist: Du mußt dich verkaufen. Du bist damit auch ein Opfer, also hole heraus, was herauszuholen ist.

Kernsatz des zweiten Hauses: Damit ich etwas bin, will ich etwas haben.

Zwillinge-Sonne (oder Sonne im dritten Haus)

Verhaltensanweisung: Du wärst so gern ein faszinierender und interessanter Partner, doch leider mußt du feststellen, daß die Götter dir nicht die richtigen Duftstoffe mitgegeben haben, in einem anderen Menschen Leidenschaften zu entfesseln. Natürlich kannst du verläßlich, ja, du kannst ein guter Partner sein, aber eigentlich ist deine Rolle die eines guten Freundes. Oder noch präziser: Du bist deinem Partner Bruder oder Schwester. Ihr könnt euch alles anvertrauen und miteinander Pferde stehlen gehen, doch wenn es an die Rolle von *Mann und Frau* geht, bist du überfordert. In deinem Inneren gibt es dafür keine echte Verhaltensanweisung, kein Drängen, das aus der Brust (oder gar noch eine Etage tiefer) sich Bahn bricht. Das könnte dich glauben machen, in dir sei etwas falsch. Doch das ist nicht so! Die Götter haben an dich wohlweislich die Rolle eines Mittlers oder eines Schauspielers vergeben. Du kannst also jede Rolle spielen, auch die eines Vamps oder eines starken Zampanos, einer

Nutte oder eines Heiligen, aber du solltest wissen: Das ist Theater! Das meinen wir nicht negativ. Versuche also nicht, etwas anderes *zu sein* als ein Schauspieler. Du bist weder ein Ehemann noch eine Ehefrau, aber du kannst beides *darstellen*. Nur wissen solltest du darum. Dann macht es nichts.

Kernsatz des dritten Hauses: Ich spiele eine Rolle, also bin ich.

Krebs-Sonne (oder Sonne im vierten Haus)

Verhaltensanweisung: Du bist in einer gewissen Partnernot, so wie ein kleines Kind in einer gewissen Mutternot ist. Ist die Mutter nicht da, bist du in deinem Kummer.

(Mitunter hilft es, in die Geschichte der «Worte» hineinzuhorchen: Das Wort «Kummer» kommt aus dem Mittelhochdeutschen und bedeutet «Schutt», «Müll», «Mühsal» [franz. «décombrer» – «vom Schutt reinigen»] und hat eine Ableitung aus dem Mittellateinischen «combrus» – «das Zusammengetragene».)

Ist also kein Partner da (oder ist dein Partner gerade nicht da), so bemerkst du, daß das, was alles in dir zusammengetragen worden ist (der ganze Müll), auf dir lastet und dich drückt. Und es ist keiner da, der dir tragen hilft. Ja, es ist zuviel für dich! Und außerdem bist du noch viel zu klein, das alles zu bewältigen. Weil du klein und relativ unselbständig bist, brauchst du (und suchst du dir) dringend eine Mama (oder einen Papa), die (oder der) dir hilft. Du kannst das Spiel auch umdrehen und selbst eine Mama (oder ein Papa) werden und dich um deine eigenen Kinder kümmern – das kann dich (für fünfzehn Jahre) deine eigene Hilflosigkeit vergessen machen. (Dann aber brauchst *du* deine Kinder – mehr als sie dich brauchen.) Der tiefere Sinn einer derartigen Krebs-Sonne aber liegt darin, daß die Götter dir einen Auftrag gegeben haben: Kümmere dich um die kindlich-weibliche Seite in dir! Kümmere dich um deine Seele! Das tätest du nicht, wenn dein Kummer dich nicht dazu triebe!

Kernsatz des vierten Hauses: (Ich bin klein, mein Herz ist rein – und alle sind immer so gemein.)

Nein, im Ernst: Es soll jemand für mich dasein, der sich um mich kümmert. («Du gehörst mir.»)

Löwe-Sonne (oder Sonne im fünften Haus)

Verhaltensanweisung: Das Leben ist ein buntes Spiel, und es bietet mir alle Möglichkeiten, mich so auszudrücken, daß ich meine Lebensfreude, mein Vergnügen und meinen Anspruch, König zu sein, auch leben kann. Mit der mir eigenen Würde und mit meinem Strahlen gebe ich einen Teil dieses Glanzes auch auf jene ab, mit denen ich das Spiel teile. Mein Strahlen ist also ansteckend. Man kann sich in meinem Glanz sonnen. Freilich, ich scheine auf *alle* hernieder, und wer da glaubt, daß mein Strahlen allein ihm vorbehalten ist, der irrt sich (nach einer gewissen Zeit). Es gibt so viele, die auch dieses Glanzes bedürfen, und ich bin zwar wählerisch, aber selten monogam.

Meine Devise lautet: Freiheit, Stolz und Abenteuer (der Errol Flynn des Tierkreises), und ich kann mich nicht endgültig festlegen, außer auf meine Rolle, Patriarch (also König) zu sein.

Kernsatz des fünften Hauses: Ich bin der Herr, dein Gott, du wirst keine anderen Götter haben neben mir.

Jungfrau-Sonne (oder Sonne im sechsten Haus)

Verhaltensanweisung: Manche Dinge im Leben und in der Welt müssen einfach getan werden!

(Wenn die Löwe-Sonne Sonnenblumen aus dem Garten holt und daraus einen bunten Strauß flicht [um jemanden zum Geburtstag zu beeindrucken], so sieht am Ende die Küche aus wie ein Schlachtfeld. Und einer muß es aufräumen!)

Einer muß diesen Notwendigkeiten des Lebens nachkommen.

(Die Löwe-Sonne sieht das Schlachtfeld gar nicht. Sie kann deshalb nicht aufräumen, weil sie dafür gar kein Organ hat!)

Die Jungfrau-Sonne hat dieses Organ gleichsam als ihr wichtigstes ausgebildet. In einer Beziehung ordnet sie den *Alltag* mit Umsicht, Vernunft und einer gewissen Opferbereitschaft. Sie sieht die Unordnung in der Welt und macht sich daran aufzuräumen. Dieses «Aufräumen» darf nicht mißverstanden werden, so als wäre sie die Putzfrau des Tierkreises, nein, ihr Amt ist es, die Unordnung im Inneren der Seelen zu bereinigen. Das also, was die vorherigen beiden Tierkreiszeichen unverarbeitet liegengelassen haben, zu vermitteln und zu vermählen. Weil sie aber wieder einmal – wie schon im Thema Zwillinge – ein Mittler ist, darf sie kein eigenes Geschlecht haben, und also fühlt sie sich weder richtig als Mann noch richtig als Frau. Aus diesem Grund leistet sie ihre Arbeit aus der «Vernunft» heraus, und das heißt, aus dem Kopf.

Der weibliche Partner einer Jungfrau-Sonne versucht dann gern, sein Gegenüber kräftig zu schütteln, er solle doch gefälligst endlich einmal aus dem Kopf herauskommen. Doch das ist zwecklos – und nicht seine Aufgabe!

Kernsatz des sechsten Hauses: Mit Umsicht den Alltag meistern, gemäß dem A.A.-Motto: Es gilt, *heute* nüchtern zu bleiben!

Waage-Sonne (oder Sonne im siebten Haus)

Verhaltensanweisung: Du bist ebenfalls (wie die Krebs-Sonne – wenn auch aus anderen Gründen) in einer gewissen Partnernot, brauchst also den anderen Menschen, denn – mit Verlaub – du hast leider nichts Besseres (oder anderes) gelernt. Jedes Sonnenzeichen hat ja ein bestimmtes (Seelen-)Organ, das bei ihm an prominenter Stelle steht und das von seinem Besitzer erwartet, daß er es «anregt», es also in Tätigkeit setzt. Bei der Waage steht jenes Organ an erster Stelle, das als Sekret den «romantischen Eros» absondert, und somit erwartet dieses Organ von dir die *Hinwendung zum anderen Menschen*. Der andere (sei es als Liebespartner, Ehepartner, Berufspartner, Klient, Patient etc.) erst setzt dieses Organ in Tätigkeit, und ist es einmal angeregt, geht es dir gut, und dein Leben hat einen Sinn. Somit werde ich als (Waage-)Mensch vom anderen Menschen herausgefordert, ein gemeinsames Gleichgewicht (eine Waage eben) herzustellen, und wo der Balken dieser Waage nicht in der Waagerechten steht, beginnt mein Tätigwerden. Damit wird die Waage-Sonne zu einem (seelischen) Sozialarbeiter mit einem – ausgeprägten und eingebauten – Helfersyndrom. Aber der größte Teil der Energie der Waage geht nicht auf den Partner des Berufes, sondern auf den Partner in der «Liebe». Denn die *Suche nach «Liebe»* ist das zentrale Motiv jenes Organs, das in der Waage tätig werden will.

Kernsatz des siebten Hauses: Kümmere dich um den anderen Menschen; erst wenn es ihm gutgeht, kannst du zufrieden sein.

Skorpion-Sonne (oder Sonne im achten Haus)

Verhaltensanweisung: Dein Partnerbegehren ist getragen vom obsessiven Eros, und der hat zwei große Themenstellungen: Zuerst einmal entwirft er ein *grandioses Bild von einem gemeinsamen Leben*. Wie herrlich und lebendig du es gestalten wirst, daß der andere nicht umhin kann, in dieses Bild miteinzuziehen. Er merkt lange nicht (und auch du merkst es nicht), daß dieses Bild nur eine Falle ge*bildet* hat, in der der andere sich verfangen soll. Zum zweiten: Ist er in die Falle getappt, so schließen sich (unsichtbare) Handschellen um seine Glieder, und er ist dir ausgeliefert. Es ist in der Tat wie bei einer Mausefalle; das wunderschöne Bild ist der Speck. Ist der Partner in die Falle gegangen (von der ihr – wie gesagt – beide nichts wißt), so ist er gezwungen, in dem Bild zu leben. Aber – leider – das Bild lebt nicht, es ist eine Phototapete.

Die Frage ist: Warum fängst du den anderen mit solchen Mitteln ein? Weil du seine Lebenskraft und seinen Seelensaft für dein eigenes Leben benötigst. Sein Dasein gibt dir Kraft; er freilich wird bei diesem Arrangement ziemlich geschwächt. Und nur unter unsäglichen Mühen kann der andere dich zur Herausgabe der Schlüssel für die Handschellen bewegen.

Kernsatz des achten Hauses: Deine Welt ist die Welt der Ideen! Laß dich nicht beirren, lebe in ihr. Du mußt es nur wissen.

Schütze-Sonne (oder Sonne im neunten Haus)

Verhaltensanweisung: Du gehst einen geistigen Weg, und dieser Weg benötigt nicht unbedingt einen Partner. Wenn jedoch einer da ist, dann brauchst du ihn zum Überprüfen deiner Sicht der Welt und um an ihm deine geistigen Abenteuer zu testen. So wirst du ihm gegenüber zum Dozenten (von lat. «docere» – lehrhaft vortragen) und er zum (ewigen) Studenten. Mag sein, daß ihm das nach einiger Zeit auf die Nerven geht, daß du nicht nur alles weißt, sondern daß du es auch noch *besser* (als er) weißt. Aber immerhin versuchst du nicht, ihm deine Sicht der Welt einzuhämmern, sondern du trägst sie ihm nur (relativ tolerant) vor, und er kann damit machen, was er will. Das liegt aber nicht etwa daran, daß du wirklich tolerant bist, sondern daß dich dein Partner ohnehin nicht richtig interessiert. Er darf dasein. Du duldest ihn, aber du huldigst ihm nicht.

Merksatz für das neunte Haus: Die Welt besteht aus geistigen Gebilden, und dein Thema ist die geistige (therapeutische, pädagogische) Weite der Sinnfindung. Die «Selbsterkenntnis» ist dein Organ.

Steinbock-Sonne (oder Sonne im zehnten Haus)

Verhaltensanweisung: Zwar ist dein Partnerschaftsbedürfnis nicht besonders hoch entwickelt, das heißt, du bist nicht *abhängig* von einem Partner. Aber natürlich gehst auch du in Partnerschaften hinein, denn in dir wollen (und sollen) andere Menschen ihre Grenzen finden. Das ist nicht leicht zu verstehen: *Jeder* Partner lebt zuerst einmal in dem Glauben, daß innerhalb einer Zweierbeziehung «alles geht». Er hat am Anfang das Gefühl, der Himmel stehe ihm (zusammen mit einem anderen Menschen) offen oder hinge voller Geigen. Das tut der Himmel aber mitnichten, weder steht er offen, noch hängt er voller Geigen, sondern in Wahrheit hängt er voller Restriktionen, die ein jeder Partner zu lernen und zu beachten hat. Du als Steinbock-Sonne hast deinem Partner die Einsicht zu vermitteln: «Du kannst nicht tun, was du willst», sondern «du mußt tun, was richtig ist»! Auch Partnerschaften folgen einem Gesetz, und es ist niemals das Gesetz dessen, was mir am meisten guttut, sondern es ist das Gesetz dessen, was von mir (von einer höheren Warte aus) getan werden muß. Das erste, das ich mir wünsche, ist das Gesetz meines Egos («Tue, was du willst»), das zweite ist das Gesetz der Götter («Euer Wille geschehe»). Die Steinbock-Sonne (obwohl sie es weder weiß noch will) hat diesem Partnerschaftsgesetz der Götter Geltung zu verschaffen. Das macht beiden Partnern ziemlich viel Kummer. Und der andere zieht sich gern maulend zurück: «Nie kriege ich, was ich will!» Nein, er kriegt es nicht: Von drei Fällen, in denen dein Partner gern etwas von dir hätte, bekommt er es zweimal nicht! So lautet eben dein Auftrag. Sei restriktiv!

Kernsatz des zehnten Hauses: Es gibt eine höhere Ordnung, und du kannst lernen, dich ihr zu fügen. Es geht hier um die Kunst der Fügung.

Wassermann-Sonne (oder Sonne im elften Haus)

Verhaltensanweisung: In dir und in deiner Partnerschaftswelt nisten zwei Kräfte, die lange Jahre nicht zu durchschauen sind. Die eine Kraft treibt dich zum anderen Menschen hin, die andere Kraft treibt dich vom anderen Menschen weg. Und es ist ganz entscheidend, daß du begreifst, daß beide Kräfte immer da sein werden. Sie sind nicht zu umgehen oder sonstwie auszutricksen. Im Inneren der Seele werden diese beiden Kräfte als das Spiel von «Nähe und Distanz» wirksam, und so bist du einem Planeten vergleichbar, der um eine Sonne kreist: Näherst du dich deinem Partner zu sehr, dann droht dir, in die Sonne hineinzustürzen und dich (und vielleicht sogar die Sonne) zu vernichten, entfernst du dich jedoch zu weit, dann droht dir, daß du in der Kälte des Weltraumes erfrierst. Und so geht es darum, daß du *deinen Abstand* findest, deine Bahn, die die Mitte zwischen diesen beiden Extremen hält. Deine Aufgabe geht also dahin, ein *eigenständiger* Planet zu bleiben und weder in der Partnerschaft aufzugehen, noch dich in der Kälte der Einsamkeit zu verlieren.

Es ist dies keine leichte Aufgabe, zumal du die ersten 42 Lebensjahre noch nicht einmal von dieser Aufgabe weißt.

(Die meisten Menschen mit einer Wassermann-Sonne haben die ersten 42 Jahre versucht, sich dem anderen Menschen zu nähern, wollten in der Partnerschaft aufgehen, merkten dann, daß sie im anderen zu verbrennen drohten, zogen die Notbremse und verließen *dieses* Sonnensystem – um bald darauf von der Kraft einer neuen Sonne eingefangen zu werden, mit der sich dann das alte Spiel wiederholte.)

Hat man die beiden Kräfte einmal durchschaut, so kann man mit ihnen spielen, und die *mittlere Entfernung* stellt sich dann (über Versuch und Irrtum) irgendwann her.
Merksatz für das elfte Haus: Finde deinen eigenen Weg, und messe dich niemals an den Wegen der anderen. Sie wollen dich in die Irre führen.

Fische-Sonne (oder Sonne im zwölften Haus)

Verhaltensanweisung: Dein Partnerschaftsbegehren ist ein wunderschöner Traum, der sich – so leid uns das tut – niemals erfüllen wird. In deinem Inneren leben zu viele Filme von der Art «Pretty Woman» oder «Casablanca» (der freilich ein Wassermann-Film ist), und so versuchst du (ganz ähnlich wie Woody Allen), diese Filme – also deine Träume – zu leben. Aber das Leben ist kein Traum, der sich erfüllen könnte, das Leben ist – wie Forrest Gumps Mama immer sagte – wie eine Pralinenschachtel: «Man weiß nie, was man kriegt!» Wenn du Marzipan nicht magst, dann beißt du in die Praline und träumst von Nougat. Aber natürlich ahnt der Leser bereits, was sich im Inneren der Praline verbirgt.
Du bist (und bleibst) ein Schwärmer, ein Martin Luther King («Ich hatte einen Traum»), und als du dann deinen Traum greifen wolltest, zerstob er in alle Winde. Nicht daß du erschossen werden wirst (wie King), aber desillusioniert wirst du auf jeden Fall. Dein Partner wird nie (wir wiederholen: nie!) jene Praline sein, die du dir erträumst. Nicht daß du mit «Marzipan» nicht leben könntest, aber du wirst weiterhin von Nougat schwärmen.

Du bist weder Täter noch Opfer, sondern nur im falschen Pralinenkasten.

Merksatz für das zwölfte Haus: Die Dinge geschehen, wie sie geschehen sollen, ob du nun eingreifst oder nicht. Besser wäre es, du würdest nicht so sehr eingreifen.

Beispiel: Sonne Diana

Nach dieser Beschreibung der einzelnen Sonnenthemen wollen wir wieder das Horoskop von Diana betrachten.

Der Sonnenstand, so haben wir behauptet, trägt etwa 25 % des Partnerschaftsbegehrens einer Person in sich, und die Sonne sagt symbolisch ebenfalls etwas aus über die Thematik des Egos einer Person. Somit ist selbstverständlich auch das Ego an dem Partnerbedürfnis einer Person exponiert beteiligt.

Dianas Sonne trägt folgende beiden Themen in sich:

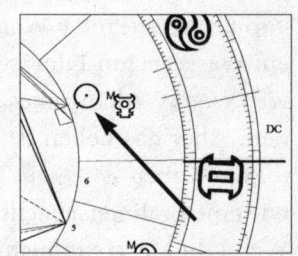

1.) Sonne im Zeichen Krebs (der **infantile Eros**)

2.) Sonne im siebten Haus (der **romantische Eros**)

Lesen wir die beiden Ansprüche zuerst getrennt:

Erstens: Die Krebs-Sonne

Mit ihrer Krebs-Sonne wünscht sich Diana in jedem Fall einen Menschen, der bereit ist, ihrer Unselbständigkeit einen festen Rahmen zu geben. Sie fühlt sich ja klein und ist auf der Suche nach Geborgenheit. Und so benötigt sie einen Papi oder eine Mami, am besten eine Familie, die bereit ist, ihr einen stabilen Halt (eine Art Anker für ihren Wunsch nach einem Heimathafen) zu geben.

«Ein scheues, zurückhaltendes Mädchen schien diese Lady Di zu sein, ganz hübsch, freundlich und kinderlieb. Für den Thronerben, wie es schien, eine ideale Wahl. Nachdem durch eine gynäkologische Untersuchung auch gesichert war, daß sie Charles würde Kinder schenken können, waren die Weichen gestellt» (Peter Osborne: Skandal Royal, Rastatt 1992, S. 27).

Und natürlich ist es für das Ego einer Krebs-Sonne eine unglaubliche Verlockung, wenn das Schicksal ihr gleich eine «königliche Familie» zuträgt: *die* britische Familie also schlechthin. Da stört es sie auch nicht, wenn ihre vordringliche Aufgabe darin bestehen sollte, dem Königshaus Kinder zu schenken. Ganz im Gegenteil, denn es ist ja auch ihr Bedürfnis, sich ihrer eigenen Hilflosigkeit dadurch zu entziehen, daß sie noch schwächere Geschöpfe in die Welt setzt, um die sie sich dann «kümmern» muß.

Dafür nimmt sie sogar in Kauf, daß Charles

«seine künftige Frau wie ein unmündiges Kind behandelte. Und er traf sich weiterhin mit seinen Freunden, die in ihr ebenfalls nur das ‹kleine Mädchen› sahen, das man nicht ernst nehmen mußte» (a. a. O., S. 35).

Dieses Motiv der Unmündigkeit und Unselbständigkeit finden wir bereits in ihrer Berufswahl: Bevor sie in die engere Wahl als Prinzessin geriet, arbeitete sie als Kindergärtnerin.

Das herausragende Thema ihrer Krebs-Sonne besteht also in dem Gefühl der Hilflosigkeit und Kleinheit, mit dem sie sich arrangieren muß.

Zweitens: Die Sonne im siebten Haus

Leider fügt auch das siebte Haus dem Ganzen nicht sonderlich viel eigene Kraft hinzu. In ihm, also im Waage-Thema, liegt ja auch eine Partnernot begründet. Ohne den anderen ist mein Leben leer, und nur wenn der andere mein inneres Organ der Liebe und Romantik anregt, wird mein Leben von diesen Energien getragen. Jemandem also, der sie liebt, könnte sie alles geben, und in diesem Geben allein würde sie eine Menge Wärme erhalten, und ihr Opferdasein verschwände wie Schnee an der Sonne. Aber natürlich spielt das Schicksal nicht so, wie wir es gern hätten:

«Und so jung, unerfahren und verliebt, wie sie war, mußte sie zwangsläufig eine Enttäuschung erleben. Denn von der echten Zuneigung, die sie sich erhofft hatte, konnte nicht die Rede sein. Charles hielt sich an die Regel, die ihm bereits in Kindertagen eingebleut worden war: Die Frau, die er heiratete, mußte den Erhalt der Monarchie gewährleisten, mußte ihm einen Thronerben schenken, mußte das Haus Windsor in der Öffentlichkeit so würdig vertreten wie er, mußte eine Zierde für ihn und das Königreich sein. Daß er diese Frau auch lieben mußte, sah diese Regel allerdings nicht vor» (a. a. O., S. 29).

Und so wünschte sich Diana mit ihrer Sonne im siebten Haus eine *Hinwendung* zu ihrem Partner, daß *sie* sich also zu ihm hinwenden könne und *er* sich zu ihr. Leere stellt sich in dem Moment ein, in dem der Partner sich *abwendet* und seinen eigenen Weg geht, ohne sich noch um den anderen zu kümmern. Die Energien des romantischen Eros finden jetzt keinen Gegenstand mehr, und das eigene Sein (das von dem anderen lebt) *verkümmert*.

Zusammenfassend: Dianas Sonne möchte sich aufopfern, *möchte sich dem anderen hingeben*, ihr Leben erhält seine Energien aus einer Mischung aus Hilflosigkeit und Helfersyndrom, sie will Mutter für ihre Kinder (oder ihren Partner) sein. Mit anderen Worten: Sie möchte unbedingt gebraucht werden. Daß aber nur ihre Kinder sie brauchen (und das auch nur für einige Jahre), reicht ihr nicht aus; sie möchte auch von ihrem Partner gebraucht werden.

Beispiel: Sonne Charles

Charles' Sonne trägt folgende beiden Themen in sich:

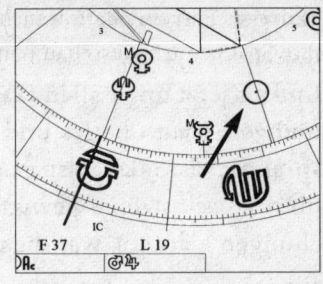

1.) Sonne im Zeichen Skorpion (der **obsessive Eros**)

2.) Sonne im fünften Haus (der **sexuelle Eros**)

Lesen wir die beiden Ansprüche wieder zuerst getrennt:

(Der Leser sollte sich darüber klarwerden, daß wir hier zum zweitenmal Charles' Sonne betrachten. Das taten wir schon einmal: bei seiner Sonne als Herrscher von 1. Dieses Phänomen tritt auf, wenn der Betreffende einen Löwe-Aszendenten hat. Dann ist die Sonne sowohl ein Symbol für den Aszendenten [also für sein Sein] als auch ein Symbol für seinen Handlungsweg. Wir müssen diese beiden Sonnen [in ihren Aussagen] als unabhängig voneinander lesen und ihre verschiedenen Deutungen und Bedeutungen genau auseinanderhalten.)

Erstens: Die Skorpion-Sonne

Mit seiner Sonne im Zeichen Skorpion läßt Charles in seinem Partner eine wunderschöne Vorstellung entstehen, wie das gemeinsame Leben (fünftes Haus) sein könnte. Er entwirft Bilder von Freude, Lachen, Leben und Liebe, aber diese Bilder sind nur dazu da, den anderen zu binden. Sein Charme ist eine Fallgrube. Ebenfalls vermittelt die Skorpion-Sonne ein Gefühl von Verbindlichkeit und sogar von Treue: «Wir beide gehören auf ewig zusammen.» Und dieses Gefühl läßt im anderen so etwas wie eine unlösliche karmische Zusammengehörigkeit erahnen und ihn wonnig erschauern. Das ist es ja, wovon die Seele des anderen immer geträumt hat: endlich die zu ihr gehörige andere Seite des Symbolons gefunden zu haben. Im Falle Charles' wußte Diana ja, daß es unter

«Europas Fürstentöchtern nichts Adäquates gab, so sehr die Königin ihre Späher auch Ausschau halten ließ» (S. 25).

Und als jetzt unter allen Frauen Englands die Wahl auf sie fiel und zwischen Charles und ihr auch noch «der Funke übersprang», das «Du bist es» von ihm ausgesprochen wurde (und er selbst eine gewisse Zeit an seine eigenen Versprechungen glaubte), war die unbewußte Falle errichtet.

Es ist nicht etwa so, daß die Skorpion-Sonne jemanden mit seinen Versprechungen und seinen schönen Bildern hereinlegen möchte. Er glaubt sie ja selbst und ist meist sehr verwundert, daß sie sich – im Laufe der Zeit – eben nicht realisieren lassen. Nur leider kreidet er diese Unfähigkeit, nicht gelebt werden zu können, nicht etwa seinen Bildern an, sondern meist den Partnern, denen er sie vorgegaukelt hat. Sie seien unfähig, die Größe seiner Visionen zu erkennen oder die Lust seines Entwurfes zu teilen. Insbesondere seine Vorstellungen von der Sexualität («Ich will dein Tampon sein») überfordert natürlich den Kuschel-Sex einer Krebs-Sonne total. Dennoch läßt er nicht los von dem «Du gehörst mir». Du bist an mich gebunden, bis der Tod uns scheidet!

Zweitens: Die Sonne im fünften Haus

Das fünfte Haus sagt wörtlich: «Ich will leben!» Ich will das Leben bis zur Neige auskosten. Nichts und niemand kann mich von meinen Abenteuern abhalten. Ich brauche einen unbegrenzten Raum, in den hinein ich strahlen und mich verströmen kann. Hier gerät Charles auch in einen Konflikt mit seinen eigenen Bildern von Treue (Skorpion), aber er kann ja nicht anders. Er muß ins Leben hinaus und sich seine eigene Großartigkeit beweisen, indem er auch noch andere Seelen (andere Frauen) beeindruckt. Der sexuelle Eros des fünften Hauses trägt ja in sich das Thema der Würde: Was aber geschieht, wenn Charles selbst (neben Philip, seinem Vater) ohnehin schon der größte Würdenträger des Landes ist? Wenn ihn die Würde des Königs von England erwartet, ja, er bereits daraufhin erzogen wurde? (Seine Mutter aber ihre Würde nicht abgibt?) Anders gesagt, es gibt keine Frau, die ihm Würde verleihen könnte, außer seiner Mutter – diese aber hat andere Pläne.

Jeder einzelne weibliche Partner hat diese Chance also gar nicht, Charles Würde zu verleihen.

Zusammenfassend: Ich habe eine Vorstellung davon, wie mein Leben zu sein hat, wie meine Frau zu sein hat, wie meine Sexualität zu sein hat, doch leider spielt das Leben (insbesondere natürlich die anderen, die mir helfen sollen, diese Vorstellung zu leben) nicht mit. Und so werden meine Vorstellungen (auch die Vorstellung, König – fünftes Haus – zu sein) sich nicht realisieren. Das hindert mich nicht daran, weiterhin zu versuchen, sie immer und immer wieder (auch mit wechselnden Partnern) zu realisieren. Ich begreife nicht, daß es nicht an den anderen liegt, sondern nur an meinen – prinzipiell nicht lebensfähigen – Bildern.

Ebene 3: Die Stellung der Venus
Was will und was kann die Venus?
Wofür steht sie als Symbol?

Immerhin rechnen wir der Venus noch 15 % des gesamten Partnerschaftsbegehrens zu, und so müssen wir uns zunächst für die Grundinteressen dieser inneren Person empfänglich machen. In ihr versammeln sich zwei Anteile unserer Gesamtperson: Sie sagt

1. Ich wäre so gern wichtig und attraktiv und wertvoll, möch-

te also durchaus auch im Außen eine «anziehende» Person sein (das ist der Stier-Anteil der Venus).

2. Ich sehne mich nach einem anderen Menschen, der meine Partnerbedürfnisse befriedigt und mir das Gefühl von romantischer «Erfüllung» gibt. Allein fühle ich mich nur halb, und so bin ich, die (Waage-)Venus, jene innere Person, die die Gesamtperson zu einer Suche nach *dem anderen Menschen* antreibt.

Die Venus ist also im Inneren eine Institution, die man im Außen mit dem Wort «Partnervermittlung» bezeichnen würde. Stellen wir uns vor, ich könnte zu dieser inneren Person *so* Kontakt aufnehmen wie zu einer derartigen äußeren Institution: Ich würde also an die Tür mit der Aufschrift «Partnersuche GmbH» klopfen und hereingebeten werden. Als erstes würde sich diese Dame in meinem Inneren um mein Äußeres kümmern (also um den Stier-Anteil), sie würde mir eine Farbberatung zukommen lassen, neue Kleider bereitstellen, würde mir kostbare und raffinierte Accessoires (ggf. eine Diät) verordnen, und sodann würde sie mir Vorschläge machen, an welche Orte und Plätze ich gehen müßte, welche Kontaktanzeigen ich aufzugeben hätte etc., um endlich ihren Bedürfnissen nach einer romantischen Beziehung näherzukommen. Sie, die Person in meinem Inneren, treibt mich also dazu, mich so vorteilhaft wie möglich den verfügbaren Partnern der Welt anzunähern. Mich damit also selbst «verfügbar» zu machen, aber nicht als jemand, der ergreift (Täter), sondern als jemand, der ergriffen werden möchte (Opfer). Das ist ihr Bedürfnis, wobei natürlich, je nach Stellung der Venus, die Accessoires und die äußeren Suchbewegungen deutlich variieren können.

Spielen wir diese Bedürfnisse der Venus einmal durch:

Venus im Widder (oder im erstes Haus)

Hier *sucht* die Venus jemanden, der stark und kräftig ist und der sie mit ritterlichen Taten erobert. Am liebsten hätte die Venus hier, daß man um sie kämpft, so wie im Mittelalter Zweikämpfe als Minnedienst durchgeführt wurden – ja, *um* sie! Und damit winkt sie dem Sieger als Beute. Sie fürchtet nur eines, nämlich Waschlappen, das sind Partner, die nicht um sie kämpfen. Sie ist gern der Preis für den Stärkeren. Dabei geht es ihr nicht etwa darum, daß sie der Sieger auf ewig *behält*, sondern nur, daß er sie *erringt*. Sie ist selbst gern der Siegerpreis, also die Beute für den Kräftigsten. Aber in Wahrheit geht es ihr dabei *nicht um den anderen*, sondern nur darum, daß *sie selbst der wertvollste Preis ist*.

Venus im Stier (oder im zweiten Haus)

Hier *sucht* die Venus jemanden, der ihr einen materiellen *Wert* oder einen immateriellen *Status* verschafft. Im Stier (oder im zweiten Haus) findet die Venus in ihrem Inneren einen tiefen Verdacht, nämlich jenen, daß sie selbst in Wahrheit nicht besonders attraktiv oder wertvoll sei, und also treibt es sie, alles dafür zu unternehmen, diesen Verdacht zu zerstreuen. So können nur jene Personen für sie als Partner in Frage kommen, die ihr die Sicherheit eines materiellen oder immateriellen Wertes verleihen können. Diese Person will immer etwas *haben*, weil sie nie etwas *ist*, und hier im zweiten Haus geht es um die nach außen sichtbaren Insignien, die das Gefühl, wertlos zu sein, vorübergehend von ihr nehmen. Da es aber immer noch jemanden gibt, der einen höheren Status (ein teureres Haus, einen größeren Diamanten) besitzt, kommt diese Venus nie ans Ende ihrer Suche. Sie kann deshalb die Partner wechseln wie die Hemden, vorausgesetzt, das neue Hemd ist kostbarer als das alte.

Venus in den Zwillingen (oder im dritten Haus)

Hier *sucht* die Venus jemanden, der ihr hilft, sich ins rechte Licht zu rücken, sich darzustellen. Nur über diesen Akt kann in ihr das Gefühl entstehen, im großen Spiel des Sehens und Gesehenwerdens dazuzugehören. Es ist dies die Cliquen-Venus. Nur wenn man zur richtigen Clique gehört (der möglichst noch ein Prominenter angehört), spielt man eine Rolle. Es ist die *Political-correctness*-Venus: Man muß das richtige Auto fahren, die richtige Einstellung zur Ökologie haben usw., und das auch im Kreis der Rollenspieler dokumentieren. Diese Venus ist weder an Sex noch an materiellen Dingen orientiert, sie braucht diese Dinge nicht zum Leben, aber wenn ihre Rolle es erfordert, kann sie auch die Sinnliche (oder die Mondäne) mit so großer Hingabe spielen, daß noch nicht einmal sie selbst ihren geheuchelten Orgasmus merkt. In einem Film hörte man unlängst den Zwillinge-Venus-Satz: «Sogar allein beim Onanieren täuscht sie einen Orgasmus vor.» Diese Venus braucht eigentlich keinen Liebespartner, sie braucht einen Gesprächspartner.

Venus im Krebs (oder im vierten Haus)

Hier *sucht* die Venus eine Mutti oder einen Papi. Sie sucht eigentlich Schutz oder einen Beschützer, der sie (da sie sich noch ziemlich klein fühlt) durch die Klippen einer gefährlichen, weil erwachsenen, Welt führt. Oft wählt sie deshalb auch einen (mitunter wesentlich) älteren Partner, der diese Aufgabe für sie mit genügend Lebenserfahrung erfüllen kann. So bleibt sie oft ein Leben lang (nicht nur ihrem Partner, sondern auch den eigenen Eltern gegenüber) ein Sohn oder eine Tochter.

Wem das eigenartig klingt, der sollte folgendes bedenken: Ein heranwachsender Mensch muß sich irgendwann von dem Status, «Sohn» oder «Tochter» zu sein, lösen und in den Status «Erwachsener» hineinreifen. Das geht niemals ohne den «Abschied vom Elternhaus». Man muß also eine gewisse Zeit ein «verlorener Sohn» oder eine «verlorene Tochter» werden, denn das «Erwachsenwerden» nehmen die meisten Eltern nicht freiwillig hin. Warum? Sie verlieren in dem Moment, in dem das «Kind» ein Erwachsener wird, ihren Status als «Eltern» – und werden einfach wieder eine Frau und ein Mann.

Für viele Eltern ist das ein Abstieg.

Venus im Löwen (oder im fünften Haus)

Hier *sucht* die Venus einen Partner, der sie so *hofiert*, daß sie sicher sein kann, ihre Rolle als Prinzessin (oder als Kronprinz) niemals zu verlieren. Ihr Partner hat ihr jene Würde zu verleihen, die sie zwar in sich selbst nicht finden kann, die sie aber mit größter Selbstverständlichkeit vom anderen (zu bekommen) erwartet. Trotz ihrer Lebensunsicherheit (tief im Inneren) fühlt sie sich von adligem Geblüt und erwartet, daß man sie auch so behandelt.

(Ein Beispiel: Ich kenne eine attraktive Frau, die sehr viel und sehr gern reist und die natürlich nie allein verreist. Und egal, ob sie mit einem Mann oder mit einer Frau auf die Reise geht, sie hat noch nie in ihrem Leben die Tür zu einem Hotelzimmer selbst aufgeschlossen. Wahrscheinlich weiß sie gar nicht, wie das geht.)

Venus in der Jungfrau (oder im sechsten Haus)

Hier *sucht* die Venus jemanden, der genauso zweckrational eingestellt ist wie sie. Sie behält in allen Dingen einen klaren Kopf, und ihre Erwägungen (und Handlungen) sind stets von den Prinzipien der Nützlichkeit und der Zweckmäßigkeit mitbestimmt. Das bringt zwar eine gewisse Antriebs- und Spannungslosigkeit mit sich, hat aber die Organisation des Lebens fest im Griff. Es sind oft Menschen, die über ihre Arbeit zueinander finden (gern auch im wissenschaftlichen Bereich) und also der gleichen Beschäftigung nachgehen. Allein das garantiert ihnen eine Fülle von Gemeinsamkeiten und verhindert (scheinbar) die Bedrohung durch irrationale Momente. Nichts ist schlimmer für diese Venus, als wenn die Organisation des gemeinsamen Alltags von einem unvorhersehbaren Chaos (der Gefühle) bedroht werden könnte. Diese Venus ist wie ein Psychoanalytiker; sie kann ihre Gefühle nicht leben, aber sie kann sie hervorragend analysieren. Sie ist eigentlich kein Partner, sondern sie ist ein Organisator.

Venus in der Waage (oder im siebten Haus)

Hier *sucht* die Venus einen *Partner*. Das klingt merkwürdig, so als suche sie in den anderen Zeichen etwas anderes. Und das ist in der Tat so: In den anderen Tierkreiszeichen sucht sie einen starken Ritter (Widder) oder einen Prominenten (Stier) oder einen Gesprächspartner (Zwillinge) oder einen Papi (Krebs) oder einen Adligen (Löwe) oder einen Organisator ihres Lebens (Jungfrau), und erst im siebten Zeichen sucht sie einen, der ihr *gleich*gestellt ist, eben einen echten anderen Teil von ihr. Hier erst sieht sie ihn als Ganzes, ohne ihn vorgängig nach Einzelaspekten ausgeforscht zu haben, die sie dann an die erste Stelle ihres Interesses setzt. Im eigentlichen Sinne wird die Waage-Venus also erst im Zeichen Waage tatsächlich partnerfähig. Das heißt nun nicht, daß sich hier keine Konflikte ergeben. Wir finden hier nämlich das «Romeo-und-Julia-Syndrom»: Zwei gleichermaßen junge, gleichermaßen *gleichgestellte* Menschen zweierlei Geschlechts finden sich in romantischer Liebe, aber es beginnt dennoch eine Komödie oder Tragödie voller Irrungen und Wirrungen. Das Problem liegt an der Stelle, daß beide sich tatsächlich nur *aufeinander* beziehen können. Beginnt einer der beiden, sich anderen Interessen zuzuwenden, ist der andere gekränkt. Man kann sich eben nicht ewig nur liebhaben! (Tucholsky: «Doch manchmal möcht man doch gern wissen, was tun die, wenn sie sich nicht küssen?») Die Projektionen der beiden aufeinander sind selten real, und viele stürzen vor dem Erreichen eines (unromantischen) Alltags rettungslos ab.

Venus im Skorpion (oder im achten Haus)

Hier *sucht* die Venus jemanden, auf dem sie sich wie eine Schmarotzerpflanze niederlassen kann, um dann am Leben des Wirtes zu partizipieren. Sie ernährt sich von ihm, sie erwartet von ihm seinen Lebenssaft. Ist keiner da, dessen Kraft sie übernehmen kann, so erscheint sie bleich und blutleer, und ihre Lebensenergien sind sehr reduziert. Diese Venus hat eine Vorstellung davon, wie Partnerschaft zu sein hätte, das heißt, wie der andere sie zum Leben bringen könnte (und natürlich wie sie, wenn der andere in ihr Gemälde einsteigen würde, auch ihn zum Blühen bringen könnte), doch leider erfüllt sich diese Erwartung nie! Das hindert sie nicht daran, ihr unrealistisches Gemälde aufrechtzuerhalten, mitunter um den Preis, daß sie sich selbst zu einem wunderschönen (aber leblosen) Gemälde zurechtstilisiert (Dorian-Gray-Syndrom).

Venus im Schützen (oder im neunten Haus)

Hier *sucht* die Venus jemanden, der ihr geistige Nahrung bietet, der sie mit Einsichten füttert und versorgt. Es ist hier die Heimat von geistigen Partnerschaften. Es würde (ein bißchen) zu weit führen, eine derartige Partnerschaft platonisch zu nennen, denn diese Venus ist schon bereit, mit körperlicher Münze für diese «Milch der frommen Denkungsart» zurückzuzahlen. Aber im eigentlichen Sinne ist es keine Partnerschaft von Mann und Frau, sondern eher von Lehrer und Schüler. Hat diese Venus jedoch die ganze geistige Milch, die der andere zu bieten hat, in sich aufgenommen und ist sie am Busen des anderen groß geworden, sucht sie sich schnell eine neue geistige Amme, bei der das Spiel aufs neue beginnt.

Venus im Steinbock (oder im zehnten Haus)

Hier *sucht* die Venus jemanden, der bereit ist, die Verantwortung für sie zu übernehmen. Sie empfindet die Welt als zu schwer und zu belastend, und so hält sie Ausschau nach jemandem, der ihr tragen hilft. Natürlich geht es letztlich darum, daß *sie selbst* lernt, ihr Leben in die eigene Hand zu nehmen und eigenverantwortlich zu handeln. Aber das erscheint ihr zu schwer, und deshalb ist ihr jeder Partner gerade recht, der bereit ist, ihre Last, ihre Bürde mitzutragen. Das funktioniert natürlich nur eine gewisse Zeitlang, und bald steht sie wieder allein da und muß ihre Last alleine tragen und empfindet daran einen rechten Kummer. Und so lernt sie, ihre Traurigkeit selbst zu empfinden und damit auch die anderen nicht mehr zu belasten. Eigentlich muß sie lernen, die Verantwortung für ihre Traurigkeit allein bei sich zu lassen, ohne die Ursachen für ihre Trauer den anderen in die Schuhe zu schieben.

Venus im Wassermann (oder im elften Haus)

Diese Venus sucht nach einem Partner, der *ihr als erstes* sehr nahe kommt, damit sie sich – *als zweites* – wieder von ihm lösen kann. Diese Wechselbäder sind erst einmal nicht leicht zu verstehen: Sie verbindet sich mit dem Partner, *um sich zu* trennen. Und erst wenn sie gelernt hat, auch allein existieren zu können, kann sie sich auch eine Partnerschaft leisten. Mit anderen Worten: Sie bekommt erst dann einen langfristigen Partner, wenn sie keinen mehr nötig hat. Bis sie jedoch an dieser Stelle ist, muß sie immer wieder gehen oder – in der Delegation – verlassen werden.

Trennung ist ihr Vehikel – Unabhängigkeit ihr Ziel.

Venus in den Fischen (oder im zwölften Haus)

Diese Venus sucht nach einem Partner, der ihr alle Träume und Sehnsüchte erfüllt. Sie hat das Märchen von Aschenputtel gelesen und wartet jetzt auf die gläserne Kutsche und natürlich auf den Prinzen (oder die Prinzessin), die im ganzen Land nach ihr zu suchen bereit wäre. Wie gesagt, davon träumt sie. Solange er freilich nicht da ist, begnügt sie sich mit weniger aufregenden Partnern, von denen sie allerdings nie träumt. Sie weiß nicht, daß niemals derjenige kommen wird, von dem sie aus ganzem Herzen sagen könnte: «Du bist es!» (Nicht, daß sie es nicht schon oft geglaubt hätte, aber immer hat sich derjenige dann irgendwann entzaubert!) Von allen Partnern allerdings, die (länger als neun Monate) da sind, weiß sie eines ganz genau: «Du bist es nicht!» Sie hütet sich aber immerhin, das zu laut zu sagen.

Beispiel: Venus Diana

Die Venus – so haben wir behauptet – trägt 15% des gesamten Partnerschaftsbegehrens, also doch ein relativ hohes Bindepotential. Zusätzlich sollte man wissen, daß die Venus in der Phase zwischen dem 14.

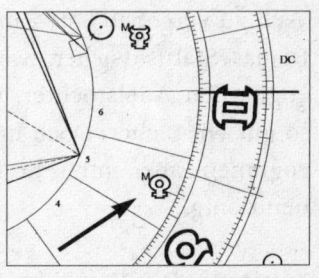

und dem 28. Lebensjahr ein noch höherer Hoffnungsträger im Inneren des Menschen ist und in dieser Periode noch deutlicher in den Vordergrund rücken kann.

Erstens: Die Venus im Zeichen Stier

Dianas Venus steht im Zeichen Stier, und damit ist sie deutlich vom possessiven Eros geprägt. Dieser Eros steht freilich im zweiten Quadranten und ist damit nicht so sehr materiell ausgeprägt, sondern eher auf das Thema Status und Würde fixiert. Diese Venus will *haben*, aber sie will in erster Linie eine Königswürde (Löwe) haben, und so geht ihr Begehren schon früh dahin, eine «Prinzessin» zu werden:

«Dianas Mitbewohnerinnen waren in der Hinsicht nicht besonders ehrgeizig, aber Diana war es: ‹Sie machte keinen Hehl aus der Tatsache, daß sie ein Mitglied der königlichen Familie werden wollte›, sagte eine Freundin. ‹Sie ließ die ganzen Jahre über ziemlich regelmäßig kleine Bemerkungen darüber fallen›» (Lady Colin Campbell, DIANA, Ein Leben im goldenen Käfig, München 1992, S. 104).

Ursprünglich war Prinz Andrew (der zweitälteste Sohn der Queen) auserwählt worden, sie zur Prinzessin zu machen (a. a. O., S. 97). Aber es sollte, wie jeder weiß, anders kommen, denn ohne Zweifel ist das Hemd von Charles entschieden kostbarer als das von Andrew. (Da Charles der erste in der Erbfolge zum höchsten Herrscheramt war [und ist], das diese Welt zu vergeben hat: zum König von England.)

Dianas Status vorher war der einer relativ hochgestellten englischen Adelstochter, und der Herzoginnentitel war ihr so gut wie sicher. Doch in England gibt es relativ viele Herzoginnen, aber nur sehr wenige Prinzessinnen und nur einen König.

Zweitens: Die Venus im fünften Haus

Hier erwartet die Venus mit größter Selbstverständlichkeit, daß der andere ihr den gewünschten Status auch verleiht. Es ist diese Venus-Stellung, die auch im übertragenen Sinne den Titel einer «Prinzessin» in sich trägt, denn für diese Venus steht es außer Frage, *daß* der andere ihr zu Füssen liegt. Es käme ihr gar nicht in den Sinn, daß es Partner gäbe, denen *sie* eine Bestätigung oder auch nur Aufmerksamkeit schenken müßte. Gar daß sie für den anderen etwas tun müßte (außer seine Huldigungen entgegenzunehmen), ist eine Alternative, die gar nicht in ihre Denkmöglichkeit gerät.

«(Charles) war jemand, der durch die Umstände und die Erziehung dazu gezwungen worden war, für sich selbst einzustehen. Diana nicht. Sie wünschte sich jemanden, der ihre Persönlichkeit vervollständigte, ihre romantischen Phantasien mit ihr auslebte, ihr stetig Aufmerksamkeit zollte und jede wache Stunde in endlosem Entzücken mit ihr verbrachte» (Campbell, a. a. O., S. 224).

Zusammenfassend: Dianas Venus im Zeichen Stier ist eine eher unsichere und um ihren Status und ihre Würde besorgte Person, die in der Tiefe ihres Inneren eher eine Art Minderwertigkeitsgefühl in sich trägt. Dieses Wertproblem wird jetzt (im fünften Haus) damit kompensiert, daß sie das Prinzessinnensyndrom entwickelt und auf der Suche nach jemandem ist, der ihren Wert drastisch erhöht und sich zusätzlich in lebenslangen Huldigungen ergeht. Diese Huldigungserwartung wird freilich so groß, daß sie zwangsläufig nicht erfüllt werden kann:

«Abgesehen davon, daß jede Frau über fünfundzwanzig weiß, daß solche Männer (die mit dem «endlosen Entzücken», P. O.) nicht existieren, hatte Diana sich einen Mann ausgesucht, der von der Veranlagung her zu einer derartigen Hinwendung zu einem anderen Menschen nicht fähig war. ‹Obwohl nett und liebenswürdig und interessiert, ist der Prinz der egoistischste Mensch, den ich je kennengelernt habe›, sagte ein Höfling» (a. a. O., S. 224).

Beispiel: Venus Charles
Erstens: Die Venus im Zeichen Waage

Die Venus von Charles sucht eine Frau, die mit ihm auf der gleichen Höhe steht und die sich nicht von einer seiner Funktionen (Prinz von Wales) angezogen fühlt. Da das Thema der Waage auch (weil im dritten Quadranten beheimatet) eine geistige Auseinan-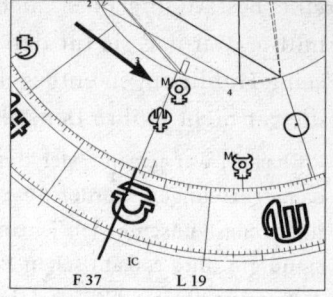

dersetzung zwischen zwei Menschen meint, wünscht diese Venus darüber hinaus auch das Gespräch und andere gemeinsame Bereiche, an denen beide interessiert sind.

«Das alte Thema der intellektuellen Harmonie und der Kameradschaft war eines der ersten Themen, die wieder auftauchten. ‹Um die Wahrheit zu sagen – er hielt sie für einfältig›, erzählte ein ehemaliger Höfling. ‹Er langweilte sich mit ihr zu Tode. Ich kann es ihm nicht verübeln. Sie hatte nie etwas zu sagen. Sie interessierte sich nur für Kleider und Babys. Sie könnte selbst dann keinen interessanten und originellen Gedanken hervorbringen, wenn ihr Leben davon abhinge. Sicher, sie war recht lieb. Aber nachdem sie gefragt hatte, wie es Ihnen geht, und Sie geantwortet hatten: «Gut» oder «Nicht so gut» und sie darauf erwidert hatte: «Wie schön» oder «Das ist schrecklich, erzählen Sie mir davon», waren ihre Gesprächsmöglichkeiten erschöpft»» (Campbell, a.a.O., S. 304f).

Natürlich ist es so, daß diese Waage-Venus (bei Charles) sich von einer Sonne im siebten Haus (ebenfalls ein Waage-Thema) – also von Dianas Sonne – angezogen fühlt. Noch dazu, wenn diese Sonne im Zeichen Krebs steht und Charles' Venus an der Spitze des vierten Hauses (das das Krebs-Thema in sich trägt) steht.

Zweitens: Die Venus im vierten Haus

Die Venus von Charles wünscht sich hier ein Stück Geborgenheit und Schutz, so als sollte der von ihm erträumte Partner (erträumt = Venus-Neptun-Konjunktion) ihm einen sicheren Kokon bieten, in dem die beiden Ruhe und Behaglichkeit finden können und der vor einer oft als bedrohlich erlebten Welt eine Schutzhülle bietet. Insofern wünscht sich diese Venus ebenfalls, daß der andere an ihm die Mutterrolle übernimmt. Oder zumindest seine Kinder ins Leben setzt.

Wir finden bei dieser Venus im Inneren von Charles ein erstes Mal ein Verständnis dafür, warum er Diana gewählt hat: Seiner *Venus* verlangt es nach einem Partner, der die Themen Waage und Krebs (viertes Haus) in sich trägt. Diese Themen sind bei Diana als Sonnenstand (nach außen) *deutlich sicht bar*: Sonne im siebten Haus (= Waage) und im Zeichen Krebs.

In Dianas *Auftreten nach außen* (denn hier zeigt sich die Funktion ihrer Sonne) findet Charles also seine Venus-Partnerwünsche vertreten. Das bildet eine starke Anziehung! Freilich *nur* für seine Venus, die ja – wie behauptet – nur 15 % des Partnerbegehrens in sich trägt.

Ebene 4: Das siebte Haus (und der Herrscher von 7)

Wir wollen uns zuerst darüber verständigen, welche Aussage das siebte Haus in unserem Radix-Horoskop in sich birgt.

Da die Themen «Körper» und «Seele» in den ersten sechs Häusern abgehandelt sind, beginnt im Haus sieben die «geistige Welt», und das ist jene Welt, die mir von außen entgegentritt und die deshalb – schließlich handelt es sich um mein Horoskop – *meine* Welt ist. Sie gehört also wesensmäßig zu mir. Natürlich unterliegt dieses Thema in erster Linie der inhaltlichen Ausprägung meines Aszendenten: Ich bekomme im Deszendenten ja immer den *Gegenpol* dessen, was ich selbst bin. Habe ich einen weichen Aszendenten (z. B. Krebs), so erhalte ich aus dem Außen ein hartes siebtes Haus (also einen harten Deszendenten), in diesem Falle Steinbock. Von diesem Sachverhalt redet unser Reisner-Zitat: Mir tritt von außen immer das eigene Unbewußte entgegen.

Warum? Nun, damit ich lerne, es in mich hineinzulassen oder, anders formuliert: damit ich es als einen zu mir gehörigen (unbewußten) Teil lange Jahre anschauen kann und es dann (vielleicht) eines Tages für möglich halte, diesen Teil in mich aufzunehmen, also ihn zu integrieren.

Das siebte Haus beschreibt also jenes Thema, das von außen an mich herankommt, und zwar insbesondere natürlich durch einen anderen Menschen, der für mich zu einem wichtigen Partner wird. Das siebte Haus beschreibt nicht etwa jene Person, die ich haben will! Sondern nur jene, die das Schicksal mir für einen Lernprozeß zugedacht hat. Das allein ist der Grund dafür, daß jede Partnerschaft sich früher oder später zu einem Problemfall entwickelt. Denn aus dem Außen tritt mir immer mein eigenes Unbewußtes entgegen, meine andere Seite, vor der ich bereits zu lange weggelaufen bin, die ich aber heute am liebsten auch wieder fliehen möchte – und das meist auch tue!

Haben wir diesen Gedanken akzeptiert, so können wir uns bei der Beschreibung der Themen, die das siebte Haus für uns parat hält, kurz fassen. Anders gesagt, wir lesen einfach die Partnerthemen, die wir bereits als Aszendenten beschrieben haben, jetzt als von außen (also vom anderen Menschen) kommende Anteile.

Stellen wir das einmal als Kurzformel dar:

Das siebte Haus in den entsprechenden Zeichen zeigt mir also durch einen anderen Menschen meine eigenen unbewußten Anteile des (der)

- Täters und meiner eigenen Aggressionen (Widder in 7)
- Opfers und meiner eigenen Minderwertigkeit (Stier in 7)
- Belanglosigkeit und Durchschnittlichkeit (Zwillinge in 7)
- kleinen Kindes und der emotionalen Hilflosigkeit
  (Krebs in 7)
- Großartigkeit und Herzlosigkeit (Löwe in 7)
- Anpassung an die Notwendigkeiten (Jungfrau in 7)
- Hingabe und Abhängigkeit vom anderen (Waage in 7)
- Verbindlichkeiten an jemanden oder etwas (Skorpion in 7)
- Sinnhaftigkeit des Lebens und der Großspurigkeit
  (Schütze in 7)
- Verantwortlichkeit und Härte (Steinbock in 7)
- Freiheit und des individuellen Weges (Wassermann in 7)
- Träume und Intuitionen und Illusionen (Fische in 7)

All diese Themen, da sie mit meinem Aszendenten nicht gelebt werden können, mußten von mir verdrängt und also in den Schatten verbannt werden, und deshalb müssen sie jetzt von außen an mich herantreten.

In gleicher Weise verfahren wir mit dem Herrscher des siebten Hauses. Auch ihn behandeln wir wie den Herrscher des ersten Hauses, nämlich als Zusatzinformation darüber, wohin (Haus und Zeichen) der Herrscher von 7 seine Interessen erstreckt.

Beispiel: Diana

Dieser Deszendent steht im Zeichen Zwillinge, und der Herrscher von 7 (der Merkur) geht ebenfalls in das siebte Haus (ins Zeichen Krebs).

Was also kommt Diana von außen (somit von ihrem Partner) entgegen?

Das Thema ihrer eigenen Mittelmäßigkeit, ihrer Belanglosigkeit (Zwillinge), eben der Verdacht, daß mit ihr eigentlich nicht soviel los ist. Auf welcher Ebene wird ihr das gezeigt? Da der Herrscher von 7 ebenfalls im siebten Haus steht, muß ihr das direkt vom Partner gezeigt werden. Ein Sachverhalt, der von ihr quittiert wird mit der Projektion: «Mein Partner nimmt mich und meine Gefühle (Herrscher von 7 im Krebs!) nicht ernst!»

«Der Prinz hatte versprochen, seine Mutter zu besuchen. Diana wollte jedoch, daß er bei ihr blieb. ‹Sie kramte in ihrer Trickkiste herum›, erinnert sich seine Verwandte, ‹und brachte einiges zum Vorschein. Zuerst kamen die üblichen Tränen – sie ist wie eine von diesen Filmschauspielerinnen, die auf Befehl weinen können. Als das nicht wirkte, folgten Drohungen. Jeder im Haus konnte sie hören, was einiges über ihre Lungenkapazität aussagt. Er stürzte aus dem Zimmer und sagte ihr klipp und klar, daß er weder seine Mutter noch jemand anderen wegen ihrer kindischen und egoistischen Launen enttäuschen würde. Sie lief ihm nach. Als er die Treppe hinuntergehen wollte, versuchte sie, ihm einen kräftigen Stoß zu versetzen, und schrie dabei, sie hoffe, er würde sich das Genick brechen»» (Campbell, a.a.O., S. 324).

In Dianas Horoskop bringt freilich der Herrscher von 7 keine so besonders neue Erkenntnis, denn da der Herrscher von 7 direkt neben der Sonne steht (im gleichen Haus und im gleichen Zeichen), bestärkt und bestätigt er nur das Sonnenthema der emotionalen Unreife, nämlich daß sie kindisch und kindlich reagiert:

«Wenn er vierundzwanzig Stunden am Tag mit ihr verbringt, würde sie einen Fünfundzwanzigstunden-Tag von ihm fordern. Und wenn er ihr dann sagte, daß er das nicht könne, würde sie sich wütend darüber beklagen, daß sie von ihm nie das bekäme, was sie brauche. So eine Frau ist sie. Ein wahrer Alptraum oder, wie die Deutschen sagen, ein richtiger Besen» (a.a.O., S. 325).

Beispiel Charles

Sein Deszendent steht im Zeichen Wassermann, und der Herrscher von 7 steht im elften Haus im Zeichen Zwillinge.

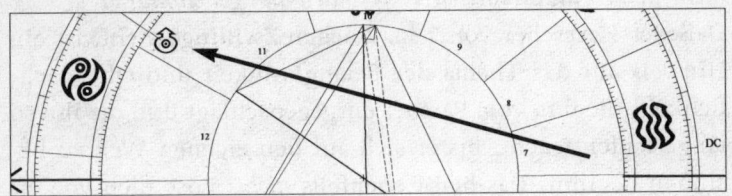

Wie immer bei der Selbstherrlichkeit eines Löwe-Aszendenten steht auf der gegenüberliegenden Seite – im siebten Haus – das Thema, daß meine Größenvorstellungen vom Sockel geholt werden müssen – und dieses Amt versieht (archetypisch) der Wassermann. Er, ein Beauftragter des vierten Quadranten, ist der einzige, der dem Löwen Paroli bieten kann, denn er nimmt diesen nicht ernst. Sein Thema ist die Freiheit, und so hat in Charles' Horoskop der *Partner* (also der wichtige andere Mensch) den Auftrag, Charles zu mehr Freiheit und mehr Unabhängigkeit zu verhelfen. Das will natürlich langfristig verstanden werden: *Indem* Charles eine Bindung eingeht (und also unfrei wird), wird ein Prozeß in Gang gesetzt, der darin gipfelt, daß Charles am Ende (im Inneren oder außerhalb der Beziehung) freier und unabhängiger wird.

Der Herrscher von 7 (also der Uranus) bestätigt dieses Thema noch einmal, indem er in jenes Haus geht – in das elfte –, das diese Aufgabenstellung (Wassermann) auch von der Hausebene her trägt. Das heißt, das Thema der «Lösung» ist nicht weiter inhaltlich bestimmt, wie es beispielsweise beim Herrscher von 7 in 4 (löse dich von der emotionalen Abhängigkeit) oder beim Herrscher von 7 in 7 (löse dich von deinem

Partner) wäre, sondern es geht um das «Lösen» und die «Unabhängigkeit» als Wert an sich.

Lerne also am Partner, daß du zu sehr gebunden bist und daß du mehr deinen individuellen Weg finden und gehen mußt!

Daß der Herrscher von 7 im Zeichen Zwillinge steht, ist ein Hinweis auf das Thema der Belanglosigkeit und Oberflächlichkeit, die ihm vom Partner entgegenschlägt und die ihn so lange leiden macht, bis er sich auf den eigenen Weg zu besinnen beginnt. Das heißt ebenfalls *nicht*: Löse dich von einem banalen Partner! Sondern es heißt: Solange du dich von deinem Partner abhängig machst, führst du ein mittelmäßiges Leben. Darin liegt wiederum *nicht* die Aufforderung: Löse dich aus jeder Partnerschaft, sondern lerne (sei es innerhalb, sei es außerhalb der Partnerschaft), deinen eigenen individuellen Weg zu gehen!

Ebene 5: Die Stellung des Mondes

In jeder Partnerschaft spielt der Mond eine gewisse Rolle, und wir sollten diese weder unter- noch überschätzen. Sein Thema ist die Geborgenheit, also wie sehr ich mich *in mir* zu Hause fühle. Dieses Sich-in-sich-selbst-zu-Hause-Fühlen wird natürlich auch gern als Bedürfnis an den anderen Menschen (also an den Partner) adressiert und delegiert: Er soll mir ein Zuhause geben. Das ist im realen, aber auch im übertragenen Sinne gemeint. Mit anderen Worten: Je mehr ich mich *in mir* zu Hause fühle, desto mehr kann mir auch jeder Partner ein Zuhause geben (und ich ihm). Je weniger ich mich in mir zu Hause fühle, desto weniger kann mir der andere Mensch – langfristig gesehen – ein Zuhause geben, *aber desto mehr stelle ich diese (meist unbewußte) Forderung an ihn.*

Nun wollen wir auch dieses Thema nicht überdramatisieren, es trägt gerade einmal 8 % des (allgemein statistischen) Partnerbegehrens, also andere innere Personen können im Partnerspiel weit stärker involviert sein.

Schauen wir uns einige Stichworte über das Thema des inneren Zuhauses an:

Mond im Widder (oder im ersten Haus)

Mein Mond ist ein kleines Kind, und das kriegt nie, was es will. So wird es zu einem trotzigen Kind und muß seine (untreue) Mutter auch immer wieder strafen. Es wird zu einem «Hänschenklein». Dieses Kind hat zwar ein Heim, aber das Heim ist nie so, wie das Kind es will. Zwar muß das Kind nicht wirklich leiden – aber es ist oft be-leid-igt.

Hat ein Zuhause, aber liebt es nicht.

Mond im Stier (oder im zweiten Haus)

Mein Mond fühlt sich unwichtig, wertlos und gänzlich unattraktiv, die anderen Personen in meinem Leben scheinen alle viel wichtigere Rollen einzunehmen als ich. Fühlt sich als Mauerblümchen.

Hat ein Zuhause, aber die Konkurrenz der anderen ist zu stark.

Mond im Zeichen Zwillinge (oder im dritten Haus)

Mein Mond hat kein großes Bedürfnis nach Geborgenheit. Er kann sich ohnehin nicht fühlen. Er kann zwar das Wort «Geborgenheit» aussprechen, aber kaum etwas damit verbinden. Er weiß nicht, wie man etwas fühlt. Das reicht mitunter zu einer Portion Selbstmitleid, aber nicht zu echtem Leid.

Hat ein Zuhause, interessiert sich aber nicht sonderlich dafür.

Mond im Krebs (oder im vierten Haus)

Mein Mond hat ein starkes Bedürfnis nach Geborgenheit, Schutz und Nähe. Er kann diese Nähe selbst geben und sie auch sehr gut in Empfang nehmen. Er ist der Baumeister sehr behaglicher Nester. Sein Problem besteht darin, zu begreifen, daß Nester (wie bei den Vögeln) nur in bestimmten Lebensphasen benötigt werden – er will immer eines.

Ist das personifizierte Zuhause.

Mond im Löwen (oder im fünften Haus)

Mein Mond hat das Bedürfnis (mit Hilfe der Mutterrolle oder mit Hilfe der Nestbaurolle) zu dominieren. Er will ein nestbauender Chef sein. Damit aber macht er seinen Partner zu einem (pardon!) Dackel, von dem er verlangt, vor ihm «Männchen» zu machen. Das gibt Ärger!

Hat ein Heim, das er als König zu regieren gewohnt ist.

Mond in der Jungfrau (oder im sechsten Haus)

Mein Mond muß sich um all die Dinge kümmern, die von den anderen liegengelassen werden. Diese Arbeit ist unerfreulich und macht leicht den Rücken krumm. Er tut zwar alles, was getan werden muß, aber man dankt es ihm kaum.

Hat zwar ein Heim, fühlt sich dort aber wie Aschenputtel, lange bevor an den Prinzen überhaupt nur zu denken ist.

Mond in der Waage (oder im siebten Haus)

Mein Mond hat hier sein Bedürfnis nach Nähe und Geborgenheit an den anderen delegiert und erwartet, daß der andere ein Nest für ihn baut. Der Unterschied zum Mond im Krebs (der recht subtil ist) besteht darin, daß im einen Fall (Mond im Krebs) ich ein Kind haben – oder ein Nest bauen – möchte, im anderen Fall (Mond in der Waage) ich ein Kind *vom anderen* haben möchte – oder daß der andere mir ein Nest baut.

Hat kein Heim, versucht jetzt vom anderen eins zu bekommen.

Mond im Skorpion (oder im achten Haus)

Mein Mond hat hier eine Vorstellung von einem Heim, das heißt, wie unser Heim aussehen *müßte*, damit ich mich darin wohlfühlen *könnte*. Weil sich dieses Bild letztlich nie mit Leben füllen läßt, lebt dieser Mond sein Leben lang in der Welt des Konjunktivs: «müßte», «hätte», «wäre», «sollte».

Hat zwar ein Heim, aber es ist immer das falsche, da es nie seinen Vorstellungen entspricht.

Mond im Schützen (oder im neunten Haus)

Mein Mond ist hier auf der Suche nach einem geistigen Heim, einem geistigen Zuhause. Es geht ihm hier nicht mehr so sehr um die Geborgenheit in der Familie, sondern um die geistige Zugehörigkeit zur großen Familie der Seelendurchwanderer. Dieser Mond fühlt sich wohl, wenn sich ihm die Seele der anderen Menschen öffnet und er an ihnen teilhaben darf.

Mag ein Heim haben (oder nicht), ist daran jedoch nicht sonderlich interessiert.

Mond im Steinbock (oder im zehnten Haus)

Mein Mond ist hier heimatlos. Er fühlt sich (seit frühester Kindheit) abgelehnt, und in seiner Seele ist Kälte und Unnahbarkeit. Dieser Mond wartet sein ganzes Leben darauf, daß jemand von außen kommt und mit seinen Tränen das «Herz aus Eis» zum Schmelzen bringt.

Hatte bereits in der Kindheit kein Heim und muß lernen, in sich selbst ein Heim zu finden.

Mond im Wassermann (oder im elften Haus)

Mein Mond ist hier vor die schwere Aufgabe gestellt, sich von der Kindheit (und den Eltern) zu verabschieden. Vater und Mutter sind nicht schuld an meiner Misere, und eines Tages

muß ich sie in Frieden ziehen lassen. Ich werde nie ein Zuhause haben, denn ich bin ein «einsamer Wanderer». Ich gehöre zur großen Fraktion der Heimatvertriebenen, jetzt muß ich nur noch erkennen, daß das auch seine angenehmen Seiten hat. Nichts hält mich fest, nichts nimmt mich gefangen. Ich kann jederzeit mein Gepäck nehmen und gehen.
Hat kein Heim auf Dauer.

Mond in den Fischen (oder im zwölften Haus)

Mein Mond und mein Heim sind nicht von dieser Welt. Es existiert nur in meinen Träumen (besonders in der Tiefschlafphase) und in meinen Illusionen. Aber in der Realität besteht es nur aus einem Manko. Jedes reale Heim (das ich durchaus haben mag) kann mich nur enttäuschen.

Ich lebe in einem Wolkenkuckucksheim, das immer wieder (wie ein Kartenhaus) von der Realität zum Einsturz gebracht werden kann.

P. S.: Die letzten drei Konstellationen bedeuten nicht, daß ich kein Heim (oder keine Familie) haben kann!

Ich kann sehr wohl – auch lebenslang – verheiratet sein, aber ein «richtiges Heim» habe ich trotzdem nie.

Beispiel: Der Mond Dianas

Dieser Mond steht im zweiten Haus und im Zeichen Wassermann.

Das zweite Haus läßt in ihr das Gefühl entstehen, unwichtig und wertlos zu sein, und hinterläßt den Eindruck, daß alle anderen Menschen für Charles wichtiger sind als sie. Wie gesagt, es

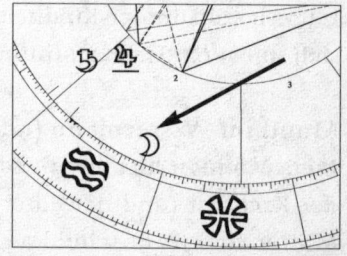

geht hier nicht darum, daß das tatsächlich so ist, sondern es fühlt sich so an, *weil ihr Mond sich immer so fühlt*! Der Partner eines derartigen Menschen könnte sie auf Händen tragen, es würde sich jedesmal, wenn er sie absetzt, wieder so anfühlen.

Der Wassermann-Teil dieses Mondes weiß, daß sie niemals zu Hause sein wird, und er arbeitet darauf hin, sich von allen Abhängigkeiten zu lösen. Das aber weiß Diana (in jungen Jahren) noch nicht. Sie hat ihre Rolle als «Wanderer», also als eine Frau, die an ihren Partnerschaften erwachsen werden soll, noch nicht angenommen.

(Derartiges kann frühestens mit 35 Jahren beginnen.)

Bevor die Annahme dieser Rolle nicht erfolgt ist, muß sie sich zutiefst einsam fühlen.

Beispiel:

Der Mond von Charles

Dieser Mond steht im zehnten Haus und im Zeichen Stier. Damit ist er gar nicht so weit von Dianas Mond entfernt: Auch er fühlt sich abgelehnt und heimatlos. Vor lauter Verantwortung (zehntes Haus) kann er sich nicht einfach in die Geborgenheit zurückziehen. Er wartet darauf, daß sie ihm von

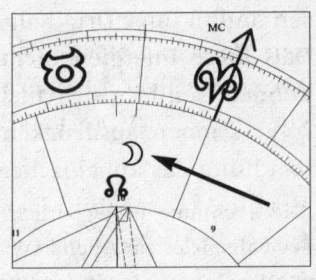

außen endlich – als Erlösung – zuteil wird. Da er sich selbst (im Stier) nicht leiden kann (und sich also für unwichtig und wertlos empfindet), steht sein Mond eigentlich die ganze Zeit da und jammert: «Keiner hat mich lieb!» Und leider stimmt das auch.

Ebene 6: Die Stellung von Mars

Das Thema der Partnerschaft umfaßt – wie wir gesehen haben – eine ganze Reihe von inneren Personen. Manche haben an diesem Thema ein größeres Interesse, manche ein geringeres. Es ist mit dem Inneren wie im richtigen Leben auch: Stellt man zehn beliebige Personen vor das Schaufenster eines Computergeschäfts, so fühlen sich von den zehn vielleicht zwei Personen in ihrem Eros berührt. Die anderen sagen: Das geht nicht an mich heran. In ähnlicher Weise: Stellt man zehn Personen vor die Auslagen eines Sex shops, so dürfte das Verhältnis ähnlich sein. Der Mars jedoch drückt sich mit Sicherheit die Nase an der Schaufensterscheibe platt.

Er ist zuständig für die *energetische Seite* der Sinnlichkeit und der Sexualität, und deshalb ist er auch für das Partnerschaftsgeschehen im gewissen Sinne stimmberechtigt.

Er stellt die Energie für das sexuell-sinnliche Spiel bereit, und sein Wunsch besteht darin, diese Energie auch freizulassen und in ihrer Originalgestalt leben zu dürfen.

Daß diese Energien nicht nur phallisch abgeführt werden können, sondern sich auch in den alltäglichen Kämpfen und Aggressionen ausdrücken können, haben wir bei der Behandlung des «phallischen Eros» schon festgehalten.

(Die Rechnung ist eigentlich ganz einfach: Warum gibt es für den Fußballspieler am Abend vor dem Spiel [vom Trainer verordnet] keinen Sex? Nun, damit das Reservoir des phallischen Eros und damit seine Energien [vom Standpunkt des Trainers aus] nicht an anderer Stelle sinnlos verbraucht, sondern für den Kampf am nächsten Tag aufgespart werden.)

Insofern ist der phallische Eros am Partner, also am anderen Menschen, durchaus interessiert: Er will aktiven Sex, und er will aktive Auseinandersetzung, also Kampf.

Da er (wo immer er auch stehen mag) ein *männlicher* Täter ist, verrichtet er seine Aufgabe im Inneren eines Mannes auf eine gesellschaftlich akzeptiertere Weise als im Inneren einer Frau. Daraus resultiert oft, daß seine Impulse im Inneren einer Frau länger unterdrückt oder gar verdrängt sind. Doch auch diese Person läßt sich nicht ewig von der Oberfläche fernhalten; irgendwann ploppt sie doch nach oben, und dann gibt es das, was man den «Kampf der Geschlechter» nennt. Seine beiden Ausdrucksformen werden von dem Filmtitel: «Sie küßten und sie schlugen sich» deutlich ausgesprochen. Weil diese Person Mars relativ oft verdrängt ist, geben wir hier zwei Äußerungsformen an: einmal im Inneren eines Täters (archetypisch: eines Mannes), einmal im Inneren eines Opfers (archetypisch: eine Frau).

(Wir müssen wohl nicht mehr erwähnen, daß hier nicht das äußere Geschlecht gemeint ist, sondern das Innere, das sich aus dem Aszendentenstand und der Sonne ergibt!)

Mars im Widder

Männlich

Ist Täter par exellence, will Sex oder Kampf – ganz ungebremst und ohne Rücksicht auf Verluste. Verkörpert das Prinzip des «mit dem Kopf durch die Wand» in reinster Form.

Weiblich

Wartet meist, daß der andere das Faß zum Überlaufen bringt und schlägt dann – nach einiger Zeit des Aufstauens – tierisch zu. Diese Aggression hält sich für reaktiv – der andere muß einen Grund liefern.

Mars im Stier

Männlich

Schweift durch die Discos etc. auf der Suche nach dem «one-night-stand». Denkt furchtbar oft an das eine, hat aber Schwierigkeiten, den ersten Schritt zu tun.

Weiblich

Wartet auf die Täter von außen, wünscht sich, «genommen» zu werden, hat jedoch Schwierigkeiten, sich (und anderen) das einzugestehen.

Mars in den Zwillingen

Männlich

Ist ein Papiertiger. Kläfft, aber beißt nicht. Redet gern übel nach.

Weiblich

Dito. Meckert ständig.

Mars im Krebs

Männlich

Ist schnell beleidigt. Und zieht sich dann – oft für Monate – schweigend in seinen Schmollwinkel zurück. «Und sagte kein einziges Wort.» Trotzkopf.

Weiblich

Hier wird der Kummer sehr schnell in Tränen ausgedrückt, die jedoch als Waffe gedacht sind. Hier weine ich nicht um mich, sondern *gegen* den anderen. Kann – in seiner Verletztheit – sehr grausam werden.

Mars im Löwen

Männlich

Machtkampf. Es geht um das Thema: Wer hat in der Beziehung die Hosen an. Will Chef sein. Außerdem sexuell hochaktiv.

Weiblich

Machtkampf. Es geht um das Thema: Wer hat in der Beziehung die Hosen an. Will Chef sein. (Anfangs ist der Kampf subtiler, nach zwei Ehejahren nicht mehr.)

Mars in der Jungfrau

Männlich

Kämpft für Sauberkeit. Muß einen «guten Grund» haben für seine Empörung. Sieht sich als «weißen Ritter» oder als «Robin Wood», ist jedoch ebenfalls ein Papiertiger. Und ein Heuchler.

Weiblich

Der Kampf gegen die «Machos», die immer nur das eine wollen, soll verschleiern, daß ich eigentlich geschlechtslos bin. Wird ebenfalls schnell zur Heuchlerin.

Mars in der Waage

Männlich

Hat sich seiner Aggressionen entledigt und diese auf den Partner projiziert. Will nur Frieden und Harmonie, also muß der andere mir die Konflikte präsentieren. Ich bin jetzt fein raus, da ich ja nur reagiere.

Weiblich

Genauso.

Mars im Skorpion

Männlich

Verwendet seine phallischen Energien, um den anderen zu binden und ihn abhängig, ja hörig zu machen. Sex ist hier nur Mittel zum Zweck und nicht Selbstzweck. Harpuniert den anderen.

Weiblich

Wartet darauf, harpuniert zu werden. Leidet unter der Abhängigkeit (vom Harpunen-Widerhaken), weiß aber nicht, daß sie sich der Harpune angeboten hat. Schmerzlust.

Mars im Schützen

Männlich

Verachtet die Andersdenkenden und macht sie geistig nieder. Sein bevorzugtes Ausdrucksfeld ist der Spott. Das Besserwissen als Waffe. Symbol: *Spiegel*-Redakteur.

Weiblich

Leidet unter den Beziehungsbesserwissern. Hat nie das Gefühl, vom anderen geistig akzeptiert zu werden, obwohl sie Wichtiges zu sagen hätte. Kämpft gegen die Kopfgeburten des anderen mit eigenen Kopfgeburten.

Mars im Steinbock

Männlich

Zwingt dem anderen seine Autorität auf. Macht das Recht des Erfahreneren geltend und ist dabei eigentlich ein Ewiggestriger. Hängt an der Tradition und läßt nur seine Moral gelten.

Weiblich

Fühlt sich zu älteren Partnern hingezogen und hat eigentlich einen Vaterkomplex. Sucht sich eine Autorität im Außen und wundert sich dann, daß die Welt «alt und grau» ist. Probt irgendwann den Aufstand gegen die Autoritäten. Die Alt-68er, die jetzt selbst so werden wie ihre Väter.

Mars im Wassermann

Männlich

Hier arbeitet der Mars unbewußt daran, daß meine Partnerschaften sich lösen (also lose werden) und daß alle Abhängigkeiten an zu enge Bindungen (oft durch Intrigen oder Verrat) gelockert werden. Ich löse mich dann vom anderen.

Weiblich

Dito. Aber mit dem Unterschied, daß der Mars hier das Lockerungswerk meist an den anderen delegiert und so dafür sorgt, daß der andere sich löst. Ich bin dann zwar sauberer – aber mein Kummer ist auch größer.

Mars in den Fischen

Männlich

Hier *träumt* mein Mars davon, ein feuriger Liebhaber zu sein, freilich nur, wenn endlich die «Richtige» käme. Dieser Mars ist ein Traumtänzer, ein Verlierer, ein Träumerchen. Manche sagen: ein Trottel.

Weiblich

Der beliebte «Traumprinz» im Leben vieler romantischer Frauen. Man kann all seine Bedürfnisse auf diesen Märchenprinzen projizieren, denn er kommt sowieso nicht. Und wenn er schon einmal kommt, lügt er das Blaue vom Himmel.

Beispiel: Der Mars Dianas

Seine Stellung: im Zeichen Jungfrau und im achten Haus.

Die Energien dieses Mars gehen im Zeichen Jungfrau dahin, sich zu wehren, gegen die Macho-Ansprüche zu kämpfen und damit zu verschleiern, daß Diana

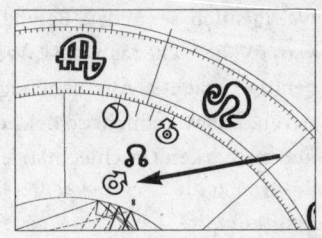

selbst sehr viele männliche Anteile hat. Im achten Haus wird der Mars zu einer «Klette», die Bindungen nicht so schnell aufgibt und sich eher masochistisch mißhandeln läßt, als den anderen in Frieden ziehen zu lassen. Er läßt also nicht los und verfolgt die, die sich schuldig gemacht haben, mit beißendem Sarkasmus. In seiner Welt kommt ein Eingeständnis, daß Diana selbst auch nicht alles richtig gemacht haben könnte, nicht vor. Und obwohl er die anderen zu Schuldigen erklärt, läßt er sie doch nicht los.

Beispiel: Der Mars von Charles

Seine Stellung: im Zeichen Schütze und im fünften Haus.

Im Gegensatz zu Dianas Mars, der reaktiv ist (die Jungfrau reagiert immer nur), ist der Mars von

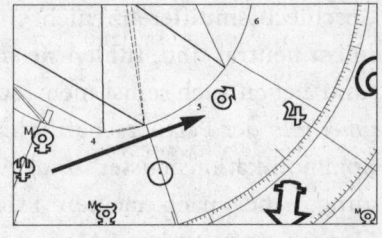

Charles aktiv, also Täter. Im Zeichen Schütze ist er ein Spötter und weiß, daß er den anderen (also auch seiner jeweiligen Partnerin) überlegen ist, und im fünften Haus, dem Löwe-Haus, geht es ihm wieder einmal um die Vorherrschaft, die er wie selbstverständlich übernimmt. Sexuell ist er hier hochaktiv, aber von immer demselben Partner leicht gelangweilt.

«Und der Prinz von Wales ist ein äußerst sinnlicher Mann mit überwältigenden sexuellen Bedürfnissen, denen Diana nicht gewachsen war. Woher ich das weiß? Wegen einer Bemerkung, die sie mir gegenüber machte. Aus naheliegenden Gründen kann ich sie nicht zitieren. Das wäre nicht schicklich. Aber sie sagte klar, daß er für sie einen zu starken Geschlechtstrieb habe» (Campbell, a. a. O., S. 120).

Die restlichen Planeten

Soweit die *Ebenen*, die bei einer Betrachtung über das Thema der Partnerschaft in erster Linie angeschaut werden sollten. Der Leser mag sich zu Recht fragen, was es denn mit jenen inneren Personen auf sich hat, die von den Planeten Merkur, Jupiter, Saturn, Uranus, Neptun und Pluto symbolisch dargestellt werden. Haben diese kein Partnerschaftsinteresse? Schauen wir sie nacheinander an, um zu verstehen, welchen Anteil sie an dem Partnerschaftsspiel haben.

Merkur (in den Zwillingen und in der Jungfrau)

Die Interessen dieser Personen liegen aufgrund ihrer Geschlechtsindifferenz nicht in der Partnerschaft. Da sie selbst neutral sind, fühlen sie sich *zu niemandem* hingezogen (und ziehen auch selbst niemanden an). Natürlich erfüllen sie *innerhalb* der Partnerschaft wichtige Funktionen und stellen Kommunikationsmuster und Abwehrstrategien zur Verfügung. Aber nach meinen Erfahrungen hat noch nie ein Mensch einen anderen Menschen aufgrund der Stellung seines Merkurs zum Partner gewählt. Natürlich glaubt man mitunter, daß man einen anderen Menschen wegen seiner Eloquenz (Zwillinge) oder seines Verstandes (Jungfrau) wegen gewählt hat, doch meist irrt man sich dabei, denn zwei (oder mehrere) andere Personen haben längst ein unsichtbares Band geknüpft, und die Klugheit des anderen ist nur ein zusätzlicher Grund, den sich der Kopf rationalisierend zurechtlegt.

Wo tatsächlich Menschen aufgrund der Merkurs zusammenfinden, ist das ein zu dünnes Brett. Es trägt auf keinen Fall *zwei* Menschen.

Jupiter

Diese innere Person ist – wie bereits vermerkt – an anderen Menschen nur kurzzeitig interessiert. Zwar benötigt auch der Jupiter für sein Thema des Verstehens und der Weitsicht andere Menschen, aber sein Konzentrationsvermögen auf *einen* anderen ist stark begrenzt.

Seine Heimat ist die geistige Welt und nicht die körperliche oder die seelische. Die archetypische Figur des Jupiters ist ja der Priester, der zwar die Gläubigen benötigt, um seinen Weg zu gehen, dem aber – aus gutem Grund – keine Ehefrau zugebilligt wird. Seine geistigen Berührungen finden im Gespräch, in der Beratung, in der Beichte statt, denn diese Veranstaltungen sind kurz und hinterlassen kein Bindeverlangen. Jedenfalls nicht bei ihm. (Wo es das dennoch tut, sind eben andere Personen bei ihm am Werk.) Natürlich kommt es häufig vor, daß er – der Jupiter – vom anderen zum Partner erwählt wird, weil dieser an seiner geistigen Weite partizipieren möchte, und derartiges schmeichelt ihm natürlich. Aber sein Einlassen geht schnell vorüber.

Zwei Menschen also, die aufgrund ihres jeweiligen Jupiters zusammenfinden, haben in ihrem Inneren einen (unbewußten) Vertrag, der auf geistiges Geben und Nehmen abzielt. Wobei der eine gibt, der andere nimmt. Hat der andere alles genommen, was zu nehmen war, zieht er – in der Regel – weiter. Ein starkes Band läßt sich daraus nicht knüpfen, denn es sind zu wenig Gefühle involviert.

Saturn, Uranus, Neptun und Pluto

Mit dem Saturn beginnt jener innere Personenkreis, zu dem der Mensch lange keinen Zugang hat und der deshalb zu den objektiven Personen rechnet.

«Objektiv» aber heißt: Hier knüpft das Schicksal seine Fäden, und der Mensch ist diesen Fäden ausgeliefert. Er durchschaut sie nicht, und *sie arbeiten in jedem Fall gegen seine subjektiven Intentionen*. Wohlgemerkt: Sie arbeiten nicht gegen den Menschen an sich, sondern nur gegen das, was er *für sich* will.

Ein Beispiel mag das erhellen: Der Mensch hat subjektiv das Verlangen, eine Million im Lotto zu gewinnen. Er verfolgt die Ziehung der Zahlen am Samstag im Fernsehen, und siehe da: Er hat sechs Richtige. Jetzt kreischt sein Ego (Sonne) und auch die anderen subjektiven Personen (Venus, Merkur, Mars etc.) vor Verzückung über so viel Glück und eine derartige Erhöhung in den Zustand der Wichtigkeit. Nur leider muß er etwas später feststellen, daß die subjektiven Personen «vergessen» haben, am Freitag den Lottoschein abzugeben. So muß es dem Menschen jedenfalls erscheinen: *Er* hat es vergessen! Die Wahrheit aber sieht anders aus. Was dem Menschen als *passive* Tat, als Versäumnis, als Vergessen erscheint, war in der Wirklichkeit der Seele eine *aktive Handlung* eine der objektiven Personen. Diese Person, meist der Uranus – da er der Spezialist für die Fehlhandlung des Vergessens ist –, hat die klare und deutliche Anweisung (quasi den Befehl an die Subjektiven) vergeben: Lottoschein vergessen! Und die Subjektiven (Mars, Mond, Sonne, Venus etc.) haben diesen Auftrag getreulich ausgeführt, denn sie haben dem Uranus nichts entgegenzusetzen.

In ganz ähnlicher Weise arbeiten die objektiven Personen auch an meinem Partnerthema. Sie sägen quasi an meinen subjektiven Ästen, aber nicht an dem Baum als solchen.

Jeder Gärtner weiß, daß Rosenstöcke beschnitten werden müssen, daß sie es selbst aber niemals täten (ja, gar nicht tun können), denn es tut ihnen weh. Aber: Nur der beschnittene

Rosenstock bringt im nächsten Jahr prächtigere Rosen hervor. Der menschliche Rosenstock aber spürt nur den subjektiven Schmerz der Beschneidung (durch die objektiven Personen) und braucht lange Zeit, um (Jahre später) herauszufinden, daß die Beschneidung ihm sehr gutgetan hat.

Die objektiven Personen führen also immer eine *Beschneidung* durch, und deshalb fürchtet der Mensch sie (wie der Teufel das Weihwasser) und wählt sich niemals einen Gärtner (mit einer Schneideschere) zum Partner.

Und das Schöne, das wirklich Bezaubernde an dem Spiel ist: *Jeder* Partner hat heimlich eine Schere in seinem Gewand!

Saturn

Diese innere Person verkörpert in der Partnerschaft das personifizierte «Nein» des anderen Menschen meinen *eigenen subjektiven Bedürfnissen und Wünschen gegenüber*. Wo immer ich vom Partner ein Nein entgegengesetzt bekomme, ist diese (meine eigene) innere Person am Werk, die ich an den Partner delegiert habe und die er jetzt aus dem Außen wieder zu mir zurückträgt. Daß dieses Nein sich im anderen mitunter verkleidet und eine objektiv nachvollziehbare (und damit rationale) Gestalt annimmt, ist relativ nebensächlich. So schafft der Saturn gern Distanz, wo meine subjektiven Personen Nähe wünschen, oder er schafft Nähe, wo sie Distanz wollen – und er findet immer gute Gründe dafür:

Der Ehemann, der mit seiner Ehefrau sexuellen Kontakt wünscht, findet seinen eigenen Saturn mitunter gespiegelt in der Migräne der Ehefrau, die aus diesem nachvollziehbaren Grund den Verkehr verweigert. Oder die Ehefrau, die mehr Nähe zu ihrem Mann wünscht, findet ihren eigenen Saturn mitunter gespiegelt in dem Arbeitspensum (und den Überstunden) des Ehemannes, der aus ebendiesem gut nachvollziehbaren Grund die Nähe eben nicht herstellen kann.

Dieses «Nein» erscheint jedem der beiden dann oft als eine besondere Form der Härte, die der Partner einigen (oder gar vielen) meiner subjektiven Bedürfnisse entgegenbringt und über die ich mich bei ihm (oder anderen gegenüber) bitterlich beklage und beschwere.

Die *Grundregel* freilich lautet beim Saturn und bei jedem «Nein», das einem meiner subjektiven Bedürfnisse entgegengesetzt wird:

Ich habe für dieses Bedürfnis die Verantwortung noch nicht übernommen.

Mit anderen Worten: Ich bin mir noch nicht klar darüber, was hinter diesem subjektiven Bedürfnis eigentlich steckt! Noch anders gesagt: Das betreffende subjektive Bedürfnis steckt noch in den Schuhen der Kindheit, also im Stadium der Unreife – es ist noch nicht erwachsen!

Das darf nicht mißverstanden werden. Es heißt nicht, daß ich das Bedürfnis abschaffen muß. Ich muß es nur in einen reiferen, erwachseneren Zustand überführen. Es kann danach immer noch formal derselbe Wunsch, dasselbe Bedürfnis sein, aber indem er durch das Abitur des Saturns hindurchgelaufen ist, hat das Bedürfnis eine reifere Gestalt angenommen.

Saturn will also immer eine Reifeprüfung initiieren, eine Initiation in den Status des Erwachsenen. Das aber ist meinen subjektiven Bedürfnissen schlicht und ergreifend zuwider. Sie möchten auf ihrer jeweiligen Stufe verharren.

Uranus

Diese Person knüpft nahtlos an das Thema des Saturns an, sie setzt freilich noch eins obendrauf. Will der Saturn mich (in der Beziehung) erwachsener machen, so hat der Uranus das Bedürfnis, mich zusätzlich noch *frei* und *unabhängig* zu machen. Ich soll also meine Abhängigkeiten verlieren, soll nicht nur *erwachsen*, sondern auch noch *eigenständig* werden. Auf eigenen Füssen stehen können. Also nicht mehr an diesen oder jenen Partner gebunden zu sein und damit insgesamt unfrei. Jetzt könnte man fragen: Ist eine Beziehung in Freiheit überhaupt denkbar? Man könnte mit der gleichen Berechtigung jedoch auch die Gegenfrage stellen: Ist eine Beziehung, die aus einem Muß besteht, tatsächlich eine Partnerschaft?

Die Antwort ist einfach: Zwei Menschen, die aus einem Zwang zusammen sind, haben in der Tat eine Beziehung.

Das Wort «Beziehung» kann uns hier eine Hilfestellung leisten. Man sieht an dem Wort gleichsam die Fäden, an denen der eine oder andere zieht und die jeden der beiden zu einer Marionette des jeweils anderen macht. Vor lauter «Ziehen» und «Gezogenwerden» kann natürlich von Freiheit keine Rede sein. Jeder kennt die Fäden (die Knöpfe) des anderen, und so sind die meisten Beziehungen nichts anderes als gegenseitige *Verwicklungen* (der verschiedenartigen Fäden).

Der Uranus aber kommt daher und schneidet (äußerst schmerzhaft) so lange Fäden durch, bis ich alle Verwicklungen durchschaut habe und mir das leisten kann, worum es bei zwei Menschen letztlich geht: um *Partnerschaft*!

Hier zieht dann keiner mehr, weil beide frei und freiwillig so weit auf den anderen zugehen, wie sie es im Moment (und zwar jeden Moment neu) wünschen.

Zugegeben: So definiert ist Partnerschaft das kostbarste Gut überhaupt, und ich kenne niemanden, der dieses Ziel auch nur ansatzweise bereits erreicht hätte. Dennoch arbeitet der «objektive» Uranus mit großer Kraft und großer Hingabe daran, uns alle diesem Ziel näherzubringen.

Neptun

Diese innere Person ist besonders schwer zu entdecken und zu leben. Auf den ersten Blick ist sie ein Gespenst und webt ihre zarten Gespinste dergestalt, daß sich die subjektiven Personen darin verfangen. Sie gaukelt Trugbilder vor (so wie dem Durstigen in der Wüste eine Oase), und wenn man dann nach diesen Schäumen (nach dem Schwarm) greifen will, dann sind es nur Luftspiegelungen. So ist natürlich auch im Inneren von Beziehungen die Welt ausgeschmückt von wunderschönen Fata Morganen, und manche Menschen leben tagtäglich in einer derartigen Welt der Träume und der Beziehungsillusionen. Sie träumen von Johnny Depp und begreifen nicht, daß sie sich selbst zu einem solchen machen.

Will denn der Neptun uns nur an der Nase herumführen? Natürlich nicht.

Sein Interesse ist von höherer Art: Er will uns deutlich machen, daß es zwei Welten gibt. Es gibt eine Welt *hier* (und diese Welt ist real), und es gibt eine Welt auf der anderen Seite der Welt (und sie ist ebenfalls real). In der einen Welt leben wir am Tag, und in der anderen Welt leben wir in der Nacht (im Traum, in der Phantasie, im Mythos, im Märchen). Neptun (oder Morpheus) ist der Führer durch diese Welt der Nacht (so wie die Sonne der Führer am Tag ist), und er kann uns Kenntnis über dieses Reich verschaffen. Er stellt gleichsam unsere Verbindung zum Himmel, zu Gott, zu den Göttern dar. (Deshalb tritt er auch gern als Engel auf!)

Der Mensch soll nun mit seiner Hilfe lernen, daß es dieses jenseitige Reich der Götter (nennen wir es einmal so) tatsächlich gibt – deshalb *muß* sich der Neptun in die Welt des Tages einmischen! Aber – und das ist ein sehr dickes Aber! – wo der Mensch die Gestalten der jenseitigen Welt in die diesseitige Welt herüberführen will, also seine Träume real werden lassen möchte, muß der Neptun ihm ebenfalls zeigen, daß der Mensch sich täuscht, daß er seinen Illusionen aufsitzt. Und daß seine Träume zerplatzen werden wie Seifenblasen. Er ist der Erzeuger der Illusion (des Drüben), und er ist der Zerstörer der Illusion (hier). Er sagt: Vertraue deinen Träumen, sie sind real, aber versuche niemals, sie im Diesseits der Welt zu leben. Sonst wirst du ein Traumtänzer, ein Illusionist und ein Trottel (ein Depp)!

Jeder Traum von Aleta, der Königin von den Nebelinseln (aus dem Comic Prinz Eisenherz), wird damit enden, daß ich begreife: Aleta wird die Nebelinseln nie verlassen, und ich kann diese Insel selbst nur des Nachts (in der Tiefschlafphase) betreten. Tagsüber existiert diese Insel genausowenig wie mein Märchenprinz oder meine Traumprinzessin.

Pluto

Pluto als innere Person ist ein Sonderfall!

Er gehört nicht zum vierten Quadranten, ist also kein Engel – oder besser gesagt: Er ist ein zutiefst gefallener Engel, der sich jetzt tief in meinem Inneren (im Inneren der Erde – was dasselbe ist) ein eigenes Reich errichtet hat.

Er ist allerdings auch nicht subjektiv in dem Sinne, daß ich mich mit ihm identifizieren oder «ich will» zu ihm sagen könnte.

Sein Amt, sein Drang besteht darin, daß er anderen meiner inneren Personen (mit denen er eine geheime Allianz eingeht) dergestalt etwas verkauft, also ihnen einen Floh ins Ohr setzt, *daß er diese damit vom Leben ab- und fernhält*!

Ist die Sonne oder das Tierkreiszeichen Löwe im Horoskop archetypisch zuständig für die bunte Entfaltung des Lebens und des Lebendigen, so ist der Pluto oder das Tierkreiszeichen Skorpion zuständig für die dunkle Entfaltung allen Nichtlebens und allen Nichtlebendigen. Würde allerdings der Pluto diesen Plan offen verfolgen, so könnte man ihn sofort durchschauen, und niemand würde seinem Einfluß und seinen Einflüsterungen folgen. Da er das weiß, bediente er sich eines genialen Tricks: Er etablierte den Konjunktiv. Und mit Hilfe dieser semantischen Karotte (die natürlich mehr ist als das) schafft er zusätzlich zu der Welt, wie sie ist, eine zweite Welt, eine neue Welt, nämlich die Welt, *wie sie sein sollte* (und die mausetot ist)! Man kann ihn und seinen Einfluß daran erkennen, daß seine Welt aus den Hilfsverbkonstruktionen: hätte, sollte, würde, müßte, dürfte etc. bestehen. Indem er diese Verbformen in die Welt brachte, baute er gleichzeitig daran, die reale – aber lebendige – Welt abzuschaffen.

«Was immer dir nicht gefällt», so sagt er, «an der Welt oder an dir, kannst du ändern nach einem Bild, wie es besser ist (und das ich dir gebe)!» Damit hat er natürlich auch in der Beziehungswelt eine riesengroße Spielwiese zur Verfügung, das, was mir nicht gefällt oder nicht genügt, auf Grund einer neuen Vorstellung anders zu gestalten. Und während der Neptun einen – hier auf Erden – nicht zu realisierenden *Traum* errichtet, baut der Pluto an einem – nirgends zu realisierenden – *Ideal*!

Eigentlich sagt er: «Schafft endlich künstliches Leben.»

Aspekte

Diese letzten vier objektiven Planeten und damit die von mir nicht zu beeinflussenden objektiven Personen (in meinem Inneren!) werden in der Partnerschaft nicht als signifikante Personen *für sich* gedeutet, sondern sie werden nur in *ihren Aspekten* auf meine subjektiven Personen betrachtet. Wir werden diese Aspekte hier nicht herleiten, das ist bereits im «Drehbuch des Lebens» (S. 196–229) erfolgt und kann dort nachgelesen werden.

Wir wollen uns aber dennoch anschauen, welche Informationen wir über die Horoskope von Diana und Charles mit Hilfe der Aspekte zusätzlich erhalten.

Beispiel: Die Aspekte in Dianas Horoskop

Wieder gehen wir in der Reihenfolge unserer Prioritätenskala (beschrieben auf Seiten 97f) vor und fragen als erstes:

Aspekte zum Aszendenten
(bzw. zum Herrscher von 1)

Der Jupiter als Herrscher von 1 hat folgende Allianzen:

Jupiter-Uranus-Spiegelpunkt-Quadrat

Diese Verbindung verstärkt noch einmal die Stellung des Jupiters (im Wassermann) und damit das Thema der eigenen Unabhängigkeit und Freiheit, das tief in ihrem Inneren steht (so tief, daß sie es nicht ahnt!), und gibt einen deutlichen Hinweis auf eine Befreiungsbewegung, die von außen (also aus der Delegation des dritten Quadranten) kommen muß.

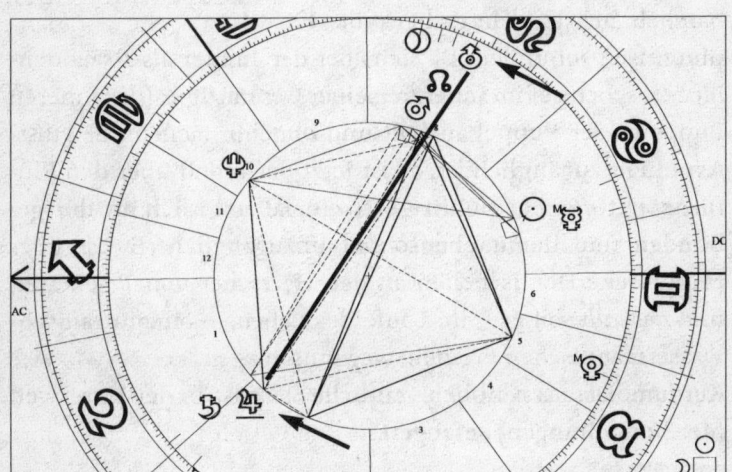

Jupiter-Neptun-Quadrat

Hier macht der Jupiter sich etwas vor. Er täuscht sich über das, was er subjektiv will und kann. Damit hält Diana an einer Illusion fest (Neptun im Skorpion). Anders gesagt: Die Illusion hält an Diana fest.

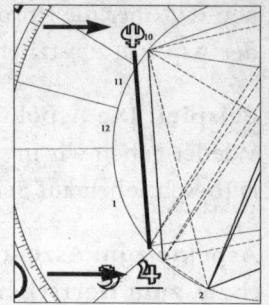

Jupiter-Mond-Spiegelpunkt

Da der Spiegelpunkt eine Pluto-Verbindung ist, erhalten wir in diesem Aspekt erstmalig ein neues Thema präsentiert, und wir verstehen in diesem Aspekt ebenfalls, warum sich der Mond (Ebene 5) im Wassermann, also in einem Befreiungsgeschehen befindet: Der Mond ist nämlich an den Herrscher von 1

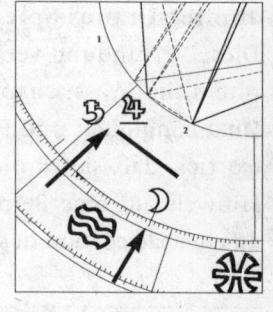

plutonisch gebunden. Da sich aber der Jupiter als Aszendentenherrscher tief im Inneren meiner Gesamtfigur (der inneren Puppe in der Puppe) aufhält und ohnehin meinem Bewußtsein nicht zugänglich ist, so ist jetzt der Mond über den Pluto-Aspekt «Spiegelpunkt» erst einmal unlöslich an ihn gebunden und damit ebenso tief unzugänglich. Er ist über plutonische Handschellen an den Herrscher von 1 gekettet, und *deshalb* soll er – im Laufe des Lebens – einen uranischwassermännischen Freiheitsweg einschlagen.

Kurzum, Dianas weiblich-frauliche Seite ist in der Unterwelt (der Vorstellungen) gefangen.

Jupiter-Venus-Spiegelpunkt-Konjunktion

Das gleiche gilt für ihre Venus. «Du gehörst mir!» sagt der Pluto zu ihrer Venus, «und du unterliegst meinen Vorstellungen, wie eine Beziehung zu sein hätte und was du an Wert und Würde (und Status) benötigst, um dich wohl zu fühlen.»

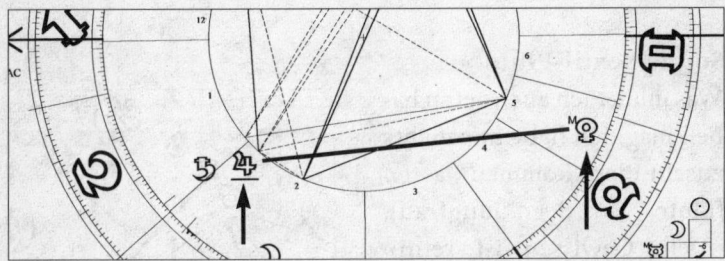

Ein Bild: Ein Pärchen sitzt in einem vollbesetzten Restaurant. Da steht sie wuterfüllt auf, schmeißt ihren Stuhl um und die Serviette auf den Tisch und schreit ihn an: «So habe ich mir meine Beziehung nicht vorgestellt!» Und rauscht zum Ausgang. Sie hinterläßt einen verlegen auf seinen Teller blickenden Mann, den jetzt alle anderen Gäste anstarren.

Aspekte zur Sonne
Sonne-Merkur-Konjunktion
(im Zeichen Krebs)

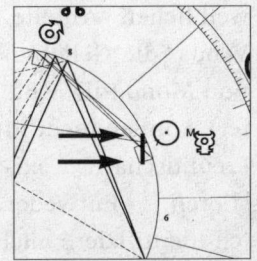

Es ist dies das Thema der «Rationalisierung» in jeder Form, und es heißt wörtlich übersetzt: Wie immer (schlecht oder kindisch) ich mich benehme, ich habe einen guten Grund dafür, und schuldig an meinem Benehmen ist immer der andere (siebtes Haus), weil er mir so weh tut (Krebs).

Sonne-Trigon-Neptun

Ich bin ziemlich hilflos und benötige jemanden, der alles für mich tut.

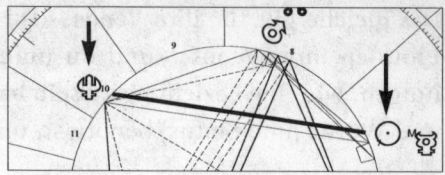

Sonne-Sextil-Pluto

Was immer ich auch getan haben mag, ich habe mir nichts zuschulden kommen lassen (Pluto in der Jungfrau). «Dein Gewissen ist rein!» sagt der Pluto. Außerdem gibt er Diana eine Vorstellung davon, wie sie zu handeln und wie sie sich (dem anderen gegenüber) zu verhalten hat. Er diktiert einen großen Teil ihrer Handlungsweisen.

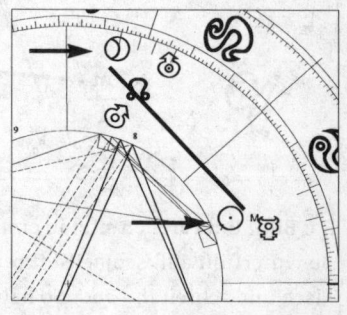

Aspekte zur Venus
Venus-Quadrat-Mond

Die beiden inneren weiblichen Anteile, Venus (die Geliebte) und Mond (die Mutter), können nicht in Freundschaft existieren. Entweder ich identifiziere mich mit dem einen oder mit dem anderen. Als Diana noch «Verlobte» war, konnte sie gut ihre Venus, also ihre Sinnlichkeit, leben, hatte sie freilich ihr erstes Kind

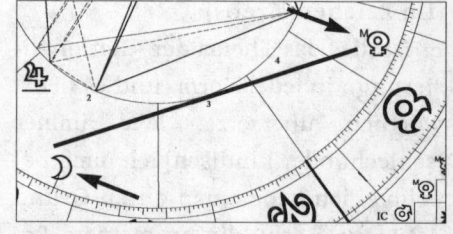

(war also Mutter=Mond), war es auf einmal vorbei mit der Sinnlichkeit.

«Was wird die Zukunft bringen?» fragte sich 1991 die Autorin Campbell: «Ein Mitglied der königlichen Hofhaltung drückte es so aus: ‹Es ist alles in der Schwebe, und das wird wahrscheinlich in absehbarer Zukunft auch so bleiben. Eine Scheidung ist ebenso möglich wie eine Trennung oder eine Schwangerschaft. Es wurde sogar davon gesprochen, daß sie schwanger werden sollte, falls sie bei ihm bleibt. Sie wissen schon – um Spekulationen darüber zum Schweigen zu bringen, ob die Versöhnung echt ist oder nicht. Es heißt, daß es eine künstliche Befruchtung sein müsse, denn es besteht keine Möglichkeit, daß sie es auf natürlichem Wege vollbringen. Nichts ist sicher, außer daß die Ehe nur noch dem Namen nach besteht›» (Campbell, a. a. O., S. 409).

Venus-Trigon-Saturn

Eine milde, gleichwohl spürbare Form der Einsamkeit. Lernprogramm: Übernimm für das Thema der Partnerschaft selbst die Verantwortung. Solange du deinen Wert nicht in dir selbst findest, bist du einsam.

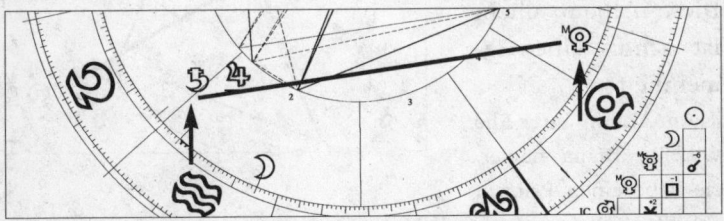

Venus-Quadrat-Uranus

Es kommt immer wieder dazu, daß Partnerschaften sich lösen und daß das, was die Krebs-Sonne sich so sehnlichst

wünscht, nämlich die Geborgenheit (die der andere mir geben
soll) und die Verwurzelung in
meiner Familie, sich auflöst und
ich mir zutiefst heimatlos vor-
komme. Und in der Tat: Ich habe
keine Heimat in mir. Also bekomme ich sie auch nicht aus dem
Außen.

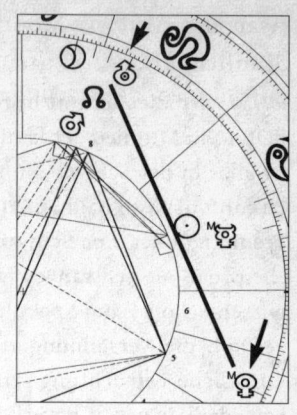

Venus-Neptun-Spiegelpunkt

Wieder einmal ein
Ausgeliefertsein die-
ser Venus an ihre
Vorstellungen, die
sich freilich immer
als Illusionen ent-
puppen. Jeder schö-
ne Traum zerplatzt.
Diese Allianz allein
ist schon eine Ge-
meinheit:

«‹Am Anfang ihrer Ehe
witzelte Diana immer,
sie habe einen Prinzen

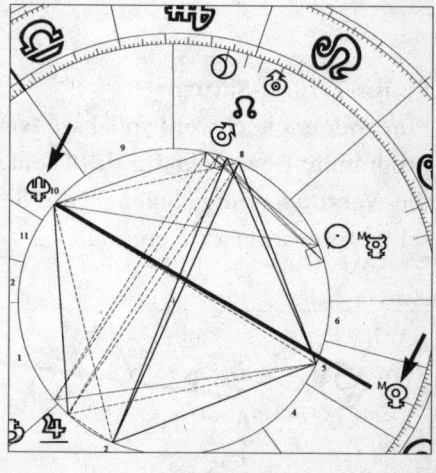

geküßt und einen Frosch bekommen. Jetzt sagt sie es wieder – aber
diesmal ist es kein Witz›, erzählte einer ihrer engsten Freundinnen»
(a. a. O., S. 172).

Aspekte zum Mond
Mond-Quadrat-Venus
(siehe Venus-Quadrat-Mond)

Mond-Spiegelpunkt-Quadrat-Jupiter
(siehe Jupiter-Spiegelpunkt-Quadrat-Mond)

Zusatz: Vom Mond aus (also nicht vom Herrscher von 1 aus) geht es darum, daß sie sich an «ihre» Gefühle erinnern soll. Das mag auf den ersten Blick verwundern, da doch ihre Sonne im Zeichen Krebs steht und sie also ohnehin immer sehr emotional (also gefühlvoll) agiert und reagiert. Nun, es ist etwas ganz anderes, ob ich meine Gefühle agiere, also sie gegen jemanden richte, oder ob ich sie *in mir wahrnehmen lernen* soll. Manche Menschen weinen ihr halbes Leben, und sie haben dennoch keinen Zugang zu ihren Gefühlen. Sie weinen die meiste Zeit *gegen* die anderen und den Rest der Zeit aus Selbstmitleid. Sie weinen gleichsam vorab (oder um die anderen zu strafen), *damit* sie nicht ihre eigenen Gefühle fühlen müssen.

Mond-Uranus-Opposition
Auftrag der Götter: Lerne, erwachsen zu werden. Verdoppelt das Thema: Mond im Wassermann (siehe dort: S. 171 f).

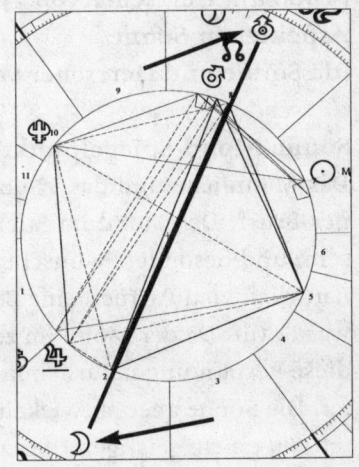

Mond-Neptun-Spiegelpunkt-Opposition

Schneewittchen schläft in ihrem Sarg und träumt von dem Retter, dem sie endlich Ehefrau und Mutter sein könnte. Nun, sie hat ihren Prinzen ja längst, aber der wurde ja wieder zum Frosch. So träumt sie weiter, bis sie aus dem Bann Plutos (Spiegelpunkt!) erwacht und endlich ihren eigenen Weg geht. Soweit die Aspekte Dianas.

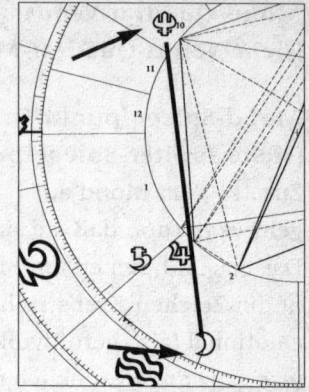

(Das Thema von Mars vernachlässigen wir hier. Wir verweisen noch einmal auf die besondere Behandlung der Aspekte in dem Buch «Drehbuch des Lebens» und auf das Kartenbuch «symbolon – Das Spiel der Erinnerung» von Peter Orban und Ingrid Zinnel.)

Beispiel: Die Aspekte von Charles
Aspekte zum Aszendenten
(und zum Herrscher von 1) gleichzeitig
Aspekte zur Sonne
(da Sonne und Herrscher von 1 identisch sind)

Sonne-Mond-Spiegelpunkt

Das Männliche und das Weibliche leben unvereinbar in seiner Brust. Der Mond im Stier wünscht sich, aufgehoben zu sein, und besonders wünscht er sich vom anderen, erst recht natürlich vom Partner, eine Bestätigung zu erhalten in allem, was er tut. Da der Mond im zehnten Haus steht, bekommt er diese Bestätigung natürlich nicht. Und so fühlt er sich als Opfer. Die Sonne aber entwickelt immer neue Ideen und schreitet von einem geistigen Ufer zum nächsten.

(«Das Problem mit dem Prinzen von Wales ist», meinte ein Höfling, «daß er im Grunde ein Denker ist und kein Tatmensch. Er hat eine Idee, verfolgt sie bis kurz vor der Realisierung und verliert dann das Interesse» (a. a. O., S. 277).

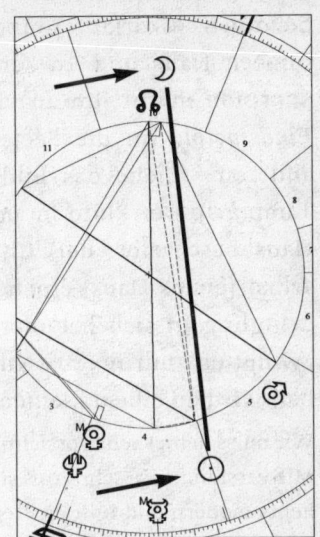

Sie ist ein Täter.

Insgesamt entsteht in der Partnerschaft das Gefühl: Ganz gleich, was ich in lauterer Absicht tue, der andere (das heißt der eigene Mond) kann mich nicht akzeptieren und «fällt mir in den Rücken».

Sonne-Merkur-Spiegelpunkt-Quadrat

Wie bei Diana ein Rationalisierungsaspekt: Ich wollte doch nur das Beste, hatte niemals unedle Absichten und verstehe nicht, wieso der andere das nicht sieht. Es ist das

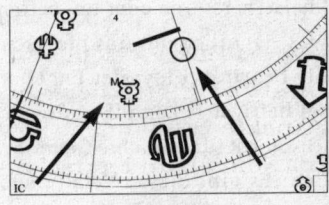

Gefühl, mißverstanden zu sein. Sonne-Merkur (in der Partnerschaft) findet in sich immer nur die (plutonische) Stimme: «Ich habe mir – Gott sei Dank – nichts zuschulden kommen lassen.»

Sonne-Pluto-Quadrat

Dieser Aspekt bestätigt und verstärkt noch einmal das, was die Sonne ohnehin schon auszeichnet: den Skorpion-Charakter, das heißt, die Gefangenschaft in der Welt des Nichtlebendigen. Charles' Sonne im fünften Haus und im Zeichen Skorpion macht ihn zu einem *Eindringling* (in die Seele des anderen – siehe das Bild des Tampons). Der Pluto im ersten Haus beschreibt, daß Charles selbst (erstes Haus) einen Ein-dringling in sich hat, der ihn

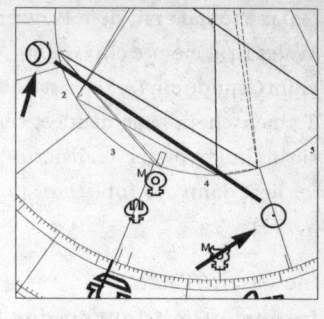

zwingt einzudringen. «Nur wer einen kleinen Mann im Ohr hat, wird zu einem kleinem Mann im Ohr der anderen.»

Wir müssen hier sehr vorsichtig argumentieren, weil die Gefahren der Mißverständnisse sehr groß sind: Das Thema der «Eindringlinge» ist heute modern und füllt die Regale der esoterischen Buchhandlungen. Seien es Ufos, die von *außen* in unseren Erdenraum eindringen und uns entweder zerstören oder (meist) retten wollen, seien es abgespal-tene Seelenanteile, die uns von *außen* befallen und uns entweder (meist) zerstören oder uns retten wollen, immer befällt uns hier etwas, was eigentlich mit uns nichts zu tun hat und in dem einen Falle freu-dig begrüßt (Ufos oder Engel) und im anderen (Dämonen und das Bö-se) heftigst bekämpft und ge«cleart» werden muß. Einer derartigen «Esoterik für schlichte Gemüter» muß deutlich entgegengehalten wer-den: Es gibt diesen Befall niemals von außen (weder von Ufos noch vom Bösen, noch von den Engeln), es gibt ihn nur von innen. *Einer meiner eigenen Seelenanteile* bemächtigt sich (aus der Tiefe meines ei-genen Inneren kommend) eines anderen Seelenanteils und zwingt ihm sein Handeln auf. Rettung bringt hier weder das «Clearing» noch ein Exorzismus, sondern Rettung bringt einzig und allein meine Bewußt-heit. Dieser Seelenanteil muß nicht rausgeworfen werden (wo sollte er denn hin?), sondern er muß ins Bewußtsein gehoben werden.

Pluto-Sonne-Quadrat ist ein Beherrschtwerden von einer Idee aus der Tiefe, und diese Idee lautet (im Falle Charles'): Du hast die Macht! Einzig und allein um dich dreht sich alles.

Aspekte zur Venus – Venus-Neptun-Konjunktion

Das Märchenprinzessinnensyndrom.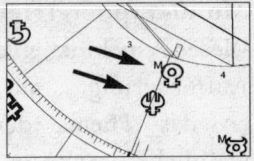
Die Venus im vierten Haus heißt: Ich
will eine Prinzessin zur Frau. Der
Neptun verwandelt jede reale Frau in
einen Frosch, wobei noch ein

Pluto-Venus-Sextil

im Spiel ist und damit Charles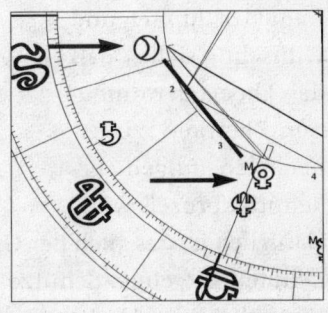
eine genaue Vorstellung dar-
über einflößt, wie seine Prinzessin zu sein hätte. Mit anderen Worten, diese Venus,
deren Wünsche Charles ja
auf seinen Partner projizieren
muß (sie steht in der Waage),
ist von zwei objektiven Kräf-
ten umzingelt und damit in der Realität nicht durchzuhalten.
Die eine Kraft (Neptun) sagt: «Sei meine Traumfrau», und die
andere (Pluto-)Kraft sagt: «Sei nicht du selbst, sondern ent-
spreche meinen Vorstellungen von dir.»

«Diana und ihr Verhalten überraschten ihn völlig», sagte die Schwä-
gerin eines ranghohen Höflings. «Er dachte, er hätte ein fügsames,
nachgiebiges, sanftes, liebendes Mädchen geheiratet. Und als er er-
wachte (Venus-Neptun «erwacht» immer – und zwar immer im
falschen Film, P.O.), war sie eine dominante, entschlossene Frau, die
nicht zögerte, zu schreien und zu toben, wenn sie ihren Willen nicht
bekam. Ob er desillusioniert war? Mehr als das. Er war mit einer Frau
verheiratet, die er nicht gewählt hatte – die er nie gewählt haben würde. Er mußte sich mit jemandem abfinden, den er nicht wollte; ein
ganzes Leben lang abfinden. Er begann allmählich, ihr das sehr übelzunehmen» (a. a. O., S. 255).

Aspekte zum Mond
Mond-Jupiter-Trigon

Dieser Aspekt ist eine Aufforderung, sich an das Thema der weiblichen Seite zu erinnern. «Was ist mit deinem Mond?» fragt der Jupiter und wünscht sich, daß das Thema der «inneren Ehefrau» zu einem lebendigen Erkenntnisprozeß wird.

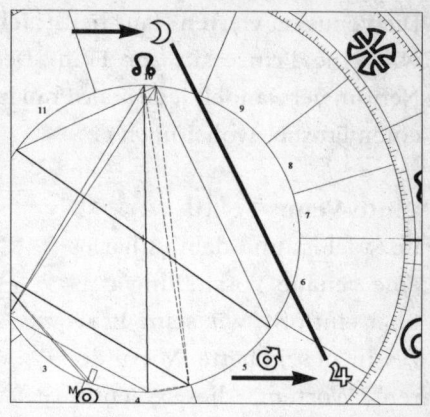

Natürlich ist das auch der Grund dafür, daß Charles eine Frau heiratet, die einen Schütze-Aszendenten hat (mit Jupiter als Herrscher von 1). Jetzt ist er mit seinem eigenen Selbsterkenntnis-Motiv verheiratet.

Mond-Saturn-Trigon

Der Mond von Charles ist versteinert, ist eine Art personifiziertes «Nein» (seine Mutter, die Queen, mit ihrem Steinbock-Aszendenten ist ein Symbol für dieses Nein). Nicht nur, daß sein Mond im zehnten Haus steht, er hat auch noch den Saturn bei sich, der Charles auffor-

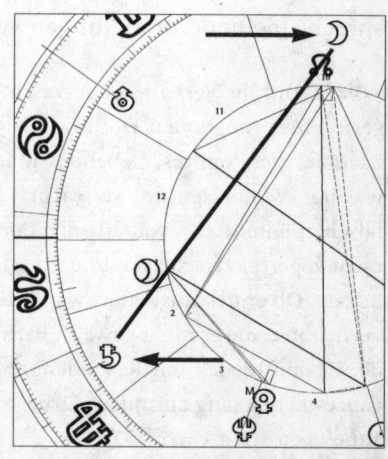

dert, endlich die Verantwortung für *seine eigene weibliche Seite* zu übernehmen.

Mond-Uranus-Sextil

Wachse und werde endlich erwachsen. Solange du von einer Traum-Frau (Neptun-Venus) oder von einer geistigen Barbiepuppe träumst, bist du genau wie ein kleiner Junge, der noch an den Klapperstorch glaubt.

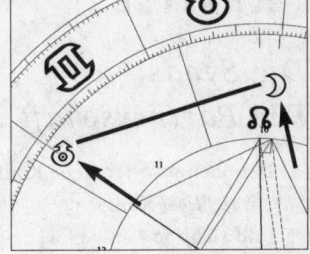

KAPITEL 3

Die Synastrie –
Die Partnerschaft in zwei Horoskopen

> Dennoch war der Neue König
> ein *richtiger* König,
> und richtige Könige locken
> junge Frauen an,
> die gerne Karriere in der
> Königinnenbranche machen würden.
> (Terry Pratchett:
> Lords und Ladies,
> München 1995, S. 24)

Unter dem Wort «Synastrie» versammelt die astrologische Gemeinde jene Phänomene, bei denen zwei oder mehrere Sterne (astris) auf eine bestimmte Weise zusammen (syn) gehen: wenn sich also der eine Stern (oder Planet) des *einen Menschen* zu dem Stern (oder den Planeten) des *anderen Menschen* in einer herausragenden Winkelbeziehung im 360 Gradkreis befindet.

Übersetzen wir das von der Sprache der Astrologie in die Sprache unserer seelischen Chymie, so lautet das: Wie prallen verschiedene Formen des Eros in einer bestimmten Weise aufeinander?

So nimmt also der Astrologe bei der Synastrie das Geburtshoroskop des einen Menschen (A) und zeichnet sodann *in den Außenkreis dieses Radix-Horoskops* (in dessen Innenkreis sich die Planeten und Häuser von A befinden) die Planeten der zweiten Person (B).

Im letzten Schritt ermittelt er, welche Beziehungen, also welche Aspekte zwischen den Planeten der beiden Menschen existieren. Er zeichnet also nicht die Aspekte der Planeten von A zueinander, wie er es im Radix von A täte, sondern nur die Aspekte zwischen den Personen *A und B*. Schauen wir uns das am Beispiel von Diana und Charles an:

1. Schritt:

Im Innenkreis befinden sich die Planeten von Diana (mitsamt dem Häusersystem, aber ohne Aspekte, denn diese kennen wir bereits aus dem Radix-Horoskop).

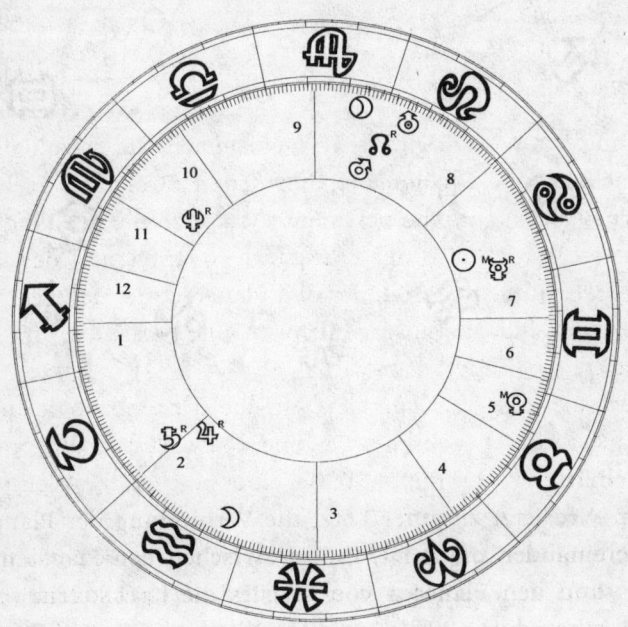

2. Schritt:

Im Außenkreis befinden sich zusätzlich die Planeten der zweiten Person, in diesem Falle von Charles. Die Position der Häuser von Charles ist ebenfalls auf dem Außenkreis markiert. Der Pfeil zeigt Charles' Sonne, die sich jetzt in Dianas Horoskop in ihrem elften Haus befindet.

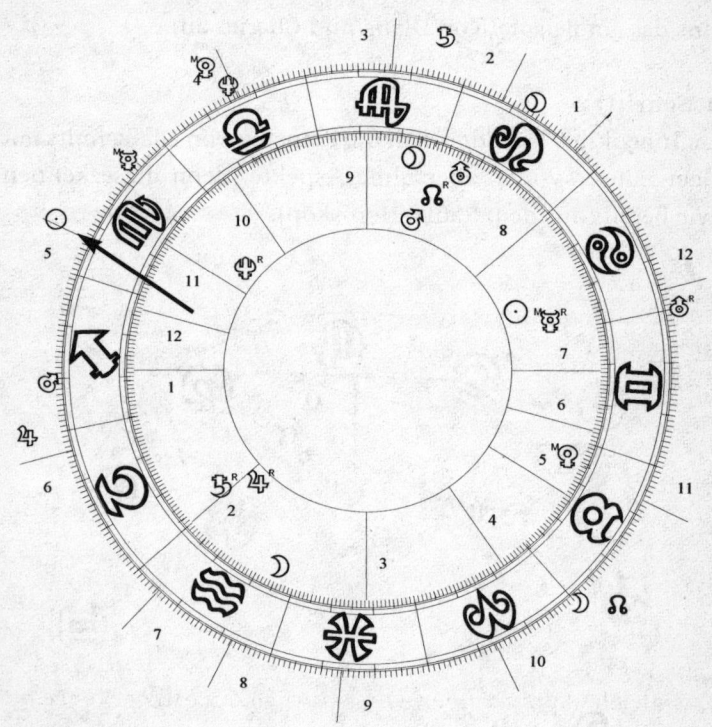

3. Schritt:

Hier wird jetzt zu guter Letzt die Verbindung der Planeten untereinander angezeigt, indem zwischen den Planeten Dianas und den Planeten von Charles die charakteristischen Aspektbeziehungen (also Sextile, Quadrate, Trigone, Opposi-

tionen und Spiegelpunkte) als Linien im Innenkreis dargestellt werden. Beispiel: Die Sonne von Charles steht in einem
180-Grad-Verhältnis (Opposition) zur Venus von Diana (siehe
Pfeile).

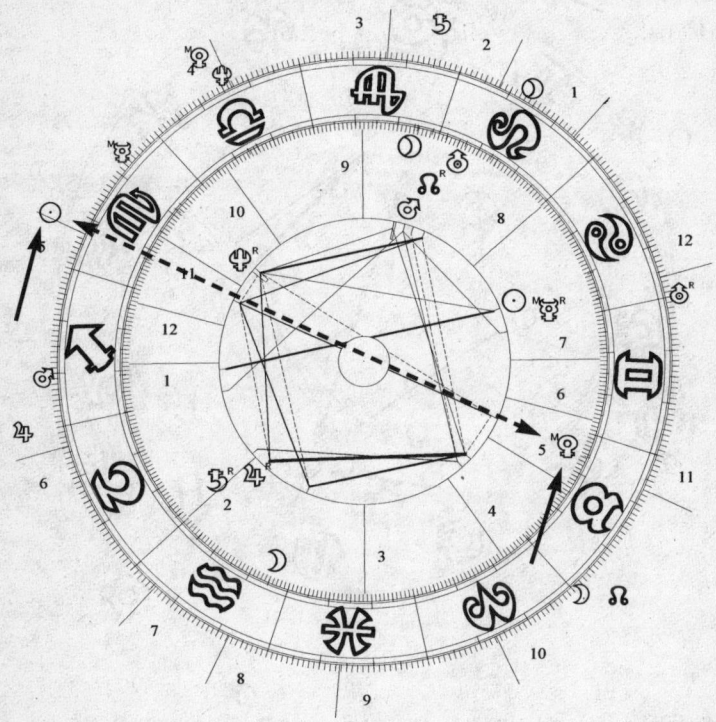

Das gleiche Spiel können wir natürlich auch umgekehrt betreiben und also das Horoskop von Charles in den Innenkreis
stellen und die Planeten von Diana auf dem Außenkreis hin-
zufügen. Im Ergebnis bleiben natürlich beide Fälle identisch.
Ob Charles' Sonne im Außenkreis zu Dianas Venus (im Innenkreis) eine Opposition bildet oder ob Charles' Sonne im
Innenkreis zu Dianas Venus im Außenkreis eine Oppositon

bildet, ist von beiden Bildern gleichermaßen abzulesen: Sonne (Charles) – Opposition – Venus (Diana).

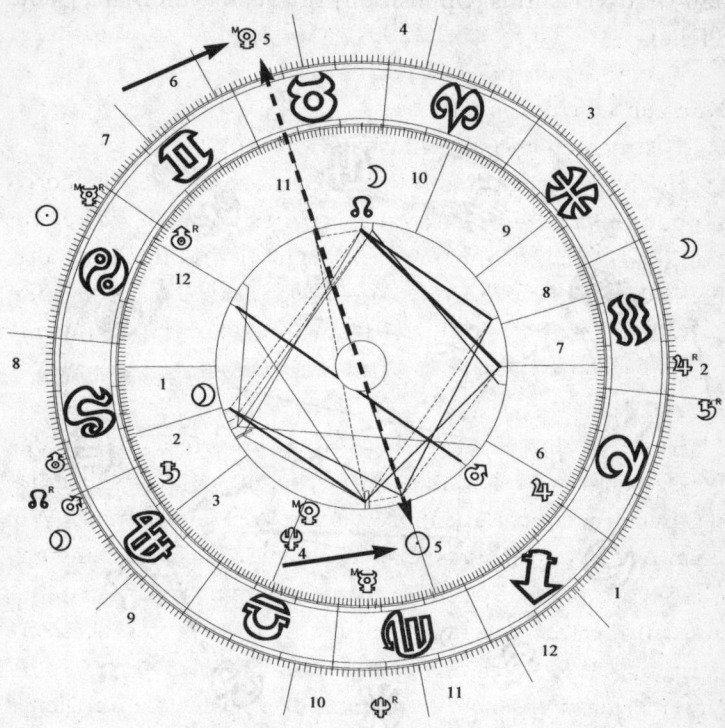

Anmerkung aus der Praxis: Obwohl man selbstverständlich mit *einem* Synastrie-Horoskop eine Partnerschaftsberatung von zwei Menschen durchführen kann, so ist doch ein Gebot der Fairneß, daß für eine Beratung, zu der zwei Menschen kommen, auch zwei Synastrie-Horoskope angefertigt werden. Wobei jeder der beiden Partner einmal im Innenkreis stehen sollte. Ich habe es schon erlebt, daß der Partner, der sich im Außenkreis befand (wenn nur ein Horoskop vorlag), es als enttäuschend erlebte, daß er *nur* im Außenkreis existierte: So als ob er nicht wichtig genug für den Innenkreis wäre! Außerdem sollte jeder der beiden mit einem Horoskop die Beratung verlassen, damit er sich auch zu Hause *sein* Horoskop betrachten kann und nicht darauf angewiesen ist, daß der andere ihn einen Blick hineinwerfen läßt.

Nun, so weit die technische Seite, die ja heute weitestgehend vom Computer erledigt wird.

Nun zur Seite der Inhalte.

Wie betrachten wir ein Synastrie-Horoskop?

Wer sich die Aspektlinien im Inneren unserer Beispielhoroskope anschaut, wird leicht auf 17 Linien kommen, wobei die Konjunktionen noch nicht berücksichtigt sind. Man hat also bei jedem Synastrie-Horoskop (bei einem Orbis von nur 4 Grad) leicht an die 20 bis 25 Planeten-Allianzen, und damit läuft man Gefahr, in einem Wust von Daten zu ersticken.

Unser Ehrgeiz kann also nicht dahin gehen, *jeden* Aspekt zwischen zwei Planeten (von A und B) zu interpretieren und dabei das *Ganze* aus dem Blick zu verlieren, sondern wir müssen wieder einmal die Spreu vom Weizen trennen. Wir benötigen also erneut ein Hierarchien-Schema, das uns angibt: Was ist wichtig und was ist weniger wichtig. Also in bezug auf die Partnerschaft (und die Synastrie), wie der Zeitgeist sagt: *What's hot and what's not!*

Unser Prioritätenschema auf Seiten 97f leistet diesen Dienst (nach wie vor) in exemplarischer Weise. Seine Abfolge sei deshalb hier noch einmal angeführt:

Betrachtungsebenen

0) Elemente (0 %)

1) Aszendent (sowie der Herrscher von1) (35 %)

2) Sonnenstand (Haus/Zeichen und Aspekte zur Sonne) (25 %)

3) Stellung der Venus (Haus/Zeichen und Aspekte zur Venus) (15 %)

4) Siebtes Haus (sowie der Herrscher von 7 und Aspekte zum H. von 7) (12 %)

5) Stellung des Mondes (Haus/Zeichen und Aspekte zum Mond) (8 %)
6) Stellung des Mars (Haus/Zeichen und Aspekte zum Mars) (5 %)

Wir müssen jetzt nur bedenken, daß wir jede dieser Ebenen zusammen mit den entsprechenden Aspekten des *anderen Menschen* betrachten müssen.

Beginnen wir bei der Ebene O:

Ebene 0: Die Elemente

Zu dieser Ebene benötigen wir keine Synastrie (es gibt ja auch keine), sondern nur die vier Zahlen aus den beiden Einzelhoroskopen.

Diana: F: 14, E: 19, L: 20, W: 19
Charles: F: 31, E: 13, L: 13, W: 15

Das meiste zu diesem Thema ist schon gesagt worden (vgl. S. 106 ff), und es macht keinen Sinn, allgemeine Punkteregeln aufstellen zu wollen. Dennoch: Einige Erläuterungen sollen hier noch gegeben werden.

Zwei prinzipielle Fragen sollten wir bei jeder Partnerschaftsberatung an die Elemente stellen:

1. Wer ist das Exekutiv, und wer ist das Obligat?

Es ist dieselbe Frage wie: Wer ist Mann und wer ist Frau oder: Wer ist Täter, wer ist Opfer? Wer ist Yang, und wer ist Yin?

A) Im Horoskop von Charles ist sehr deutlich: Mit 35 Feuerpunkten, einem Löwe-Aszendenten, einem Herrscher von 1 *und* einer Sonne im fünften Haus ist er in jeder Beziehung das Exekutiv. Mit einer Partnerin, die ähnlich «männlich» ist, würde er sich niemals einlassen. Sie hätte keine Anziehung auf ihn.

B) Im Horoskop von Diana ist diese Frage nicht so einfach zu beantworten: Zwar ist sie mit 14 Feuerpunkten auf den ersten Blick kein Exekutiv, und mit den 19 Wasserpunkten tendiert sie deutlicher zum Obligat als Charles. Doch ihr Schütze-Aszendent gibt ihr (innerlich) das Gefühl der Überlegenheit (noch dazu mit dem Herrscher von 1 im Wassermann), so daß wir bei Diana von einem «Möchtegern-Exekutiv» sprechen können, das in ihrem Inneren (verborgen) lauert. Die Krebs-Sonne (im siebten Haus) allerdings verhindert diesen Machtanspruch und verwandelt ihn in ein Ohnmachtsgefühl. In das Lebensgefühl: Ich komme zu kurz, ich komme nicht durch! Das ist einer der Gründe dafür, daß sie so gekränkt, verletzt und so wütend ist. Die Dinge sind leider niemals so eindeutig, wie wir sie gern hätten! In ihrem *Sein* ist sie weit überlegen, aber leider kommt ihr *Tun* nicht hinterher.

Die zweite Frage:

2. Wer ist verbindlich, und wer ist unverbindlich?
Also wer von beiden ist der Beziehungsbewahrer, und wer ist der Beziehungsflüchter?
Über diese Frage geben hauptsächlich die Elemente Erde (Bewahrer) und Luft (Flüchter) Auskunft.

A) Dianas höchste Elementepunktzahl ist die Luft (20 Punkte – also 2 Punkte über Normalnull). Das ist nun nicht besonders unverbindlich, aber ein Blick auf den Aszendenten (Schütze) und auf den Herrscher von 1 (Wassermann) zeigt, daß Diana tief in ihrem Wesen ein Nestflüchter ist. (Die Betonung liegt hier wieder auf dem *Sein*, nicht auf dem *Tun*.) Mit ihrer Krebs-Sonne in 7 und ihrem Herrscher von 1 im zweiten Haus ist sie jedoch in ihrem Tun ein Beharrer.

Anders gesagt: Sie *ist* ein Nestflüchter, der nicht flüchten (fliegen) *kann*! Sie muß also so lange bleiben, bis der andere

geht. Die Frage stellt sich leicht: Wer zieht aus dem gemeinsamen Schlafzimmer aus? Antwort: Diana nicht (obwohl sie
alles tut, daß der andere [endlich] auszieht).

B) Charles ist mit 13 Erd- und mit 13 Luftpunkten weder ein
Bewahrer noch ein Flüchter: Aber er *kann* beides! Sein Löwe-
Aszendent ist ein Filou, der zwar woanders hingeht (nach anderen greift), aber mit seiner Skorpion-Sonne kommt er auch
wieder zurück und ist der Beziehung treu (nicht unbedingt
sexuell treu, das läßt sein Aszendent nicht zu!).

Ebene 1: Der Aszendent (und der Herrscher von 1)
Die Frage, die sich hier stellt, lautet:
Wie steht der andere Mensch zu mir und meinem inneren
Wesen?
A) Diana: Schütze-Aszendent, Herrscher von 1 im Wasser-
mann und im zweiten Haus.

Welche inneren Personen von Charles gehen auf diese innere
Person von Diana?

Aa) Direkt auf Dianas Aszendent
(18 Grad Schütze) steht der Mars von
Charles (20 Grad Schütze). Es ist so,
als würde Diana jetzt von Charles
(Widder-)Energie bekommen. Der
Aszendent eines Menschen ist ja

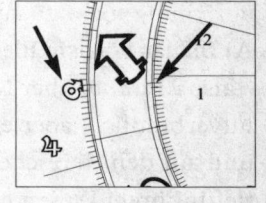

sein *Sein* und damit sein innerstes Wesen. Wenn mein Sein
ein Schütze-Sein ist und mein Partner hat auf diesem (meinem) Sein einen Planeten stehen, so fühle ich beim anderen
etwas Vertrautes. Etwas (mir Ähnliches), das ich von ihm bekommen kann, das er mir geben kann. Es ist so, als würde

Diana sagen: In Charles (Mars) erkenne und finde ich einen Teil meines Wesens. Daß diese Vertrautheit freilich ausgeht von einer Energie, die phallisch ist, die also in erster Linie auf meine Funktion als Sexualobjekt zielt, kann sie am Anfang noch nicht erahnen.

Ab) Auf Dianas Herrscher von 1 (Jupiter auf 5 Grad Wassermann im zweiten Haus) steht Charles' Mond (0 Grad Stier) im Sextil. Ein Sextil trägt in sich das Thema der *Hingezogenheit*, und so fühlt sich Diana in ihrem Wesen (Herrscher von 1) hingezogen zum Mond von Charles und glaubt, von diesem eine Art Schutz, eine Geborgenheit, eine Sicherheit (Mond im Stier) zu finden. Daß dieser Mond gar keine Geborgenheit geben kann, weil er (bei Charles im zehnten Haus stehend) selbst keine Geborgenheit hat, ist ebenfalls in der ersten Phase einer Beziehung nicht zu spüren.

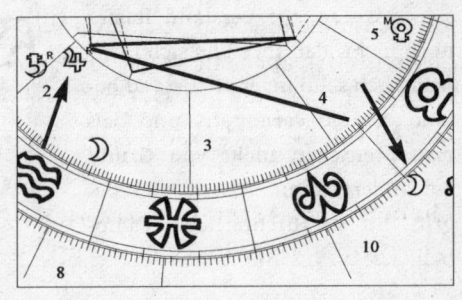

Von diesem Aspekt geht also auch erst einmal eine Anziehung aus.

Ac) Auf Dianas Jupiter steht der Merkur von Charles im Quadrat. Ein Quadrat trägt in sich das Thema der harten Auseinandersetzung. In Charles' Merkur (im Skorpion) liegt eine gewisse Halsstarrigkeit der Überzeugungen und Ansichten. Dianas Jupiter freilich trägt in sich das Thema der Entpolarisierung (Wassermann) und also eine Auflösung der Überzeugungen. Mit anderen Worten: Alles, woran Charles intellektuell festhält, versucht Diana zu hinterfragen und zu ändern.

«Sie erwartete, daß ihr Gatte als der nette, sensible Mann flexibel genug sein würde, sich so zu ändern, wie sie es wollte. Sie verstand immer noch nicht, daß ihre Ehe sich in einem noch schlimmeren Zustand befand, als sie vermutete, und daß man Menschen nicht von Grund auf ändern kann. Als sie dies begriff, litt sie fürchterlich» (Campbell, a.a.O., S. 256).

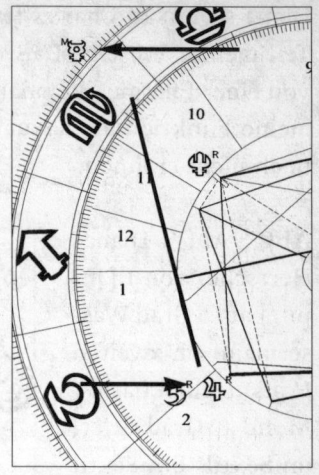

Ad) Dianas Herrscher von 1 steht im Spiegelpunkt zu Charles' Sonne.

Ein Spiegelpunkt hat die Qualität einer plutonischen Beziehungsfalle. Wieder stehen hier die Themen Skorpion (Sonne von Charles) und Wassermann (Dianas Jupiter) einander gegenüber. Das aber ist eine gefährliche Mischung, denn *jede*

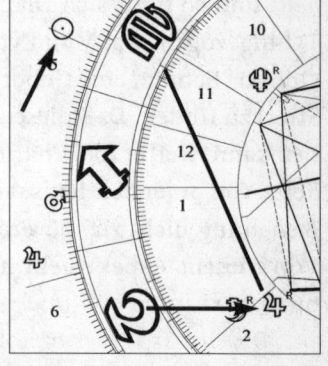

Vorstellung von Charles (über seine Ehe, seine Kinder, seine Ehefrau) *muß* von Dianas Wesen durchkreuzt werden. Der Jupiter hat hier die schwierige Aufgabe, an der skorpionischen Vorstellungsbezogenheit von Charles zu rütteln.

«Aber sobald der Ehering am Finger steckte, zog sie Charles den Boden unter den Füßen weg. Sie wurde extrem fordernd. Sie stellte eindeutig klar, daß jede nötige Veränderung bei ihm zu geschehen habe. Ich kann mir nicht vorstellen, daß sich das viele Männer von ihrer Frau gefallen lassen würden. Es enttäuschte ihn und machte ihn zu ihrem Feind. Aber er war ein Friedensstifter und als Mitglied des Königshauses daran gewöhnt, das Beste aus jeder Situation zu machen. Er blieb nicht standhaft und kämpfte, sondern er zog sich zurück. Er war immer noch nett und liebenswürdig und fürsorglich zu ihr, wenn er in ihrer Nähe war. Er stellte nur sicher, daß er so wenig wie möglich in ihrer Nähe war» (a. a. O., S. 254).

B) Charles: Löwe-Aszendent, Herrscher von 1 im Skorpion und im fünften Haus.
Welche inneren Personen von Diana gehen auf diese innere Person von Charles?

Ba) Direkt auf seinem Aszendenten steht keine der inneren Personen von Diana.

Bb) Auf seinem Herrscher von 1 (Sonne auf 12 Grad Skorpion) steht die Venus von Diana in einer Opposition. Dieser Aspekt symbolisiert erst einmal eine gegensätzliche Meinung und stellt einander gegenläufige Impulse dar. Zwar ist diese Konstellation charakterisiert durch gegenseitige Anziehung, aber aus dieser Anzie-

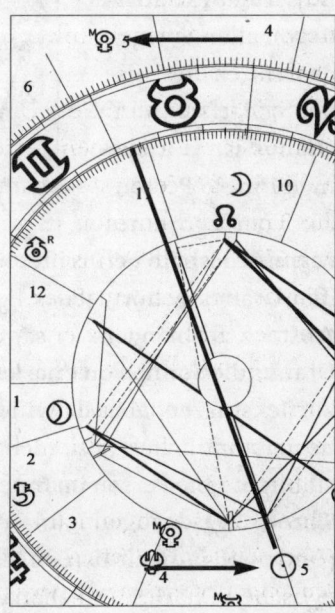

hung erwächst keine Gemeinsamkeit, sondern nur ständige Konflikte.

Jeder Mann wünscht sich eine Verbindung seiner Sonne mit der Venus seiner Partnerin, denn diese Verbindung heißt erst einmal: starke Attraktivität und Anziehung.

Sonne-Venus heißt: Mein Ego wünscht sich diese Geliebte. Wo jedoch die Opposition ins Spiel kommt, will meine Geliebte in jedem Moment etwas ganz anderes als das, was mein Ego will.

Ergebnis für das Ego: Das, was ich am liebsten will, bekomme ich nicht. Das ist ziemlich frustrierend!

Bc) Dianas Uranus steht auf seiner Sonne im Quadrat. Dieser Aspekt dürfte von allen vorhergenannten der bisher schärfste sein. Uranus ist ja diejenige innere Person, die vom Ego eines 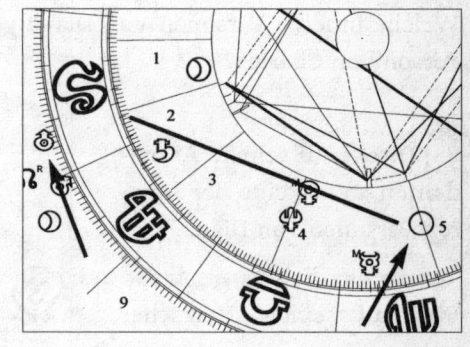 Mannes deshalb gefürchtet wird, weil es zur Aufgabe eines jeden Uranus gehört, jedes Ego (das zu hoch hinauswill) zum Absturz zu bringen. Er sägt an jedem Thron. Zwar will der Uranus die Sonne von Charles nur in das Leben (in den Löwen) zurückstürzen, aber da will Charles mit seiner Skorpion-Sonne verständlicherweise nicht hin. Sonne/Uranus heißt buchstäblich: Eine Person im Inneren von Diana stürzt Charles vom Thron! Vgl. dazu auch unsere Karte: «Der Sturz».

(Und man munkelt bereits, daß aufgrund der Krise in der Ehe zwischen Charles und Diana die Queen noch sehr lange nicht ihren Thron an Charles abgeben wird.) Natürlich hieße das: die Karte wörtlich zu nehmen – und so ist sie wahrlich nicht gemeint –, aber diese Konstellation ist eben nicht *nur* symbolisch zu verstehen!

Bd) Dianas Mond steht im Quadrat zur Sonne von Charles. Es ist dies eine Unvereinbarkeit zwischen Dianas Mond (also ihrem Wunsch nach Geborgenheit) und Charles' Sonne, also seinem Anspruch, der Herr im Haus zu sein. Da Dianas Mond im Wassermann steht, erinnert er noch einmal an den un-

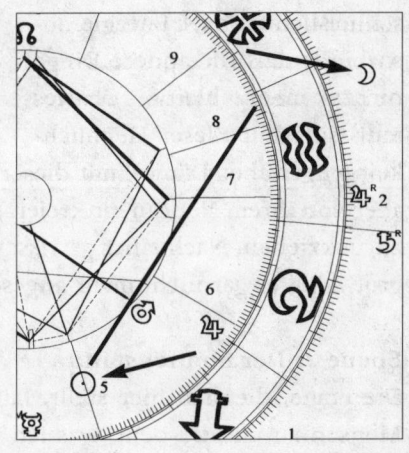

ter Bc) beschriebenen Aspekt einer uranischen Loslösung und Befreiung, die Charles aus dem Himmel seiner Ideale stürzen will und soll.

Be) Dianas Jupiter steht im Spiegelpunkt auf seine Sonne (siehe Dianas Aspekte unter Punkt Ad).

Bf) Dianas Neptun steht im Spiegelpunkt zur Sonne von Charles. Der Neptun des einen Menschen kann mitunter dafür sorgen, daß der *andere Mensch* wichtige Dinge, die eigentlich angesprochen und ausgesprochen werden müßten, nicht sagen kann. Durch diese Konstellation wird also manchmal ein Wesen erzeugt, daß wir in unserer Arbeit ein «Gespenst» nennen. Dianas Neptun ist zwar *ihr* Gespenst, aber sie kann es in sich nicht finden: So produziert dieser Neptun beim anderen (besonders, wenn er auf dessen Sonne steht) ein Gespenst, also eine Heimlichkeit (eine Lüge), die im Laufe der Zeit immer größer wird und schließlich so viel Energie absorbiert, daß für andere Dinge nichts mehr bleibt. Charles muß sich mit dieser Heimlich-

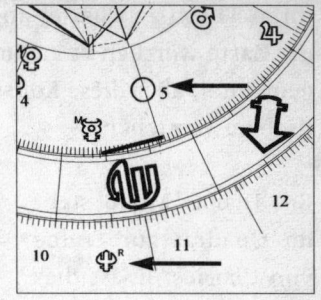

keit (gegenüber Diana), mit dieser Lüge (die zwar seine ist – aber von ihrem Neptun mitkreiert) jetzt immer weiter von ihr zurückziehen. Nach einer gewissen Zeit wird das Gespenst so groß, daß es gar nicht mehr angesprochen werden kann.

Ebene 2: Der Sonnenstand

Die Frage, die sich hier stellt, lautet: Wie steht der andere Mensch zu mir, zu dem, was ich tue und wie ich mich verhalte?

AA) Diana: Krebs-Sonne im siebten Haus.

Welche inneren Personen von Charles gehen auf diesen Hauptrollendarsteller im Inneren von Diana?

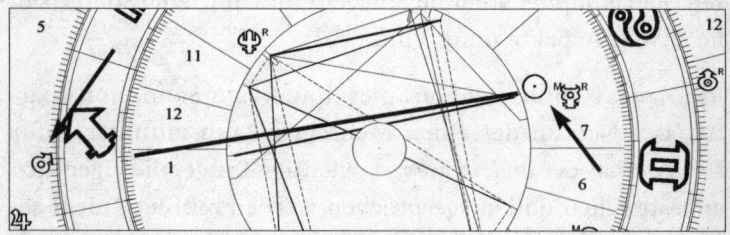

AAa) Auf der Sonne von Diana befindet sich der Mars von Charles im Spiegelpunkt. Dieser Mars, der ja auch schon direkt auf Dianas Aszendenten steht, geht also nicht nur auf ihr Sein, sondern auch auf ihr Tun. Der Spiegelpunkt jedoch erschwert die direkte und ehrliche Auseinandersetzung und bringt jetzt das Thema der *unterschwelligen und versteckten Aggressionen* ins Spiel. Mit anderen Worten: Diana, die mit ihrem Mond im Krebs ohnehin eher ein kindliches Verhalten an den Tag legt, wird jetzt – durch Charles' überheblichen Mars (im Schützen) – zu einem trotzigen und wütenden Kind. Das bringt leicht Tobsuchtsanfälle hervor:

«Deshalb inszenierte sie ständig neue Situationen, in denen sie die Hauptrolle spielen kann. Was immer auch ihr Motiv sein mag, es besteht kein Zweifel daran, daß Diana eine Künstlerin darin wurde, Auseinandersetzungen zu provozieren. ‹Sie stritten laut und manchmal lange›, sagte die Verwandte. ‹Einmal wollte sie ihn daran hindern, einer offiziellen Verpflichtung nachzukommen. Wohlgemerkt – einer offiziellen Verpflichtung. Die Menschen arbeiten manchmal monatelang für ein solches offizielles Ereignis, wie wir nur zu gut aus eigener Erfahrung wissen. Sie wollte, daß er all jene enttäuschte, die dafür gearbeitet hatten, nur damit er zu Hause bleiben und mit ihr fernsehen konnte. Mit Recht weigerte er sich. Worauf sie ihn beschuldigte, er sei egoistisch und würde ständig die königlichen Verpflichtungen vor die Liebe stellen. Nun frage ich Sie, ist das gerecht. Als ihr klar wurde, daß er tatsächlich gehen würde, um seinen Verpflichtungen nachzukommen, lief sie zu seinem Schreibtisch, nahm das Federmesser, stürzte zur Tür, wo sie sich ihm messerschwingend in den Weg stellte. Sie versuchte nicht, es zu benutzen, weder gegen ihn noch gegen sich selbst. Und jeder, der sagt, sie hätte es getan, lügt. Sie hat sich nie in die Brust oder in die Oberschenkel geschnitten. Und selbst, wenn sie es getan hätte, wäre es doch nichts anderes als ein Wutanfall›» (Campbell, a.a.O., S. 323).

Das Interessante an diesen Wutanfällen ist, daß Diana an sich kein wütender Mensch ist. Sie ist zwar (als Krebs) sehr schnell beleidigt und gekränkt und mit ihrer Sonne-Merkur-

Konjunktion auch eine Schauspielerin, aber sie ist nicht tobsüchtig. Das lockt allein sein Mars-Spiegelpunkt zu ihrer Sonne aus ihr hervor. Denn erst jetzt ist sie gezwungen zu kämpfen.

AAb) Auf der Sonne von Diana befindet sich der Merkur von Charles im Trigon.

Diese Merkur-Person im Zeichen Skorpion hat eine starke intellektuelle Anziehungskraft: Sie wirkt wie ein Magnet auf Dianas Sonne. Von ihr geht geistige Überzeugungskraft aus, die Charles (in Dianas Augen) als einen geistig attraktiven Partner ausweist. So wird dieser Merkur zu einem Rattenfänger, von dessen betörenden Tönen Dianas Sonne durchaus beeindruckt werden kann.

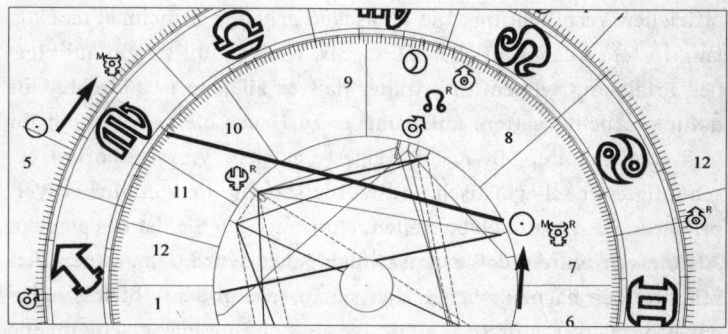

BB) Charles: Sonne im Skorpion und im fünften Haus. Welche inneren Personen von Diana gehen auf diese innere Person von Charles?

Die Konstellationen dieser Sonne wurden bereits behandelt, da Charles' Sonne ja gleichzeitig sein Herrscher von 1 ist. Deshalb erfolgt hier nur noch eine Kurzbeschreibung, die sich direkt auf sein Tun bezieht.

BBa) Dianas Venus in Opposition zur Sonne von Charles. Die Anziehungskraft eines schönen *Mädchens* (Venus im Stier ist das Mädchen), das zwar eine andere Meinung hat als ich (Opposition), das ich aber glaube zähmen zu können. (Diana war erst 16 Jahre alt, als Charles sie das erste Mal bewußt wahrnahm. Sie war 19 [er 32], als sie sich verlobten.)

BBb) Dianas Uranus auf Charles Sonne im Quadrat. Was immer Charles' Sonne, also sein Ego, möchte, Dianas Uranus desavouiert es. Als Resultat:

«Er mußte sich mit jemandem abfinden, den er nicht wollte; ein ganzes Leben lang abfinden. Er begann allmählich, ihr das sehr übelzunehmen» (a. a. O., S. 255).

BBc) Dianas Mond steht im Quadrat zu Charles' Sonne. Keiner der beiden will (und kann) akzeptieren, daß der andere einen anderen Weg, eine andere Aufgabe, einen anderen Rhythmus hat. Die Unvereinbarkeit zwischen Charles' Kopf und Dianas Bauch.

BBd) Dianas Jupiter steht im Spiegelpunkt auf der Sonne von Charles.
Charles wünscht sich, von Diana bewundert zu werden. Und umgekehrt. Der Spiegelpunkt jedoch signalisiert fehlende Akzeptanz und fehlende Toleranz.

BBe) Dianas Neptun steht im Spiegelpunkt zu Charles' Sonne. In Charles entsteht – in allem, was er für sie tut – das Gefühl von Nichtigkeit. Als könne er es ihr nie recht machen.

Ebene 3: Die Stellung der Venus
Die Frage, die sich hier stellt, lautet: Wie steht der andere Mensch zu meinem Partnerschaftsbedürfnis, also zu meinem

Wunsch, mit einem anderen Menschen mein Leben zu teilen.

AAA) Dianas Venus im Zeichen Stier und im fünften Haus.

AAAa) Dianas Venus in Opposition zu Charles' Sonne (bereits unter den Punkten Bb und BBa behandelt).

AAAb) Dianas Venus im Spiegelpunkt zu Charles' Merkur. Dianas Venus wünscht sich Wert (Stier) und Würde (Löwe), der Merkur von Charles jedoch erwartet geistige Verbindlichkeit von ihr. Es reicht ihm nicht aus, daß sie nur repräsentiert. Das war eine ständige Quelle von Ärgerlichkeiten für Charles:

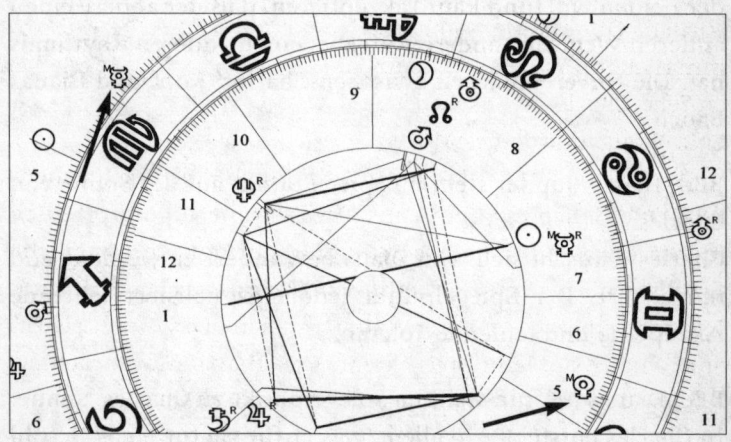

«‹Sie weigerte sich einfach, zu akzeptieren, daß sie sich auf irgendeine Art weiterentwickeln mußte›, sagte ein Mitglied des königlichen Hofes, das damals häufig mit beiden zu tun hatte. ‹Ihrer Meinung nach war sie so gut, wie sie war. Sie war jedermanns Liebling. Wenn der Prince of Wales nicht mit ihr zufrieden war, war es seine Schuld, nicht ihre. Sie konnte nicht verstehen, daß ein Mann sich eine wirkliche Partnerin wünschte, nicht eine Fata Morgana. (...) Er kam nicht darüber hinweg, daß sie kaum las, außer Magazinen wie *Tattler* und *Harpers & Queen* oder irgendeine romantische Liebesgeschichte. ‹Ich verstehe es nicht›, sagte er ständig zu mir, ‹sie liest nicht. Können Sie sie nicht dazu bringen, daß sie liest›» (a.a.O., S. 252).

AAAc) Dianas Venus im Spiegelpunkt zu Charles' Mond. Beide Planeten, sowohl Dianas Venus als auch Charles' Mond, stehen im Zeichen Stier und bilden an sich in diesem Zeichen keinen großen Widerspruch. Ohne diesen Spiegelpunkt könnte diese Allianz lauten: Charles wünscht sich eine Frau und eine Mutter

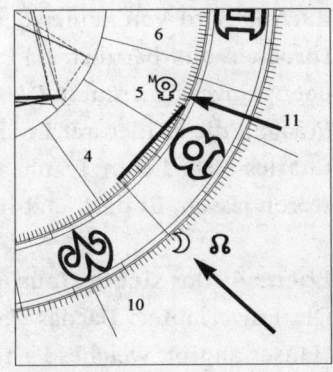

(nicht nur die seiner Kinder – aber die auch), die für ihn ebenfalls eine Geliebte (Stier-Venus) ist. Der Spiegelpunkt freilich (der ja etwas Plutonisches artikuliert) bringt eine ziemliche Erschwernis ins Spiel. Er heißt (von Charles aus beschrieben): Ich habe eine *andere* Vorstellung von meiner Ehefrau, als Dianas Venus sie verkörpern kann. Von Diana aus betrachtet: Ich kann es ihm als Ehefrau nicht recht machen.

(Allerdings hat dieser Spiegelpunkt einen so großen Orbis [fast fünf Grad], daß manche Astrologen sich weigern würden, ihn als solchen zu akzeptieren.)

BBB) Charles: Venus im vierten Haus und im Zeichen Waage.

Keiner der Planeten geht auf Charles' Venus (es führt keine Aspektlinie zu ihr hin). Das heißt zunächst einmal: Keine Aussage ist möglich! Darüber hinaus aber liegt gerade darin eben doch eine wichtige Aussage, nämlich: Seine Venus und damit sein Partnerschaftsbe-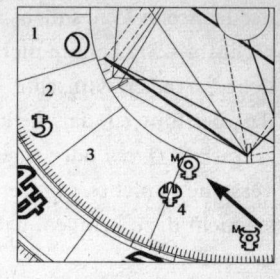
dürfnis wird von keiner der inneren Personen Dianas angesprochen und berührt. Da Charles ja ohnehin von einer Märchenprinzessin träumt (Venus-Neptun-Konjunktion in der Waage), die es hier auf Erden sowieso nicht geben kann, hat Charles sich diesen Traum von Diana wenigstens nicht zerstören lassen. Er darf jetzt in aller Ruhe weiterträumen!

Ebene 4: Das siebte Haus (und der Herrscher von 7)
Die Frage lautet: Da das Zeichen an der Spitze des siebten Hauses angibt, welches Partnerbedürfnis ein Mensch (zu seiner eigenen Ergänzung) im Horoskop hat – welches Thema übt hier eine Anziehung aus?

AAAA) Dianas siebtes Haus steht im Zeichen Zwillinge, und der Merkur als Herrscher von 7 steht ebenfalls im siebten Haus.

AAAAa) Diana sucht zur Ergänzung das Thema Zwillinge. Das kann Charles ihr nicht bieten, er hat keine seiner subjektiven inneren Personen in diesem Zeichen.

AAAAb) Auf Dianas Herrscher von 7, dem Merkur, steht Charles' Uranus.
Das ist eine ebenso harte Konstellation wie das Sonne-Uranus-Quadrat (Bc). Sie heißt nämlich wörtlich: Dianas Herr-

scher von 7 (also der, der auf der Partnersuche ist) sucht sich Charles' Uranus aus, *damit eine Lösung bereits vorprogrammiert ist* (und Diana ihrem Herrscher von 1 im Wassermann näherkommt). Ein – wie ich finde – äußerst raffiniertes unbewußtes Arrangement. Diana soll

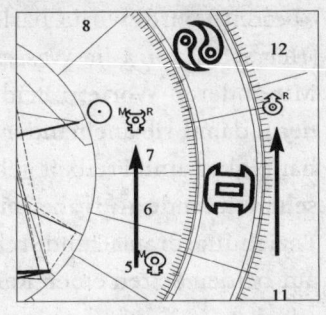

lernen, ein eigenständiger Mensch zu werden, der – früher oder später – auf eigenen Füssen steht. Jetzt suchen sich ihre bewußten Personen jemanden, der sie total abhängig macht, während die unbewußten Personen das genaue Gegenteil inszenieren.

BBBB) Charles' siebtes Haus steht im Zeichen Wassermann, und der Herrscher von 7 befindet sich im elften Haus, im Zeichen Zwillinge (gerade noch!).

BBBBa) Dianas Jupiter steht direkt auf Charles' Deszendent (also an der Spitze des siebten Hauses). Charles sucht also zu seiner Ergänzung das Thema Wassermann, also jemanden, der ihm zu mehr Unabhängigkeit und Freiheit verhilft.

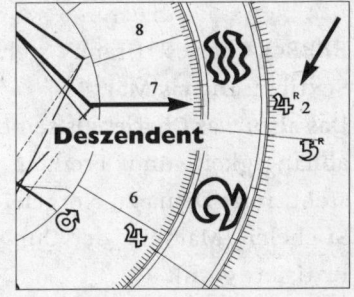

Diana *ist* so ein Mensch, denn ihr Herrscher von 1 (Schütze-Aszendent, Herrscher von 1, Jupiter, im Wassermann) befindet sich direkt auf seinem Deszendenten. Was heißt das? Ganz ebenso wie Dianas Herrscher von 7 von Charles' Uranus «befreit» wird, wird Charles' siebtes Haus von Dianas *SEIN* (Herrscher von 1 im Wassermann) «befreit».

Mit anderen Worten: Beide haben sich gesucht (und gefunden), damit sie aneinander reifen und (beide) zu mehr Unabhängigkeit und Freiheit gelangen können. Das ist an sich eine sehr lohnende Aufgabe, müßte man nicht vorher durch ein Beziehungsdrama hindurchlaufen, um *am Ende des Dramas* auf beiden Seiten einen Reifungsschritt gemacht zu haben.

BBBBb) Um die Ironie vollständig zu machen, ist Charles Herrscher von 7, des Uranus, jener inneren Person, die wir schon (unter AAAAb) als Dianas Befreiungstäter beschrieben haben. Er steht somit auf Dianas Merkur, der ja ihr Herrscher von 7 ist.

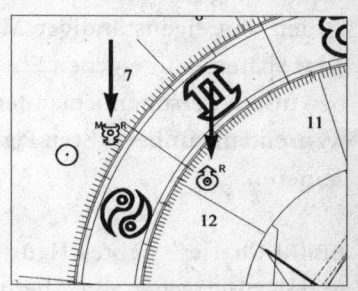

BBBBc) Charles' Uranus steht im Sextil zu Dianas Mars.

Das also, was Charles als seine Unabhängigkeit und Freiheit versteht, reizt Diana zu Nörgelei und Stichelei (Mars in der Jungfrau kritisiert gern).

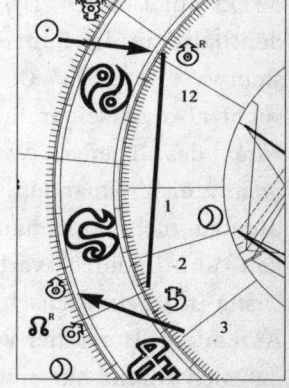

Ebene 5: Die Stellung des Mondes

Die Frage hier lautet: Wie steht der Partner zu meinen Wünschen nach Schutz, nach einem Heim, nach Geborgenheit und Wärme?

AAAAA) Dianas Mond steht im Zeichen Wassermann und im zweiten Haus. Das ist eine ganz ähnliche Konstellation, wie ihr Herrscher des Aszendenten, der Jupiter, sie aufweist. Der Unterschied ist freilich der: Während der Jupiter zuständig ist für eine geistige Auseinandersetzung mit der Welt (und dort sich nicht angenommen fühlt), so ist der Mond zuständig für die seelische Geborgenheit. Wenn ich mich dort nicht angenommen fühle, dann bin ich in der Tiefe meines Seins einsam. Somit hat Diana einen *sehr* einsamen Mond (im Wassermann *und* in Opposition zu ihrem eigenen Uranus).

AAAAAa) Dianas Mond steht im Quadrat zu Charles' Sonne (siehe unter Punkt Bd).

AAAAAb) Dianas Mond steht im Sextil zu Charles' Mond.
Das *Sextil* schafft zwischen diesen beiden Monden eher einen verträglichen Zusammenhang, das heißt,

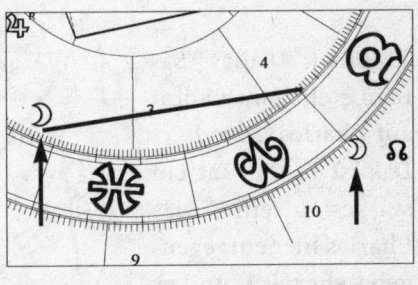

so weit entfernt sind der beiden Wünsche nach Geborgenheit gar nicht. Allerdings sind die *Themen* Wassermann (Dianas Mond) und Stier (Charles' Mond) doch in ihren Inhalten relativ weit auseinander. Diana wünscht sich Sicherheit (zweites Haus) und muß gleichzeitig davor fliehen (Wassermann), und

Charles wünscht sich Sicherheit (Stier), aber ist gleichzeitig verhärtet (zehntes Haus).

AAAAc) Dianas Mond steht im Spiegelpunkt auf dem Merkur von Charles.
Charles stellt sich unter einem «Zuhause», das Diana ihm bieten kann, etwas anderes vor.

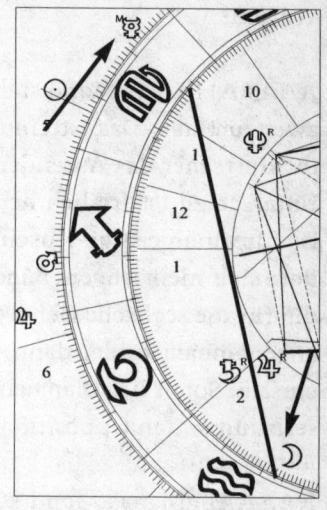

BBBBB) Der Mond von Charles steht im Zeichen Stier und im zehnten Haus.

BBBBBa) Dianas Saturn steht im Quadrat auf Charles' Mond.
Das ist in der Tat ein starkes «Nein», das Charles hier entgegengebracht wird, und er ist der festen Überzeugung, daß es Diana ist, die dieses «Nein» artikuliert. Erst in dem Moment, in dem er

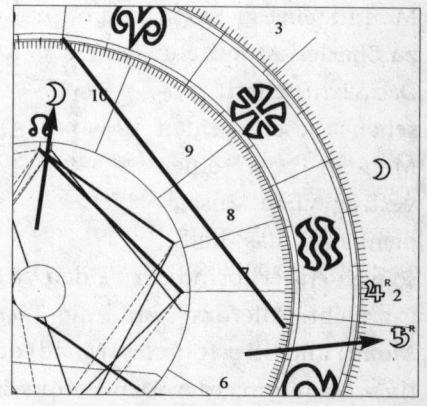

realisieren würde, daß Dianas Saturn ja nur sein eigenes «Nein» (Mond im zehnten Haus) spiegelt, wäre der Zauberbann gelöst. (Nebenbei: Charles hat ja auch selbst den Saturn auf dem Mond.)

BBBBBb) Dianas Mars steht im Trigon (120 Grad) auf seinem Mond.

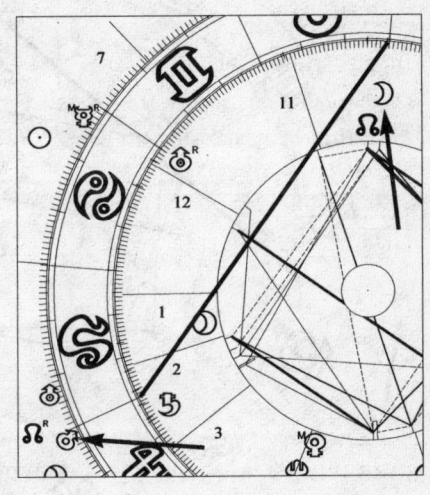

Das ist eine milde Form, wie Diana Charles so reizt, daß er darauf mit Rückzug reagiert.

Der Mars, der (auch im Trigon) auf dem Mond eines Partners steht, wird vom Mond als Beleidigung und Verletzung erlebt (auch wenn die Handlungen gar nicht verletzend gemeint sind), und die einfachste Form der Reaktion des Mondes besteht darin, sich in sein Schneckenhaus zurückzuziehen.

(Man kann mitunter die Türen im Inneren des anderen zuknallen hören, und während das Mars-Mond-Quadrat darin besteht, daß vier Türen hintereinander zuschlagen – ich also für lange Zeit verschwunden bin [mitunter für Wochen!] –, so gehen beim Trigon immer noch ein oder zwei der inneren Türchen zu!)

Ebene 6: Stellung des Mars

Zum Mars unserer beiden Hauptdarsteller begnügen wir uns mit einigen Anmerkungen.

Folgende Aspekte gehen auf Dianas Mars:

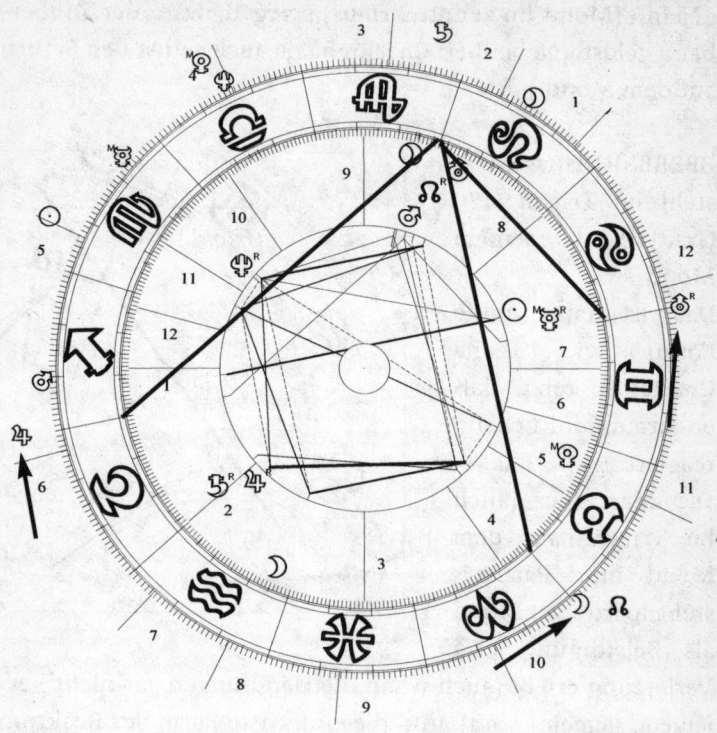

Mars (Diana) in der Jungfrau und im achten Haus:
Mars-Trigon-Jupiter (Charles)
Mars-Sextil-Uranus (Charles)
Mars-Trigon-Mond (Charles)

Da Dianas Mars im achten Haus gefangen ist (dazu noch eine
Konjunktion zu Pluto hat), gibt er ja seine gesamten Energien
auf die Vorstellung, daß ich *mir nichts habe zuschulden kommen lassen*. Das kann das Schicksal natürlich nicht unwider-
sprochen hinnehmen, und also hat sie durch Charles

228

a) die Möglichkeit, sich an ihren eigenen Täter, der natürlich gleichwohl da ist, zu erinnern (Jupiter), sie hat

b) die Möglichkeit, diesen Täter freizusetzen (Uranus) und damit zu erleben, daß sie

c) dem anderen auch weh tun (Mond) kann.

Daß das Ganze für sie nur *reaktiv* stattfinden kann, liegt in der Jungfrau-Stellung von Mars begründet, der nur zum Täter werden kann, wenn er einen *guten Grund* hat.

Mars-Konjunktion-Saturn (Charles).

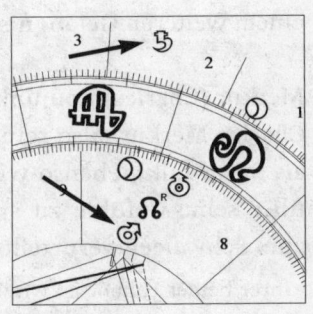

Hier wird Dianas Mars noch von der Verantwortung, die Charles (und die königliche Familie) ihr aufbürdet, stark eingeschränkt. Der Mars müßte jetzt selbst Verantwortung übernehmen, was er nicht kann. Zum Beispiel bei öffentlichen Auftritten:

«‹Ich hasse es›, jammerte sie. ‹Warum muß ich das tun? Mein Gott, es ist so langweilig, daß ich sterben möchte. Ich halte das nicht aus. Ich *hasse* es!› Dann hielt der Wagen an, Diana sprang hinaus und lächelte und sagte, wie wunderbar es sei, hier zu sein, wie wunderbar sie alle seien. Und jeder, der mit ihr im Wagen gesessen hat, war völlig verblüfft über die Kehrtwendung um hundertachtzig Grad» (a.a.O., S. 285).

Mars (Charles): im Schützen und im fünften Haus.

Mars-Spiegelpunkt-Sonne (Diana) – siehe AAa.

Andere Konstellationen

Als besonders herausragend können in der Synastrie der beiden noch folgende Konstellationen gelten:

Pluto(Diana)-Konjunktion-Saturn (Charles).

Dianas Pluto (als innere Person) entwirft in ihr die Vorstellung, was sie anstellen muß, damit sie sauber und bescheiden ist und alles tut, was getan werden muß. Zwar haßt sie es, daß alles tun zu müssen (siehe das vorherige Zitat), aber sie erfüllt dennoch die an sie gestellten öffentlichen Forderungen (Saturn). Der Saturn von Charles gibt diesem vom Pluto erzwungenen Wohlverhalten noch eine zusätzliche Bürde auf, und damit wird das Thema der Pflicht und des Dienens zu einem weiteren Gefängnis.

Merkur (Charles)-Konjunktion-Neptun (Diana).

Charles Merkur, also seine Art sich darzustellen (und sei es als Small talk), ebenso wie seine Fähigkeit, im vierten Haus über seine Gefühle zu sprechen, wird von Dianas Neptun zum Schweigen verurteilt.

«Ihrer beider Humor ist witzig, zweideutig und eher spöttisch. Aber als ihre Ehe zerbrach, amüsierte sich keiner der beiden mehr über das, was der andere sagte. ‹Er lacht nie über meine Witze›, sagte sie. Privat ließ er ihre Scherze mit stoischem Schweigen über sich ergehen. In der Öffentlichkeit würdigte er sie durch ein Verziehen der Gesichtsmuskeln» (a. a. O., S. 305).

Lassen wir es genug sein, und versuchen wir zum Abschluß des Buches eine Zusammenschau.

Zusammenschau

Natürlich ist inzwischen längst das eingetreten, was bereits am Anfang prophezeit wurde: Der Leser sieht vor lauter Bäumen den Wald nicht mehr. In der Fülle der Einzelaspekte, die alle ihre Berechtigung haben, ging der Gesamtüberblick verloren. Auch wenn wir uns auf wenige Faktoren (unsere Betrachtungsebenen) beschränkt haben, so ist das doch mehr, als wir verarbeiten können.

So ist das nun einmal im Leben: Der Mensch ist ein multifaktorielles Wesen, und man kann nicht nur einen Aspekt herausgreifen und die anderen unberücksichtigt lassen.

Die wichtige Frage, die den Leser, zwar nicht unbedingt bei Charles und Diana, aber doch für sein eigenes Leben und für seine eigenen Partnerschaften bewegt, ist ja doch die: Hätten die beiden bei derartigen Konstellationen auch zusammenbleiben können? Hätten sie diese Probleme – mit einigen Reifungsanstrengungen – auch *innerhalb ihrer Beziehung* lösen können?

Die ehrlichste Antwort, die ein Autor hier geben kann, lautet: Ich weiß es nicht.

Die zweitehrlichste: Bei Menschen, die sich derart wenig um ihre eigene Seelenlage kümmern können wie ein Prinzenpärchen – und die derart jung, also beide noch in ihren Illusionen befangen sind – lautet: nein.

Die Begründung für dieses «Nein» ist relativ einfach zu finden, und sie soll gleichzeitig ein kurzgefaßtes Modell für die Partnerschaftsberatung präsentieren.

Zu diesem Zweck greifen wir noch einmal auf die «Elektronenverteilung» des Eros zurück (vgl. Seiten 98ff dieses Buches).

Also jetzt hier eine Partnerschafts-Kurzanalyse:

PARTNERSCHAFTS-KURZANALYSE

Für diese Kurzanalyse greifen wir fünf Faktoren heraus und betrachten die Punktezahlen ihres jeweiligen Eros.
Sodann schauen wir uns an, welche Ebenen eine gesättigte Achterschale bilden und welche nicht.
Folgende Faktoren wählen wir:

1) Aszendent
2) Zeichenstellung des Herrschers von 1
3) Häuserstellung des Herrschers von 1
4) Zeichenstellung der Sonne
5) Häuserstellung der Sonne

Die Regeln, die hierbei gelten sind:
1 bis 7 Punkte
Ungesättigte Schale, kann sich durchaus anziehen, muß es aber nicht, in jedem Fall reichen sich die beiden Partner nicht!

8 Punkte
Gesättigte Schale, zieht sich stark an, hat ein deutliches Potential für Auseinandersetzung, reicht sich vollständig aus.

9 bis 16 Punkte
Übersättigte Schale, hat auf lange Sicht *kein Interesse* aneinander, stößt sich vollständig wieder ab.

Jetzt zu den Faktoren 1 bis 5 (bei Charles und Diana)

1) Aszendent
Diana: Schütze. Elektronenzahl: 4

Charles: Löwe. Elektronenzahl: 5
Resultat: 9
Ergebnis: Stößt sich ab

2) Hausstellung des Herrschers von 1

Diana: zweites Haus = Stier. Elektronenzahl: 2
Charles: fünftes Haus = Löwe. Elektronenzahl: 5
Resultat: 7
Ergebnis: Kann sich anziehen, aber es reicht sich nicht aus.

3) Zeichenstellung des Herrschers von 1

Diana: Wassermann. Elektronenzahl: 8
Charles: Skorpion. Elektronenzahl: 7
Resultat: 15
Ergebnis: Stößt sich heftig ab.

4) Sonnenstand im Zeichen

Diana: Krebs. Elektronenzahl: 1
Charles: Skorpion. Elektronenzahl: 7
Resultat: 8
Ergebnis: Achterschale ist voll, starke Anziehung. Reicht sich aus.

5) Sonnenstellung im Haus

Diana: siebtes Haus = Waage. Elektronenzahl: 3
Charles: fünftes Haus = Löwe. Elektronenzahl: 5
Resultat: 8
Ergebnis: Achterschale ist voll, starke Anziehung. Reicht sich aus.

Gesamtergebnis unseres Rechenspiels

Die beiden Partner weisen in ihren täglichen Beschäftigungen ein starkes Spannungsverhältnis der Anziehung und der Sättigung auf, das heißt, in ihren Handlungen haben sie genug aneinander. Das reale Heute also reicht ihnen aus, und obwohl Skorpion und Krebs viele Spannungen miteinander austragen und ertragen müssen, es also viele Konflikte gibt, wäre das kein Grund für eine Trennung auf Dauer.

Im Gegenteil!

Jedoch in ihrem *Sein*, also in ihren Aszendenten zueinander, herrscht Verständnislosigkeit, vielleicht eine vorübergehende Anziehung, doch sodann eine vollständige Abstoßung. Der eine kann sich im anderen nicht spiegeln.

Dieses Verhältnis vom Aszendenten (Faktoren 1 bis 3) zum Sonnenstand (Faktoren 4 und 5) muß gut verstanden werden. (Es hat nicht umsonst das Verhältnis 3 : 2!)

Wir wollen es an einem Beispiel zu illustrieren versuchen:

Da das *Tun* des Sonnenstandes immer etwas Aktuelles beschreibt, also etwas, das jederzeit im Jetzt stattfindet – und auch nur im Jetzt stattfinden kann –, vergleiche ich es gern mit dem Tennisspiel zweier Menschen. Dieses Spiel ist bei einer Achterschale interessant, spannend, und die beiden Partner spielen gern miteinander. *Während des Spiels* sind die beiden Partner sehr konzentriert in der gemeinsamen Aktivität gefangen, und es existiert nichts drittes. Solange sie also bei einer gemeinsamen Achtersonne in ihrer täglichen (gemeinsamen) Aktivität sind, also etwas miteinander tun, ist die Beziehung *gesättigt*.

Hören die beiden jedoch auf, Tennis zu spielen (man kann nicht den ganzen Tag Tennis spielen), und geht jeder seiner Wege, so kommt *jetzt* der Aszendent ins Spiel. Er aber wandert von der Vergangenheit zur Zukunft (überspringt also das Jetzt) und beschreibt, was jeder beiden (aus der Vergangenheit) für Interessengebiete, für Hobbys, für Ambitionen, für Vorlieben und Abneigungen mitbringt *und* was sich jeder der beiden für die Zukunft wünscht, welche Träume, welche Sehnsüchte, welche Wünsche er sich für sein Leben erhofft.

Haben die beiden hier keine Achterschale (und Charles und Diana haben hier dreimal keine Achterschale), so finden sie für den jeweils anderen keine Anziehung vor, und keiner der beiden bringt den anderen mit seiner Zukunft (und seiner Vergangenheit) in eine Beziehung. Sie sind dann in der Tat wie zwei Tennisspieler, die sich einmal am Tag auf dem Platz (im Bett, am Frühstückstisch oder im Kinderzimmer) begegnen, ihr Spiel spielen und ansonsten (wie normale Tennisspieler auch) ihre eigenen Wege gehen.

Ich nenne die erste Form des Symbolons, die sich auf den Aszendenten (drei Faktoren) bezieht, die **Basis-Beziehung**. Und die zweite Form, die sich vom Sonnenstand (zwei Faktoren) herstellt, die **Aktual-Beziehung**.

Das obige Beispiel läßt sich natürlich auch umdrehen: Stellen wir uns vor, zwei Menschen hätten in ihren Aszendenten, also in ihrer **Basis-Beziehung**, drei Achterschalen, das heißt, in ihrer Tiefe sind die beiden sehr wohl intensiv miteinander ge- und verbunden. Aber in ihrer **Aktual-Beziehung** (Sonnenstand) hätten sie zweimal keine Achterschale. In diesem Fall gibt es zwar eine tiefe Verbundenheit der beiden Menschen, und sie fühlen sich stark zueinander hingezogen, doch real können sie kaum etwas miteinander anfangen. Ihr Tennisspiel ist katastrophal, sie brechen jedes Spiel beleidigt (oder mit Unverständnis) ab, spielen also lieber mit anderen Partnern, können aber doch nicht voneinander lassen, denn ihre Basis-Beziehung bindet sie aneinander.

Ich kenne selbst eine Reihe von Beziehungen, bei denen die beiden in der Realität nicht viel gemeinsam haben und einander fliehen, aber in ihrer Tiefe sind – und bleiben – sie aneinander gebunden. Und damit bleiben sie auch oft (er schaut fern, sie telefoniert) zusammen.

Im anderen Fall – Basis nein, Aktual ja – trägt die Bindung in der Regel gerade mal zwei bis drei Jahre. Und keiner der beiden sieht den anderen als die endgültige Lösung.

Versuchen wir die Verbindung zwischen Basis-Beziehung und Aktual-Beziehung noch einmal zu formalisieren, so ergibt sich folgende Aufteilung:

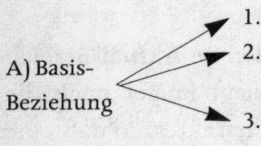

A) Basis-Beziehung

1. Beide Aszendenten haben ? Elektronen
2. Zeichenebene des Herrschers von 1 hat ? Elektronen
3. Häuserebene des Herrschers von 1 hat ? Elektronen

B) Aktual-   4. Zeichenebene der Sonne hat ? Elektronen
Beziehung   3. Häuserebene der Sonne hat ? Elektronen

Zu guter Letzt wollen wir noch einige Regeln zu dieser Formalisierung aufstellen:

1) Die Zahl der gesättigten Schalen (also der Achterschalen) sagt *nichts* darüber aus, ob die Beziehung *harmonisch* ist oder nicht. Sie sagt etwas darüber aus, wie fest die beiden Partner miteinander verbunden sind, also wie intensiv der Klebstoff zwischen den beiden ist. Und auch: Daß es in dieser Beziehung eine Menge miteinander zu tun und zu lernen gibt!

Das Wort «Harmonie», das für eine Beziehung immer wieder eingefordert wird, ist nichts anderes als eine Karotte, die wir gern hätten, aber in den weitaus meisten Fällen nicht bekommen. «Beziehung» und «Harmonie», diese beiden Worte bilden kein Symbolon. (Die meisten Menschen, die Phasen der Harmonie in ihrer Beziehung erleben, befinden sich eigentlich in einem Zustand der Langeweile und öden sich nach einer gewissen Zeit einfach an.) Partnerschaft hat zu tun mit Auseinandersetzung, also sich im Laufe der Jahre und Jahrzehnte der Andersartigkeit des anderen auszusetzen und diese in Phasen der Kämpfe und Konflikte langsam zu sich zu holen – das aber gelingt niemals in Harmonie!

2. Haben zwei Partner nur *eine* Achterschale (von fünf), so ist abzusehen, daß die Beziehung zu viel *Fremdheit* aufweist und früher oder später auseinanderfällt – der Klebstoff reicht nicht.

3. Hat eine Beziehung zwei Achterschalen im Aktual-Bereich und keine im Basis-Bereich, so überwiegt immer noch die Fremdheit in den Intentionen und im Charakter, so daß eine Trennung ebenfalls vorherzusehen ist.

4. Hat eine Beziehung zwei Achterschalen, eine im Aktual- und eine im Basis-Bereich, so haben wir hier genügend Voraussetzungen, aneinander zu arbeiten, und die Beziehung kann sehr lange (sogar ein Leben lang) zusammenhalten.

Gefährdet ist sie in dem Moment, in dem für den einen oder für den anderen Partner ein Mensch des Weges kommt, der zu ihm drei, vier oder gar fünf Achterschalen aufweist. Vor dieser Bindemagie muß die alte Beziehung kapitulieren.

5. Hat eine Beziehung drei Achterschalen, so überwiegt das, was die beiden miteinander zu arbeiten haben, das, was sie *nicht* miteinander zu tun haben. Ab diesem Punkt gibt es kaum noch Möglichkeiten für ein Auseinandergehen. Außer: Siehe letzten Absatz von Punkt 4!

6. Bei vier Achterschalen finden wir Menschen, die sehr viel miteinander zu tun haben – und die sich genügen.

7. Fünf Achterschalen sind extrem selten. Meine Schätzung geht dahin, daß eine von zehntausend Beziehungen an dieser Stelle steht. Diese beiden sind zutiefst füreinander bestimmt, und sie können und wollen voneinander nicht lassen. Es ist dies gleichsam das *Große*-Beziehungs-*Los*, von dem jeder Partner träumt.

Man muß sich das klarmachen: Millionen Menschen träumen davon, daß endlich «Der eine» («Die eine») kommt, der mir die «sechs Richtigen» bringt (in unserem Falle nur die «fünf Richtigen» – Achterschalen). Nun, deshalb spielen wir ja «Lotto».

Und wir wissen, viele Menschen spielen auch Beziehungs-Lotto: Sie investieren am Mittwoch eine kleine Summe und stellen am Samstag fest, daß sie sich wieder geirrt haben. (Wenn auch zwischen Mittwoch und Samstag im Falle einer Beziehung oft vier Monate liegen.)

Sie tun es nicht unter sechs (fünf) «Richtigen», und alles, was darunterliegt, wird beiseite gewischt.

Nun natürlich, sie dürfen weiterspielen und ihren Traum weiterträumen, bis sie eines Tages begreifen, daß man niemals mit einem «kleinen Einsatz» das Große Los gewinnt – weder in der Partnerschaft noch im Lotto – und daß es letztlich darum geht, das Partner-Spiel *überhaupt* zu spielen.

Es geht immer darum – ob bei einer oder bei fünf Achterschalen –, *etwas zu lernen*: nämlich daß all der Schmerz, all die Verzweiflung, all die Höhen und Tiefen zum Nerv einer *jeden* Beziehung gehören. So lange also, bis ich begriffen habe, daß der andere, jeder andere, gerade in seiner Andersartigkeit nur ein *verborgener Teil von mir ist*. Er ist nur die andere Seite *meines* Symbolons!

«Und wenn der große Phönix frei fliegt, sieh genau hin, was er behutrsam zwischen seinen Krallen trägt.» *No-Eyes*

Mary Summer Rain
Der Phönix erwacht *Weisheit und Visionen*
(rororo transformation 8558)

Spirit Song *Der Weg einer Medizinfrau*
(rororo transformation 8537)

Weltenwanderer *Der Pfad der heiligen Kraft*
(rororo transformation 8722)

Chögyam Trungpa
Das Buch vom meditativen Leben
(rororo transformation 8723)
Die Shambhala-Lehren vom Pfad des Kriegers zur Selbst-verwirklichung im täglichen Leben.

Peter Orban/Ingrid Zinnel
Drehbuch des Lebens *Eine Einführung in die esoterische Astrologie*
(rororo transformation 8594)

Stephen Arroyo
Astrologie, Psychologie und die vier Elemente
(rororo transformation 8579)
Einer der führenden Astrologen Amerikas skizziert die Bedeutung der vier Elemente als archaische Kräfte für die Seele und weist auf die bislang ungenutzten Möglichkeiten hin, astrologisches Wissen in der Psychotherapie einzuset-zen.

Lynn Andrews
Die Medizinfrau *Der Einweihungsweg einer weißen Schamanin*
(rororo transformation 8094)

Paul Hawken
Der Zauber von Findhorn *Ein Bericht*
(rororo transformation 7953)
Ein Erlebnisbericht aus der berühmten New Age-Community.

Janwillem van de Wetering
Ein Blick ins Nichts *Erfahrungen in einer amerikanischen Zen-Gemeinde*
(rororo transformation 7936)

Margaret Frings Keyes
Transformiere deinen Schatten *Die Psychologie des Enneagramms*
(rororo transformation 9165)
Ein praktisches Buch, das die tiefe Weisheit des Ennea-gramms für jeden zugänglich macht.

Das gesamte Programm der Taschenbuchreihe «trans-formation» finden Sie in der Rowohlt Revue. Jedes Viertel-jahr neu. Kostenlos in Ihrer Buchhandlung.